새로운 경쟁력, 기업의 사회적 성과

모든 인간은 하나님의 형상을 닮은 존엄한 존재입니다. 전 세계의 모든 사람들은 인종, 민족, 피부색, 문화, 언어에 관계 없이 존귀합니다. 예영커뮤니케이션은 이러한 정신에 근거해 모든 인간이 존귀한 삶을 사는 데 필요한 지식과 문화를 예수 그리스도의 사랑으로 보급함으로써 우리가 속한 사회에 기여하고자 합니다.

새로운 경쟁력, 기업의 사회적 성과

경실련 경제정의연구소 편
초판 1쇄 펴낸날 · 2002년 9월 18일
초판 2쇄 펴낸날 · 2003년 10월 18일
펴낸이 · 김승태
출판사업본부장 · 김춘태
편집 · 장인숙
등록번호 · 제2-1349호(1992. 3. 31)
펴낸곳 · 예영커뮤니케이션
　　　110-616 서울시 광화문 우체국 사서함 1661
　　　출판유통사업부 T. (02)766-7912 F. (02)766-8934 E-mail: jeyoungsales@chollian.net
　　　출판사업부 T. (02)766-8931 F. (02)766-8934 E-mail: jeyoungedit@chollian.net
　　　E-mail: jeyoung@chollian.net

ⓒ 2002, 경실련 경제정의연구소

ISBN 89-8350-657-1　　03330

값 11,000원

새로운 경쟁력, 기업의 사회적 성과

경실련 경제정의연구소 편

예영커뮤니케이션

목 차

발간사

　세계사에 유례가 드문 고도 성장을 우리 경제가 이룩하면서 기업의 투명한 윤리 경영에 대한 사회적 요구는 점차 커져 왔습니다. 그러나 기업 역사가 짧은 우리 나라에서 구체적이고 명확한 잣대로 사회적 공신력을 갖고 기업을 평가한 경우는 거의 없었습니다. 이에 저희 경제 정의연구소는 투명 경영과 윤리 경영이 기업의 경쟁력을 강화시키며, 결국 국가 경쟁력도 강화시킨다고 보고, 기업의 경영수지상의 성과만이 아니라, 준법, 윤리, 환경, 사회적 책임 등 경제 정의의 관점에서 기업을 객관적으로 평가하는 '경제정의기업상'의 시상을 한국에서 최초로 시작한 지 어언 11년이 되었습니다.

　이 상은 한국에서만이 아니라 선진국에서도 유례가 적은 뜻 깊은 상임을 자부합니다. 최근 미국에서 대기업들의 분식 회계가 여럿 적발되면서 세계 경제가 요동치고 있고, 이에 따라서 기업의 윤리 경영과 투명 경영에 대한 요구가 전 세계로 확산되고 있음을 볼 때에 저희들의 이런 노력이 절실한 시대적 요청을 정확히 반영하고 있다고 하겠습니다. 투명한 윤리 경영이 시장 경제의 번영과 발전의 토대임을 새삼 깨닫지 않을 수 없습니다.

　투명한 윤리 경영을 위해서는 경영진 개인들의 의지도 필요합니다. 그러나 최근의 미국 기업들의 분식 회계의 예에서도 알 수 있는 바와 같이, 기업은 속성상 기본적으로 이윤 추구를 우선시합니다. 따라서 기업의 자발적 의지에게만 맡겨서는 기업의 윤리 경영을 기대하기 힘든 것이 현실입니다. 기업 윤리에 대한 사회적 평가와 감시는 항상 필요합니다.

  저희 연구소가 '경제정의기업상'을 시상한 지 11년이 지났습니다. 이제 그간의 우리 작업을 스스로 평가하여 개선하고자 여러 각도에서 분석하고, 또한 10개 기업의 경영 사례를 분석·평가하여 타 기업들이 타산지석의 교훈을 얻을 수 있도록 해 보았습니다. 이 열 개의 기업들은 반드시 한국의 대표 기업들이라고 말하기는 곤란하겠습니다만, 지난 11회에 걸쳐 본 상을 수상하였던 70여 개의 기업들 가운데에서 저희들 나름대로 공정한 토의를 거쳐 선정한 기업들이므로, 우리 나라에서 기업 윤리를 모범적으로 실천하여 온 기업들을 대표한다고 하여도 과언이 아닐 것입니다. 이 책자가 앞으로 우리 기업들의 윤리 경영에 참고가 될 수 있을 것으로 기대합니다.

  지금까지 본 연구소와 본 기업상의 작업을 물심 양면으로 도와 주신 여러분들에게 이 자리를 빌어 진심으로 감사의 말씀을 드립니다. 그리고 이 사례집의 발간을 위한 원고 집필과 자료 수집 등의 어려운 작업을 맡아 애써 주신 이혜영 위원장 이하 본 연구소 기업평가위원회의 여러 위원 및 집필진들과 연구소 사무국 직원 여러분의 노고에 깊이 감사드립니다.

2002년 9월
경제정의실천시민연합 부설 경제정의연구소
이사장 이근식(서울시립대 경제학부)

서 문

지난해 봄 제10회 경제정의기업상 시상식을 마친 후, 지난 10년 간의 시상 제도 운영을 되돌아보고 앞으로의 개선 방안을 논의하고자 기업평가위원회 워크숍(workshop)을 가졌었습니다. 이 자리에서 현재 상장 제조 기업을 대상으로 하고 있는 평가 대상 기업 확대 문제, 평가 객관성을 제고시킬 수 있는 평가 기법 개선 문제 등 내부적인 문제에서부터 홍보와 인식 부족에 따른 경제정의기업상의 향후 위상 재정립 문제, 한국적 기업 환경하에서 평가 대상 기업이 받는 부담감 해소 문제 등 외부 환경 개선 문제에 이르기까지 광범위한 토론이 있었습니다.

국가별 부패 지수 순위가 하위권을 맴돌고, 전직 대통령들과 전현직 대통령의 아들들이 뇌물수수죄로 교도소를 드나드는 우리 나라의 환경에서 건전하고 공정한 기업 활동을 통하여 존경받는 기업을 선정하여 시상하는 것이 명분상으로 대단히 의미 있는 일이기는 하나, 현실적으로 수상 기업을 선정하는 평가 실무 작업은 해변가 백사장에서 진주 조개 찾는 것만큼이나 어려운 일입니다. 그럼에도 불구하고 경제정의연구소가 이미 10년 전부터 이 상을 제정하고 지속적으로 보완 발전시키며 운영하고 있는 것은 기업이 단순한 영리 단체이기 이전에 주주, 종업원, 금융 기관, 거래처 및 최종 소비자와 연계되는 경제 순환 과정의 한 주체이기 때문입니다. 따라서 모든 기업은 건전성과 공정성에 바탕을 두고 모든 이해 당사자들에게 투명한 경영을 하여야 사회적 책임을 다할 수 있다는 점을 분명히 하고자 하는 것이 근본 목적이기 때문입니다.

이러한 정신을 계승 발전시키기 위하여 경제정의연구소에서는 역대 수상 기업을 대상으로 경영 모범 사례집을 발간하여 모든 기업들의 귀감이 되도록 하기로 결정하였습니다. 그러나 인력, 예산, 원고 협조 등 모든 조건이 열악한 시민 단체의 사업이고 또한 사례집 발간과 더불어 지난 10년 간의 평가 관련 자료를 모아서 책자로 발간하는 것이 향후 평가 제도 발전에 도움이 된다고 판단하여 다소 의욕을 내다보니, 이미 지난 연초에 시행한 제11회 시상식까지 넘긴 지금에야 발간하게 된 점을 대단히 송구스럽게 생각합니다.

이 책자의 제1권 「새로운 경쟁력, 기업의 사회적 성과」는 지난 11회 기간 동안의 시상과 관련된 평가 실무 작업의 이론적 배경과 발전 과정, 평가 지표와 그 변천 과정, 일부 지표에 대한 추세 분석과 매년 상위 기업에 대한 평가 결과 등을 묶어 편집하였고, 제2권 「윤리 경영이 경쟁력이다」는 역대 수상 기업 중 10대 기업을 선정하여 대학 교수 및 관계 전문가로 구성한 집필진의 시각에 의한 윤리 경영 모범 사례집으로 구성하였습니다. 부디 이 책자가 한국 기업의 투명 경영과 사회적 책임 의식 고취에 다소나마 기여하기를 기대합니다.

끝으로 참여하여 주신 모든 집필진에게 진심으로 감사 드립니다. 특히 본인들의 원고 집필 이외에도 제1권의 편집을 전담하신 천안대 김헌 교수, 제2권의 편집을 전담하신 한양대 한홍렬 교수, 그리고 전반적 편집 의견을 주신 천안대 홍길표 교수를 위시한 편집위원과 사무국 직원 여러분들의 노고에 대하여 지면으로 다시 한 번 감사 드립니다. 아울러 출판을 맡아 주신 예영커뮤니케이션 김승태 사장님 이하 임직원 여러분께도 감사 드립니다.

2002년 9월
경제정의연구소 기업평가위원장 이혜영

I 부

사회적 성과 평가의
틀과 목적

기업 활동과 규제

함시창

상명대학교 경제통상학부,
경실련 부설 경제정의연구소 소장

1. 기업의 목적

기업의 목적은 이윤의 극대화에 있다. 따라서 기업들이 합법적인 방식으로 가능한 많은 이윤을 올리려 노력하는 것은 기업 본연의 자세로서, 이에 대해 부정적 시각을 갖는 것은 사실 합리적인 태도가 아닐 수 있다. 그럼에도 불구하고 우리 사회 일부에 반기업적 시각이 존재하고 있음은 사실이며, 어떤 면에서는 시민단체들이 그러한 경향에 일조하고 있음도 인정하지 않을 수 없다.

오늘날과 같이 세계적으로 경쟁이 치열한 상황에서 우리 모두가 힘을 모아 받쳐 주지 않는다면 우리 기업들이 좋은 실적을 올리기는 쉽지 않을 것이다. 우리 기업들이 외국의 대기업들과 경쟁하여 뒤떨어진다면 피해를 입는 쪽은 기업주들에 국한되지 않는다. 당장 많은 근로자들의 생계가 위협받게 될 것이며, 새로 사회로 나서는 젊은이들도 직장을 구하지 못하게 될 것이다. 국가 경제가 침체할 경우 일반 국민들 역시 어려운 상황에서 벗어날 수 없음은 최근 많은 사람들이 뼈저리게 경험한 사실이기도 하다. 따라서 우리 기업들이 좋은 성과를 올릴 수 있도록 사회 전체가 기업 친화적인 환경을 조성하고, 나아가 적극적으로 기업들을 지원할 방안들을 모색하는 것은 매우 중요한 정책이라 하겠다.

지금 기업들, 특히 30대 기업 집단에 소속된 대기업들은 이런 점에서 우리 정부와 사회에 대하여 상당히 불만을 가지고 있는 것으로 보인다. 글로벌 시대에 세계적인 대기업들과 치열한 경쟁을 하고 있는 마당에 기업들이 잘 되도록 도와주지는 못할 망정 여러 규제들로 옭아매고 있으니 이게 과연 될 법한 일이냐는 것이 그들의 항변이다. 예를 들어 미국 정부는 미국 기업들의 이익을 위하여 적극적으로 나서서 외국 정부들에 압력을 넣기도 하는데, 우리 정부는 기업들을 도와주기는커녕 오히려 여러 규제들을 동원하여 효율적인 경영을 방해만 한다는 것이 이들의 주장이다.

특히 재계와 관련 민간 연구소들은 현 정부의 정책 중 기업 집단 제도의 지정, 출자 총액의 제한, 계열사 채무 보증의 금지 등의 재벌 관련 규제들을 시장 경제에 역행하는 구시대적 발상이라고 맹렬히 비난하고 있다. 이들에 따르면 우리 정부가 국민 정서와 경제력 집중 억제라는 구태의연한 논리에 묶여 시장 경제 원리에 반하는 이러한 정책들을 계속 고집하고 있어 국가 경제의 회생이 힘들어지고, 국가적으로도 값비싼 대가를 치르고 있다는 것이다.

이들의 주장처럼 정말 우리의 경제 정책에 반기업적 성향이 존재하여 기업들의 효율적인 경영이 방해받고 있다면 이는 사실 심각한 문제가 아닐 수 없다. 우리 기업들의 경쟁력을 재정립시키는 것은 바로 우리 경제를 위한 길이기도 하기 때문이다.

2. 규제의 목적

그러나 기업 집단 지정, 출자 총액 제한, 채무 보증 금지와 같은 규제들에 대한 재계의 이러한 주장들에 대해 규제의 취지나 지금까지의 재계 관행 등을 고려해 볼 때, 선뜻 손들어 주기 어렵다.

사실 기업들이 원하는 대로 규제를 모두 푸는 것이 과연 국가 경제나 또는 기업 자체를 위해서 바람직한가부터 의문이 될 수 있다. 세계의 어느 나라도 기업들이 원한다고 규제를 모두 푸는 경우는 없으며, 재계 주장과는 달리 미국을 포함한 여러 선진국들에서도 많은 규제들을 통해 기업 활동을 제한하고 있음은 분명한 사실이다. 예를 들어 기업들이 담합을 하여 가격을 올리는 것을 묵인하는 국가들은 거의 없을 것이다.

미국의 경우 담합이나 독점에 해당되는 행위를 시도하려는 기업들은 강제로 여러 기업들로 분해될 것을 각오해야 할 정도로 제재가 심각한데, 이는 독점을 사회 전체에 심각한 피해를 줄 수 있는 경제 행위로 간주하기 때문이다. 미국과 같은 체제에서 우리 나라의 재벌 또는 기업 집단과 같은 조직이 과연 존재조차 할 수 있을지 의문이라 하겠다.

게다가 우리의 경우 개별 기업들의 이익과 기업 집단들의 이익, 나아가 지배 대주주들의 이익이 서로 상치되는 경우가 많다는 점도 우리 기업 정책이 해결해야 할 딜레마이다. 재계의 주장처럼 규제 완화가 국가 경제에 도움이 되기 위해서는 기업들의 이익이 근로자들, 일반 주주들, 그리고 지배 대주주들 사이에 공정하게 분배되어야 한다. 기업이 잘 되어 많은 국민들이 혜택을 받는다면 기업을 위한 정책이 곧 국민 전체를 위한 정책일 수 있으며, 이 경우 기업들을 위한 정책들에 대한 반대를 염려할 필요가 없다. 미국처럼 대통령이 개별 기업을 위하여 직접 세일즈를 하는 것도 사회적으로 용인될 수 있게 되는 것이다.

　그러나 우리의 경우 기업들이 잘 된다고 하여 국가 경제에 적절한
수준의 이익이 돌아가지 않는다는 데 고민이 있다. 아직까지 우리 기업
들의 상당수가 적은 지분을 소유한 대주주들의 의사에 따라 좌지우지
되고 있어, 일반 주주들이 경영 정책이나 이익 배분에서 지분율만큼의
혜택을 누리지 못함은 부정할 수 없는 사실이다. 이러한 상황에서 기업
을 위한 정책들은 그 혜택의 많은 부분이 몇 명의 대주주들에게만 돌아
가게 되므로 사회적 반발을 각오하지 않는 한 그러한 정책들의 집행이
쉽지 않게 되는 것이다.

　기업 집단의 지정, 출자 총액 제한 제도와 같은 규제가 정말 재계의
주장처럼 개별 기업들의 경영 활동에 장애가 되느냐 하는 점도 짚고
넘어갈 부분이다. 재계는 이러한 규제들로 인해 기업들이 제대로 투자
를 하지 못하고 있다는 주장하고 있으나, 사실 이 제도들로 의해 개별
기업들이 기업 활동과 관련된 시설 확장이나 기술 개발을 위한 투자를
하는데 제약을 받는다고 보기는 어렵다. 이들이 문제가 되는 경우는
개별 기업을 위해서가 아니라 기업 집단을 위하여 개별 기업들이 자금
을 제공할 때뿐이다. 여기서 고려할 부분은 기업 집단을 위한 투자는
개별 기업들의 일반 주주들의 입장에서는 바람직한 경영 활동이 아니
라는 점이다. 예를 들어 우리가 전자 회사의 주식을 산다면 전자 회사
가 이익을 많이 올려 주가가 오르기를 바라기 때문이지, 전자 회사가
자동차 회사에 투자하기를 바라기 때문은 아니다. 자동차 산업에 투자
하고 싶으면 처음부터 자동차 회사 주식을 사는 것이 일반 주주들에게
편하다. 일반 주주들이 회사 자금이 기업에 재투자되기를 희망함에도
불구하고 그 자금이 기업 집단의 이익에 따라 다른 기업들에 무차별적
으로 제공된다면 이는 국가 경제에 바람직한 상황은 당연히 아니며,
규제 대상이 되어야 함은 당연하다고 하겠다. 물론 개별 기업들도 사업
영역을 확장할 수는 있겠으나, 그 역시 기업 집단의 관점에서가 아니라

개별 기업의 관점에서 시작되어야 할 것이다.

계열사에 대한 채무 보증 역시 개별 기업의 이익에 부합되는 제도라고 보기 어렵다. 우리 나라가 IMF 금융 위기를 경험하게 된 가장 중요한 이유 중의 하나는 기업들의 높은 부채 비율이었음은 누구도 부정할 수 없는 사실임을 고려할 때 기업의 부채 수준을 가능한 적정 수준으로 유지하려는 노력은 매우 중요하다. 특히 계열사에 대한 채무 보증이란 개별 기업의 이익과는 무관하게 기업 집단 또는 지배 대주주의 이익을 위하여 행해질 가능성이 높다는 점에서 이러한 형태의 규제 역시 일반 주주들의 보호를 위하여 필요한 제도라 생각된다.

이러한 주장을 하는 사람들이 과연 우리 나라 기업 대부분의 의사를 반영하고 있느냐 하는 점도 문제가 된다. 현재 재계 주장들을 분석해 보면 일부 대기업들에게만 유리하고 일반 중소 기업들에게는 오히려 불리한 부분도 상당히 많다. 중소 기업들이 대기업들과의 관계 때문에 제대로 의사를 표시하지 못하고 있다면 이를 정부가 적절한 수준에서 조정하는 것이 오히려 바람직한 규제일 수 있다.

3. 기업들의 변화

재계는 우리 정부와 사회에서의 반기업적 정서에 대하여 많은 불만을 가지고 있다. 그러나 우리 사회의 이러한 반기업적 문화를 우리 국민들이 기업들을 이유 없이 적대시하는 결과로 간주하는 것은 바람직하지 않다. 우리 기업들에 근본적인 문제가 있어 기업들에게 모든 것을 맡기는 것이 국가 경제에 부담이 될 수 있다고 판단하기 때문으로 보아야 하며, 현재까지의 기업 집단의 행태로 볼 때 충분한 근거가 있는 판단일 수 있겠다.

객관적으로 볼 때 현재 재계가 주장하고 있는 규제 완화는 지배 대주주나 기업 집단의 관점에서는 몰라도 개별 기업들이나 회사의 실질적 주인인 일반 주주들에게 바람직한 정책 방향이라 보기 어렵다. 만일 이들의 주장대로 규제가 완화되어 그 결과 기업 집단 전체의 부채 비율은 지금보다 높아지고, 문어발식 확장은 더 심화되어 기업들의 재무 구조의 경영적인 위험이 증가된다면 과연 무엇을 위한 규제 완화인지 질문하지 않을 수 없다. 우리 경제에 조그만 충격이 오더라도 기업들이 잘못될 가능성은 급속히 증가하여, IMF 사태와 같은 금융 위기를 또 다시 겪게 될 가능성이 높아질 뿐이다. 국가 경제의 관점에서 볼 때 개별 기업들이 이러한 상태에 처하지 않도록 미리 예방하는 것은 바람직한 것으로 이를 위한 규제들은 오히려 상당 기간 존속할 필요가 있을 수 있다.

뿐만 아니라 이러한 규제들로 인해 기업들이 건실하게 성장할 경우 그 결과 가장 이익을 보는 집단이 다름 아닌 지배 대주주들이라는 점도 규제를 보는 또 다른 시각이 되어야 한다. 지금까지 재계가 주장해 온 방식대로 경영되다 얼마나 많은 기업 집단들이 몰락하였는가를 고려한다면 이들은 규제가 아니라 오히려 우리 기업들이 경영 방식 개선에서 고려하여야 할 새 기준일 수도 있겠다. 재계는 규제가 아닌 시장을 통한 견제를 주장하고 있으나, 사실 제대로 작동할 경우 시장의 견제는 정부의 규제보다 기업에게 더 엄격할 수밖에 없다. 적어도 현재의 규제 수준을 충족하지 못하는 기업 집단들이 감당할 수 있는 수준은 아닐 것이다.

결론적으로 우리 경제의 선진화를 위해서 시급한 것은 재벌 행위에 대한 규제 완화가 아니라 오히려 기업들의 체제 개선이며, 기업들의 변화만이 우리 경제의 선진화와 기업들의 세계화를 이끌 것으로 기대된다. 개별 기업들 스스로 세계적인 수준을 제시하고 이를 도달하려 노력하는 대신 정부에 규제 완화나 요구하는 구시대적인 발상이 언제까지 계속되어야 하는지 안타까울 뿐이다.

기업의 사회적 정보 공시와
사회적 성과 평가 제도의 의미

곽수근

서울대학교 경영학 교수

본고에서는 경제정의실천시민연합 등과 같은 사회단체를 중심으로 시행되고 있는 우리 나라 기업의 사회적 성과에 대한 평가 노력을 하나의 사회적 제도로 정착시키기 위한 방안을 논의하고자 한다.

먼저 기업 활동의 사회적 영향에 관한 정보의 공시 요구가 정당화되는 근거를 논의하고, 기업 활동의 사회적 성과에 대한 평가 제도의 필요성을 논의하고자 한다.

본고에서는 적합하고 신뢰성 있는 사회적 정보의 제공이 기업의 사회적 성과 평가 제도의 성공에 가장 중요한 요소라고 판단하여 이에 관련하여 보다 구체적으로 논의하려 한다. 그러나 국내외에서 적용되고 있는 구체적인 사회적 성과 평가 모형과 방법에 관한 소개는 피하기로 한다.

1. 기업 활동의 사회적 영향에 관한 정보 공시의 필요성

오늘날 우리 사회에서 기업은 다른 어떤 경제적 조직보다 기업의 사회적 역할과 책임에 대해 사회의 기대와 요구도 높아지고 있다. 과거에는 기업 활동의 부정적 측면만을 부각시키려는 반기업적 시각에서 기업의 사회적 책임만을 강조하는 사람들이 많이 있었으나, 이제 대부분의 사람들은 기업을 사회가 필요로 하는 고용이나 제품과 서비스를 제공하는 원천으로서의 사회 효익적 측면도 아울러 인식하면서 균형 있는 시각을 갖고 있다. 또한 기업도 사회의 한 구성원으로서 기업의 가치 창출 활동이 사회 구성원의 지지가 없이는 원활하게 이루어질 수가 없음을 깊게 인식하고 기업 스스로도 기업의 사회적 역할 수행에 대한 사회의 기대와 요구를 부응하고자 하는 노력을 과거에 비해 많이 기울이고 있다.

이와 같은 사회 구성원과 기업의 태도 변화에도 불구하고 여전히 사회 구성원과 기업은 기업 활동의 사회적 영향에 관해서는 많은 관심을 갖고 있다. 기업 활동의 사회적 영향에 대한 관심은 이에 관한 정보를 사회가 필요로 하고 있음을 의미한다. 우리 사회는 적어도 다음과 같은 두 가지 시각에서 기업 활동의 사회적 영향에 관한 정보를 필요로 한다고 할 수 있다.

첫째, 기업의 일부 활동들은 환경 오염과 같이 사회적으로 유해한 결과를 발생시키며 이러한 영향이 기업이 생산하는 제품이나 서비스의 가격에 반영되지 않음으로써 시장 실패에 따른 사회 전체적 자원 배분의 왜곡이 나타난다. 사회에 부정적 영향을 미치는 기업의 활동은 시장에서 적절히 평가될 수 없기 때문에 이러한 기업의 활동을 억제하고 줄이기 위해서는 정부의 적극적인 개입이 요구된다. 정부나 사회 구성원들은 삶의 질을 저해하는 사회적으로 유해한 기업 활동들을 감시하고 억제하기 위하여 이러한 활동에 관한 정보를 필요로 한다.

둘째, 기업은 기업 활동의 사회적 영향을 고려하지 않고 이윤 추구의 목적만을 일방적으로 추구할 때 그 목적이 아무리 타당하더라도 사회에서 전적으로 수용되기 어려울 것이므로 기업은 법적, 사회적, 윤리적 계약 조건 내에서 사적인 목적을 추구하도록 허용되고 있다. 즉 기업은 사회 환경에 적응하지 않고는 생존할 수 없기 때문에 기업은 사회가 기대하는 최소한의 사회적 역할을 수행하면서 이윤을 추구한다. 이러한 시각에서는 사회 구성원과 기업 경영자는 기업 활동이 효과적으로 수행되었는지를 판단하고 무엇이 달성되고 무엇이 달성되지 않았는지를 알고자 한다. 사회는 기업 활동의 사회 경제적 영향을 이해하기 위해서, 그리고 경영자들은 보다 폭 넓게 사회적 영향을 고려하여 기업을 효과적으로 경영하는 데 도움이 되는 사회적 정보를 이용하고자 할 것이다.

2. 사회적 정보 공시 요구의 정당화 논리

기업 활동의 사회적 영향에 관한 정보의 공시가 실제로 바람직하고 정당한지에 대한 체계적인 논의는 없었다. 그러나 정보 공시의 확대에 관한 논의는 크게 세 가지 관점으로 구분할 수 있다.

첫째는 정보 공시의 확대로 시장이 보다 잘 반응함으로써 주주나 채권자가 혜택을 받을 수 있다는 시장 관련 정당화 주장을 들 수 있다. 둘째로 정보 공시의 확대는 기업과 사회의 관계 속에서 기업의 도덕적 정당성을 보이기 위하여 필요하다는 주장이다. 셋째로 비판 이론의 관점에서 회계가 새로운 역할을 수행하기 위해서 정보 공시의 확대가 필요하다는 주장이다.

시장 관련 정당화 논리

자유 시장 경제에서는 '보이지 않는 손'에 의해 사회의 총체적 만족이 극대화될 수 있기 때문에 기업의 유일한 사회적 책임은 공정한 게임 룰 안에서 이익을 증대하기 위하여 기업의 자원을 활용하고 활동을 수행하는 것으로 보고 있다. 따라서 자유 시장 경제의 관점에서는 기업에 대해 사회적 책임을 요구하는 어떠한 규제도 적절치 않으며, 더 나아가서 경영자가 사회적 책임을 충실히 수행하는 것은 주주들의 부를 부적절하게 사용하는 것으로 간주된다. 그러나 이러한 자유 시장 경제의 관점에는 두 가지 문제점이 있다. 그 하나는 현재의 경제 체제는 많은 제약이 있으므로 실질적으로 자유 시장 경제라고 하기는 어렵다는 것이다. 또 다른 하나는 공정한 게임의 룰은 시간과 상황에 따라 달라질 수 있다는 것이다.

한편, 기업이 사회적 책임을 수행하여야 한다고 주장하는 사람들은 시장 참여자에게 더 많은 정보를 공급할수록 시장은 효율적으로 움직일 수 있다고 주장한다. 이들은 기업의 사회적 책임 수행 정도가 높을수록 기업의 이익이 높은 것으로 나타나고 있으며, 기업의 사회적 책임 수행에 관한 정보가 주식 가격의 움직임과 연관되어 있다는 실증적 증거를 제시하고자 한다. 이들은 자유 시장이 이루어지기 위해서는 사회적으로 유용한 정보들이 시장에 공급되어야 하며, 이러한 정보들이 충분히 공급되지 않는 상황에서는 자유 시장 경제 지지자들이 바라는 것과는 정반대로 강한 정부의 개입이 초래될 수 있을 것으로 주장한다.

사회적 정보의 공시 확대를 지지하는 사람들은 기업의 고용 실태, 환경적 영향, 제품의 안전성, 에너지 활용 등과 관련된 재무적, 비재무적, 정성적, 비정성적 정보들의 공시가 종업원, 고객, 규제 당국, 주주와 채권자들과 같은 이해 관계자에게 적합한 정보가 된다고 주장한다. 현재 기업이 공시하는 대부분의 정보는 주로 기업의 내부 원가와 관련된 것이다. 기업 활동의 외부 효과와 관련된 정보는 측정하기는 쉽지 않지만 시장 행태의 변화를 가져올 수 있다. 공해와 같은 외부 효과는 재화나 서비스의 원가에 포함되지 않게 되면 기업의 총원가를 낮추게 되고 시장에서 가격을 낮추어 더 많이 판매가 되도록 한다. 이는 환경 훼손을 유발시키고 소비자는 환경 훼손의 대가로 낮은 가격의 재화나 서비스를 이용하게 되는 것이다. 이런 관점에서 볼 때 환경에 대한 추가적인 측정과 공시가 이루어지지 않는다면 증권 시장은 자원 배분을 왜곡시키므로 제기능을 할 수 없다. 즉, 사회에 공해 원가를 전가시키는 기업은 자원 배분의 왜곡을 통해서 투자자에게 더 높은 투자 수익률을 제공할 수 있으므로 외부 효과가 반영되지 않는다면 자본 시장은 생각처럼 효율적으로 기능할 수 없을 것이다.

사회적 정보의 공시에 반대하는 사람들의 대표적인 대응 논리는 정보 공시로 인한 경쟁적 불이익과 정보 생산 및 공시의 비용이다. 즉, 경쟁자들이 추가적인 공시로 인하여 그 기업에 대해 더 많은 것을 알게 될 것이고, 이를 경쟁에 이용할 수 있다는 것이다. 그러나 만약 시장이 효율적이라고 한다면 중요한 정보는 경쟁자들에게 알려지게 되므로 이 대응 논리는 약하다. 정보 생산 및 공시 비용에 관한 논리는 어느 정도 타당성이 있으나 더 나은 사회적 관계를 위한 투자로 볼 수도 있을 것이다.

사회 계약 관점에서의 정당화 논리

앞에서의 시장 관련 정당화 논리는 사회적 정보의 공시에 대한 시장 반응을 중심으로 하고 있기 때문에 투자자 이외의 종업원이나 고객, 그리고 일반 대중과 같은 보다 많은 사람들을 대상으로 사회적 정보의 추가 공시 필요성을 설득하는 데는 적합하지 않다. 이들 이해 관계자 집단에게는 기업 활동의 기본적 기능과 기업과 사회 사이의 사회 계약을 둘러싼 도덕성 논쟁이 보다 호소력이 있을 것이다. 사회적 정보의 생산 및 공시를 위해 자원을 지출하는 데 대한 이러한 정당화 논리는 사회 계약과 조직의 도덕적 정당성과 관련된다.

사회 계약의 관점에서 기업은 다른 사회 기관과 마찬가지로 사회 계약을 통하여 사회에서 활동하고 있으며 기업의 존속과 성장은 사회적으로 바람직한 결과를 사회에 제공하고 사회경제적 효익을 그것을 받을 만한 집단에 배분하느냐에 달려 있다. 따라서 이러한 논리에서 기업은 사회가 그 기업의 서비스를 필요로 하고 그 기업의 혜택을 받는 집단이 사회적으로 받아들여지는 집단임을 보임으로써 그 정당성과 적합성이 검증된다.

한편, 도덕적 입장에서는 기업도 하나의 도덕적 개인, 그리고 도덕적 대리인으로 그들의 행동에 대해 책임을 져야 한다는 것이다. 기업은 권리와 의무를 갖고 있으므로 행동의 제약을 받는다. 기업은 다양한 권리를 가지며 이에 대한 대가로 다른 기업을 포함한 사회에 대한 책임을 지게 되는데 여기에 직접적, 그리고 간접적 도덕적 책임이 포함된다.

직접적인 기업의 책임은 법령이나 계약에 명시적으로 규정되어 있다. 그러나 간접적 책임은 기업이 공식적으로 계약 관계를 갖지 않는 경쟁자, 지역 사회, 일반 대중들에 대한 책임을 포함한다. 직접적인 책임의 불이행은 쉽게 파악이 되며 법적 행동에 의해 해결이 되고, 더 나아가서 부정적 여론을 조성하여 법 제정을 가져 올 수도 있다. 그러나 간접적 책임은 쉽게 파악될 수 없으며, 당사자들 사이에 합의된 사항이 없다.

설사 간접적 책임에 대해 당사자들이 서로 동의하고 있다고 하더라도 측정과 평가상의 문제가 많이 나타나므로 문제가 된다. 간접적 책임

은 기업과 사회 사이의 사회적 계약의 문제와 연관되어 있으며 사회적
정보의 공시와 같은 외부 효과에 대한 회계 처리 문제와 연관되어 있
다.

사회 계약은 사회의 집단적 목적을 달성하기 위하여 개인의 자유에
대한 통제를 사회적으로 수용하여야 한다는 사고로부터 나타났다. 기
업과 사회 구성원 사이에도 사회 계약이 존재한다. 사회는 기업의 법적
기반과 종업원을 고용할 수 있는 권한을 제공한다. 기업은 사회적 자원
을 이용하여 재화와 서비스를 생산하며 이 과정에서 환경을 훼손하기
도 한다. 기업은 이러한 일을 할 권리를 고유하게 부여받은 것은 아니
며 기업의 존재를 정당화하기 위해서는 기업은 사회에 부담시키는 원
가 이상으로 효익을 제공하여야 한다.

기업의 기능은 사회적 정의의 범위 내에서 고객과 종업원의 이익을
만족시킴으로써 사회적 복지를 향상시키는데 있다. 만약 이러한 기대
를 충족시키지 못할 때 기업은 도덕적 비난을 면하기 어렵다. 이러한
관점을 수용한다면 기업의 사회적 성과를 평가하기 위한 자료 수집과
분석, 그리고 정보의 공시도 합당하고 바람직한 것으로 받아들여질 수
있다.

비판이론적 관점에서의 정당화 논리

사회 회계를 정당화하는 또 다른 논리는 현 사회의 많은 측면을 비판
적으로 보는 진보적 접근 방법에서 찾을 수 있다. 비판적 진보적 입장
에서는 전통적인 기업의 정보 생산 시스템인 회계는 사회의 특정 집단
을 보호하는 데 활용되었다고 보고 있다. 비판적 관점에서는 기업의
회계는 주주와 조직을 위하여 객관적인 시장 가격을 이용하여 객관성
을 유지하고자 하는 시도를 통하여 발전되어 온 것으로 본다. 따라서
회계사는 집단간 그리고 사회 계층간의 사회적 갈등 문제에 개입하는

것을 회피해 왔다는 것이다. 이제 회계는 역사적 교환 가치를 객관적으로 기록하는 것을 넘어서 사회 계층 내부와 계층 사이의 기대와 의사결정, 더 나아가서 사회 계층 사이의 이익의 배분에 영향을 미치는 책임을 회계가 담당하여야 한다는 것이다.

기업은 일반 대중에 영향을 미치고 반대로 정치적, 사회적, 그리고 경제적 환경에 의해 영향을 받고 있음에도 기업은 중요한 측면을 간과하고 특정한 한 부분만을 다룬 사회적 정보를 제공하고 있다는 것이다. 기업에 관한 정보를 가장 많이 제공해 주는 회계 시스템은 가치 중립적이지 않으며 회계 시스템은 다른 사회 제도와 마찬가지로 일반 대중의 기대에 영향을 미친다. 만약 일반 대중의 기대가 지배적인 집단에 의해 영향을 받고 있다면 일반 대중의 압력에 의해 기업이 사회적으로 책임 있게 행동한다는 주장은 적절하지 않은 것으로 본다.

진보적 비판 이론적 관점에서는 기존의 사회적 정보의 공시에 대한 정당화 논리가 자원 배분 수단으로서의 시장의 중요성을 지나치게 강조하고 있으며, 혁명적 개선보다는 점진적인 개선을 추구하고 있다고 비판하고 있다. 진보적 관점에서는 사회적 정보를 생산 공시하도록 하는 것이 사회적 갈등 문제를 해결하기 위한 혁명적 수단이 될 것으로 보고 있다. 그러나 이러한 비판적 진보적 관점이 갖고 있는 문제점은 그것이 내포하고 있는 이념적 성격 때문에 대부분의 경영자, 투자자, 회계사 등에게 기업의 추가적 회계 책임의 필요성을 확신시키는 데는 비효과적이라는 데 있다.

3. 기업의 사회적 성과에 대한 종합적 평가의 필요성

기업의 활동이 사회에 미치는 영향은 사회 구성원의 삶의 질에 미치는 모든 영향의 집합이다. 예를 들어 한 기업이 제품, 서비스 그리고 고용을 사회에 제공하고 있으나, 한편으로 그 기업은 사회에 환경 오염과 같은 부정적 영향도 미칠 수 있다. 기업의 사회적 성과는 기업 활동이 사회에 미치는 긍정적이고 부정적인 모든 영향을 고려한 사회에 대한 기업의 순수한 기여도라고 할 수 있다. 기업의 사회적 성과에 대한 평가는 사회의 건강과 기업의 건강이 상호의존적이라는 시각에서 기업의 사회에 대한 영향을 종합적으로 측정, 감시, 통제하고자 하는 것으로 효과적인 기업의 사회적 성과 관리를 통하여 기업과 사회 모두에게 도움을 주기 위한 목적으로 시도되는 것이다.

기업의 사회적 성과에 대한 종합적 평가 및 사회 보고는 개별 기업의 활동이 어떠한 사회적 효익과 비용을 발생시키는지를 종합적으로 평가하고 이를 널리 알림으로써, 소비자 등 일반 대중이 사회적으로 우수한 기업과 그렇지 않은 기업을 구분하고, 구매 행위 등을 통하여 기업의 활동에 영향을 미치도록 하고자 하는 것이다.

예를 들어, 어떤 기업이 환경 오염 방지에 대한 투자, 대학 연구비 지원, 사회 복지 단체에 대한 기부 등에 많은 지출을 하고 있는 반면에, 유사한 다른 기업은 이익의 증대만을 위해 노력하고 있다고 할 때, 사회는 두 기업에 대해 차별적으로 반응하고자 할 것은 당연하다. 만약 두 기업의 사회적 성과에 대한 적절한 평가가 이루어지지 않을 때에, 사회는 두 기업을 차별화할 수 없을 것이다. 사회적으로 유익한 활동을 많이 하는 기업은 그러한 활동을 지속적으로 수행할 유인을 갖기 어려울 것이며 적어도 단기적으로는 시장에서의 기업 가치는 상대적으로 불리하게 평가받을 수밖에 없을 것이다.

우리 나라의 경우에도 기업의 사회적 역할 수행과 관련하여 많은 연구가 있어 왔다. 그러나 많은 연구들은 규범적으로 기업이 사회적 책임을 져야 한다는 것을 강조하였으나, 기업들이 자발적으로 사회적 책임을 수행하도록 유도하는 방안에 관한 논의는 비교적 많지 않았다. 만약 사회적으로 기업의 사회적 역할 수행에 대한 보다 객관적인 평가가 마치 주식 시장에서의 기업의 가치에 대한 평가처럼 이루어질 수 있다면, 기업은 더 나은 평가를 통한 기업 가치의 제고를 위해 보다 적극적으로 사회적으로 유익한 활동에 참여하고자 할 것이다.

최근 많은 기업이 기업 이미지 광고에 적극적으로 투자하고 있다. 객관적인 기업의 사회적 성과 평가는 기업들이 화장하는 것처럼 기업 이미지 광고를 통하여 좋은 기업으로 보이려 하는 것과 달리 기업 활동의 변화를 통하여 실질적으로 기업의 모습을 변화시키도록 유도할 수 있다.

기업의 사회적 성과에 대한 평가는 기업과 일반 사회 사이에 존재하는 기업의 사회적 가치와 관련된 정보의 불균형 문제를 해소시켜 줄 수 있다. 만약 사회가 사회적으로 유익한 기업과 불량한 기업을 구분할 수 없다면, 이는 증권 시장에서 투자자들이 불량한 기업의 주식을 비싼 가격으로 사도록 하는 것과 같이, 희소한 사회적 자원이 비효율적으로 배분되는 결과를 초래하게 될 것이다.

사회적인 면에서 우수한 기업은 좋게 평가받아 상응하는 보상을 받을 수 있도록 하게 되고, 불량한 기업에게는 상응하는 사회적 반대 급부가 돌아갈 수 있도록 된다면 기업의 사회적 책임 수행에 대한 사회나 규제 기관의 직접적인 간섭의 여지도 많이 줄어들 것이다.

기업 활동의 사회적 성과에 대한 평가와 이에 대한 보고가 객관적으로 이루어지게 되면 다음과 같은 몇 가지 역할이 수행될 수 있을 것이다. 첫째, 기업 활동에 대한 사회적 기대와 관심 영역을 확인해 나갈 수 있다. 둘째, 기업의 경영자에게 기업 활동에 대한 사회적 기대와 관심을 알리고 경영 의사 결정에서의 사회적 고려에 대한 지침을 제공해 줄 수 있다. 셋째, 기업 활동의 사회적 영향에 관한 정보를 적게

갖고 있는 특정 이해 관계자와 일반 대중에게 이에 대한 정보를 제공함
으로써 기업의 행동 변화를 유도할 수 있다. 넷째, 기업은 사회적 성과
를 증진시키고자 하는 자체적인 노력을 자발적으로 외부에 공시하고
자 하는 유인을 갖게 될 수 있다.

4. 기업의 사회적 성과 평가의 기본 모형

기업 활동의 사회적 성과를 평가하기 위해서는 기업 활동이 사회
구성원의 삶의 질에 직·간접적으로 어떠한 영향을 미치는지를 측정
하여야 한다. 이러한 기업 활동과 사회 구성원 삶의 질과의 인과 관계
를 간략히 도시하면 아래와 같다.

그림 1. 기업 활동과 사회 구성원 삶의 질과의 인과 관계

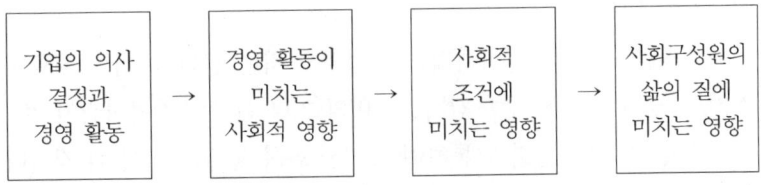

기업의 경영 정책, 제품 설계, 생산, 마케팅, 재무, 지역 사회 지원
등의 의사 결정과 경영 활동은 사회적인 영향을 미친다. 대부분의 경영
활동은 그 일차적인 목적이 경제적인 것이므로 경영 활동이 미치는
사회적 영향은 경영 활동의 이차적 또는 부수적 결과로서 나타나며
사회적으로 바람직한 것일 수도 있고 그렇지 않을 수도 있다.

사회적 조건은 일반적으로 정치적, 사회적, 문화적, 경제적, 물질적

환경 등을 의미한다. 사회적 조건은 사회의 특성을 정의하는 데 필요한 것으로 사회 구성원은 그들의 개인적, 집단적인 활동을 사회적 조건의 틀 속에서 수행하고 만족과 불만족을 경험하게 된다. 기업의 활동이 미친 사회적 영향은 사회 구성원의 삶에 영향을 미친다. 사회 구성원은 종업원, 공급자, 소비자, 투자자, 지역 주민, 일반 대중 등이 될 수 있다.

기업 활동의 사회적 성과를 측정하는 가장 이상적인 시스템은 기업 활동과 사회 구성원의 삶의 질에 이르는 모든 인과 관계에 대한 정보를 제공하여야 하고, 단일의 측정 단위로 측정되거나 전환될 수 있는 계량화된 측정이어야 하며, 제공되는 정보는 이용자가 효율적인 의사 결정을 하고 기업의 과거와 현재를 평가할 수 있도록 하여야 한다. 그러나 기업의 활동은 사회 구성원의 삶의 질에 직접적으로 영향을 미치지 않을 수 있으며, 삶의 질 그 자체도 측정하기가 매우 어렵다.

또한 사회적 조건에 미치는 영향도 직접 측정하는 것이 매우 어렵다. 대신 기업의 의사 결정이나 경영 활동의 일차적 결과물이 측정의 대상이 될 수 있다.

예를 들어 폐수를 정화하려는 기업의 노력은 인건비, 화학 원료비, 전기료, 정화 설비에 대한 감가상각비와 기타 원가를 발생시키며 일차적 결과물은 폐수 정화를 통하여 제거된 화학 물질의 양이 될 것이다. 이때 사회적 조건은 사회 구성원이 사용하는 물의 수질이며, 이는 물을 사용하는 사회 구성원의 건강, 행복과 같은 생활의 질에 영향을 미치게 될 것이다.

기업 활동의 사회적 성과를 종합적으로 평가하기 위해서는 기업에 대한 사회의 기대와 요구를 포괄하는 사회 전체적으로 합의된 사회적 가치 시스템이 있어야 할 것이다. 즉, 어떠한 평가 항목을 포함하여야 하고, 우선 순위를 어떻게 부여할 것인지를 결정할 수 있는 규범적 틀이 있어야 할 것이다. 그러나 현실적으로 개별 기업에 대한 사회적 기대와 요구는 사회 구성원에 따라 큰 차이가 있다.

더욱이 사회 구성원이 관심을 갖는 영역은 점차 증대되고 있으며 연구 조사가 요구되는 문제들도 다양해지고 있다. 사회에 합의된 사회 가치 시스템이 없는 경우에 측정 시스템은 적어도 측정 시스템이 제공하는 정보가 정보 이용자의 정보 욕구를 충족시킬 수 있도록 설계되어야 한다. 이를 위해서 정보 이용자가 누구이고, 그들은 무엇을 기대하며, 어떻게 정보를 활용하는지에 대한 조사가 있어야 할 것이다.

기업의 사회적 성과를 평가하는 항목을 선정하는 한 가지 방법은 사회 일반 대중이 기업의 사회적 활동과 관련하여 기대와 비판의 대상이 되는 이슈들을 조사를 통하여 추출해 내는 것이다.

예를 들어 노사 관계 관련 이슈, 소비자 보호 관련 이슈, 부동산 투기 관련 이슈, 정경 유착 이슈, 부의 사회적 환원 이슈 등과 같은 것이다. 또 다른 방법은 기업의 사회적 성과를 기업 활동이 발생시키는 사회적 원가와 기업 활동으로 창출되는 사회적 효익으로 구분하고 이를 구성하는 세부 항목을 추출해 내는 것이다. 그러나 이러한 두 가지 방법은 상호 독립적이라기보다는 상호 보완적이라고 할 수 있다.

사회적 원가와 사회적 효익에 의해 선정된 평가 항목들은 영향을 받는 사회 구성원에 따라 다시 구분될 수 있다. 종업원에 대한 기여나 종업원에 대한 훼손은 각기 기업 내부의 사회적 효익과 사회적 원가라고 할 수 있다. 또한 기술 혁신에 대한 기여는 일차적으로 그 혜택이 기업 내부로 귀착된다. 반면에 환경에 대한 기여는 기업에 대한 경제적 효익보다는 사회 전체에 대한 효익을 증대시킨다고 할 수 있다. 또한 평가 항목은 기업의 투입 노력과 관련된 것과 기업 활동의 산출물과 관련된 것으로 구분할 수 있다.

그림 2. 사회적 원가와 사회적 효익에 따른 평가 항목

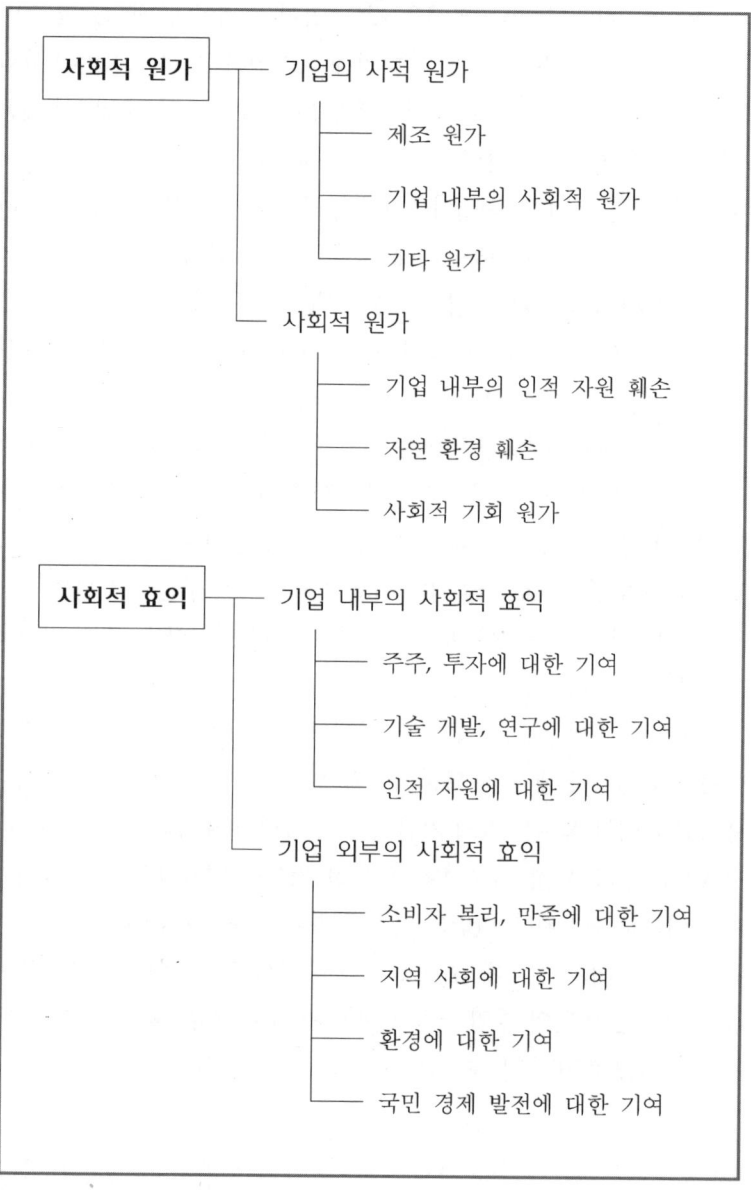

5. 사회 제도로서의 정착 방안

　기업의 사회적 성과를 효과적으로 평가하기 위해서는 무엇보다도 객관적이고 신뢰성 있는 자료나 정보를 입수할 수 있어야 한다. 기업 활동의 결과에 대한 기업 공시 정보는 보다 쉽게 이용할 수 있으나 기업이 제공하는 정보는 기업이 유리한 정보로 편향되어 있을 수 있다.

　기업의 정책 등과 관련된 기업의 내부 정보, 그리고 법률과 규제의 위반과 관련된 정보나 기업이 발생시키는 사회적 원가와 관련된 정보는 쉽게 얻을 수 없다. 소비자, 시민 단체, 비영리 기관 등이 수집한 기업에 대한 불만, 불평에 관한 증거나, 정부 규제 기관의 규제 활동의 결과로 나타나는 기업의 규정 위반 사례 등이 이용될 수 있으나 이러한 정보들은 비체계적이고 종합적이지 못하다는 문제점을 갖고 있다.

　기업의 사회적 성과 평가가 기대한 목적을 충실히 달성하기 위해서는 기업의 사회적 성과 평가가 사회의 총체적인 노력이 결집된 하나의 사회 제도로서 정착되어야 한다. 기업의 사회적 성과 평가가 하나의 사회적 제도로 될 때만이 기업의 사회적 활동에 관한 객관적이고 신뢰성 있는 정보가 보다 체계적으로 생산되고 이용될 수 있을 것이다. 이를 위해서는 먼저 기업의 사회적 성과에 관한 정보의 생산, 평가, 분석, 이용과 관련된 사회적 분화가 선행되어야 한다.

　일반적으로 정보와 관련하여 기능 분화가 가장 잘 이루어져 있는 증권 시장의 예는 정보의 생산, 분석, 평가, 이용 간의 관계를 보다 분명히 이해하는 데 도움이 될 수 있을 것이다. 증권 시장에서 주식이나 채권을 발행하고자 하는 기업은 시장에서 그 기업의 가치나 위험을 보다 유리하게 평가받기 위하여 그 기업에 관한 많은 정보를 자발적으로 공시하고자 하는 유인을 갖는다.

그러나 기업은 투자자에게 평가에 유리한 정보만을 제공하거나 왜곡된 정보를 제공할 가능성이 있으므로, 정보 이용자들은 이러한 정보를 전적으로 신뢰하지 않을 수 있다. 기업은 기업이 제공하는 정보가 신뢰성이 있는 것임을 정보 이용자에게 밝히기 위해서 제3의 독립적이고 전문적인 정보 평가자의 인증을 받고자 하는 어느 정도의 자발적 유인을 갖는다.

규제 기관은 정보 이용자가 이용할 수 있는 정보의 양이 시장에서의 주식이나 채권의 가격이 효율적으로 형성되는 데 기여하기 때문에, 또한 정보 이용자 사이의 정보의 불균형이 공평성을 저해할 수 있다는 이유로 기업에게 일정한 양의 정보를 공개하도록 규제하고 있으며, 필요한 경우에는 정보 평가자(공인회계사)의 감사 의견을 첨부하도록 요구하고 있다. 시장에 존재하는 기업에 관한 많은 정보를 활용하여 정보 분석가는 기업의 가치와 위험을 평가하여 정보 분석 능력이 부족한 투자자들에게 제공함으로써, 투자자들이 거래를 통하여 우수한 기업과 불량한 기업을 구분하여 차별적인 자원 배분을 하도록 도움을 준다.

증권 시장에서의 정보와 관련된 사회적 분화가 기업 활동의 사회적 정보에 적용되기 위해서 일차적으로 중요한 것은 규제 기관의 태도 변화라고 할 수 있다. 규제 기관은 직접적인 규제 활동의 결과를 종합적이고 체계적인 방법으로 일반 대중에게 공시하여야 한다. 이는 일종의 '정보 공개념'으로 이해될 수 있을 것이다. 이는 규제 기관의 규제 활동의 투명성을 보여주고 규제 활동의 성과에 대한 평가도 가능하게 할 것이다.

최근 정보 기술의 발전에 따라 데이터 베이스 서비스가 확대되어 감에 따라 기업의 사회적 정보의 데이터 베이스화도 중요한 과제이다. 기업과 관련하여 다양한 규제 활동을 수행하는 기관들이나 기업의 활

동을 지원하는 기관들이 기업에 관련된 정보들을 기업별로 분류하여
데이터 베이스화하여 서로 공유하면 중복된 정보 수집 노력을 들이지
않고 규제 또는 지원 활동을 보다 효과적으로 수행할 수 있을 것이며,
이러한 정보를 공개한다면, 정보 분석가와 일반 대중은 기업이 스스로
공개하는 정보들과 연계하여 기업 관계 데이터 베이스를 구축하여 보
다 효과적으로 기업을 평가할 수 있을 것이다.

이제 규제 기관은 기업에 대한 규제가 정부의 입법과 행정 지시나
벌금과 같은 형태로만 효과적으로 이루어질 수 있다는 태도를 바꿀
필요가 있다. 직접적으로 피해를 입는 일반 시민이 소비 및 구매 의사
결정의 형태로 기업이 미치는 사회적 영향에 따라 보상과 벌을 차별적
으로 줄 수 있을 것이기 때문이다.

또 다른 방안은 가능한 범위 내에서 규제 기관이 직접 규제보다는
정보에 의한 간접 규제 방식을 선택하는 것이다. 실제 제한된 규제 기
관의 인적 자원이나 예산 범위 내에서 모든 기업의 활동을 모두 감독
지시한다는 것은 물리적으로 불가능하다. 규제 기관은 기업이 제공하
는 정보에 의해 간접적으로 기업의 활동이 사회적으로 바람직한 방향
으로 유도되도록 규제할 수 있을 것이다. 이러한 경우에 규제 기관은
기업이 제공하는 정보를 믿을 수 있어야 하는데, 정보의 신뢰성은 사회
적 정보에 대한 감사 기능을 창출함으로써 확보될 수 있을 것이다.

정부는 현재 각종의 사회 통계 지표를 생산 분석하여 시민의 삶의
질에 대한 평가를 하고 이를 근거로 미래 경제 사회 계획을 수립해
나가고 있다. 그러나 정부 혼자서 살기 좋은 사회를 만들 수 있는 것은
아니다. 우리 사회의 가장 중요한 부가 가치 창출 기관인 기업이 시민
의 삶의 질을 높이는데 기여할 수 있도록 기업의 사회성을 평가하는데
도움이 될 수 있는 각종 정보를 기업이 생산 공개하도록 적극적인 노력
을 기울일 필요가 있을 것이다.

　정부나 규제 기관은 직접적으로 일반 시민을 대상으로 한 국부 조사나 센서스 조사와 같은 형식으로 기업에 관한 자료를 직접 수집할 필요가 없다. 기업은 적어도 연차적으로 기업의 경영 성과에 관한 보고서를 작성하여 공개하는데 이러한 보고서의 항목으로 얻고자 하는 정보를 포함시키도록 하면 기업이나 규제 기관 모두 큰 비용을 들이지 않고 얻고자 하는 정보를 얻을 수 있을 것이며, 사회 일반도 그 정보를 공유할 수 있을 것이다. 과거의 기업의 연차 보고서는 단순히 주주에 대한 수탁 책임 이행에 대한 형식으로 이루어졌다. 이제 기업은 주주로부터의 수탁 책임과 함께 사회에 대한 수탁 책임도 져야 하므로 연차 보고서에 기업의 사회에 대한 수탁 책임 이행에 관한 정보를 포함시키는 것은 사회 환경 변화에 따라 바람직하고 보다 자연스러운 모습이 될 것이다.

　이러한 경우 기업이 제공하는 사회적 정보의 적정성에 대한 평가는 기존의 회계 감사의 차원에서 사회 감사 또는 종합 감사의 차원으로 변화되어 이루어져야 할 것이다. 종합 감사가 캐나다에서 공공 부문에 적용되는 것으로 시작하였으나 민간 부문의 기업 활동에 대한 종합적 회계 책임에 대한 감사로까지 확대되고 있는 것은 우리에게도 많은 시사점을 제시해 준다. 즉 감사의 기능이 단순한 회계 감사에서 경영의 여타 부문으로 확대되어 간다면 기업의 활동과 관련된 보다 많은 신뢰성 있는 정보를 사회가 공유할 수 있을 것이다.

　감사 기능의 확대를 단시일 내에 많은 기업에 적용하기는 매우 어려울 것이다. 도입의 초기에는 각 규제 기관이 필요로 하는 정보를 기업이 어떠한 방법으로 생산하여야 하는지와 관련된 지침을 마련하고 기업이 생산한 정보를 감사인의 인증을 받아 연차 보고서나 기타 보고서에 포함하여 제출하도록 하는 것이 쉬울 것이다. 한편 적극적으로 사회적 기여를 하고 있는 기업은 자발적으로 연차 보고서에 단순한 재무제표 이외에 기업이 수행한 사회적으로 유익한 활동에 관한 정보를 감사인의 인증을 받아 포함시키고자 하는 유인을 가질 수 있을 것이다.

기업 활동에 관한 사회적 정보를 전문적으로 분석하여 평가하는 일은 여러 집단에 의해 다양하게 이루어질 수 있을 것이다. 미국의 경우에는 '경제적 우선순위평의회'나 '교회평의회', 그리고 '기업의 책임에 관한 범교단 센터' 등에서 여론 조사나 정보 분석에 의해 기업의 사회적 성과를 평가하고 있으며, 한국에서는 시민 단체인 경실련의 경제정의연구소에서 우리 나라 상장 기업을 대상으로 사회적 성과를 평가해 오고 있다. 소비자 보호 단체나 환경 보호 단체에서 특정 관심 분야에 관련하여 기업의 성과를 평가하기도 한다. 누가 어떠한 목적으로 이러한 평가를 하여야 하느냐를 규정할 필요는 없으나, 최소한도 이러한 사업이 비영리 기관이나 공익 기관에 의해서 객관적으로 이루어져야 할 것이다. 또한 이러한 사업을 하는 기관들이 정보를 공유하여 사회적으로 기업을 평가할 수 있는 정보의 양이 확대되도록 협력하는 일이 필요할 것이다.

6. 맺는 말: 확대되는 회계의 역할

모든 조직은 계획, 실행, 통제의 과정을 통해 과업을 수행한다. 계획이나 목표, 또는 비전은 현실 그 자체가 아니라 추상화된 개념이다. 예를 들어 품질 개선, 고객 만족, 효율성 증대와 같은 목표는 현실 세계의 현상을 우리가 인식하기 위하여 개념화한 것이다. 이러한 목표는 많은 하위 목표로 구성되는 일종의 구성적 개념이므로 조직 구성원들이 이해하고 실천할 수 있도록 구체화되어야 한다. 그러나 조직 구성원이 정해진 목표를 제대로 실행하고 있는지를 알 수 없다면 아무리 좋은 목표를 수립한다고 해도 그것은 하나의 꿈에 불과하다.

사회도 하나의 조직이다. 사회라는 조직은 사회 구성원의 다양성 때문에 목표 체계에 대한 합의를 이루기가 어려운 점은 있지만 사회적 목표를 가지고 있다. 사회가 목표하는 방향으로 제대로 움직여 가고 있는지를 점검할 수 없다면 사회의 발전은 기대하기 어려울 것이다.

회계의 중요한 기능 중의 하나는 조직의 중요한 관심 사항을 가시화할 수 있는 정보를 생산 제공하는 것이다. 전통적으로 기업의 회계 책임은 주주와 같은 주요 이해 관계자들에 대한 것이었다. 그러나 기업은 사회 조직의 한 부분이므로 기업의 회계 책임은 다양한 사회 구성원들로 확대되어야 한다. 이미 앨빈 토플러는 「제3의 물결」에서 기업의 회계 책임이 일반 대중에 대한 회계 책임(public accountability)으로 확대될 것으로 이미 예견한 바 있다.

이제 우리 나라에서도 기업 활동의 사회적 영향에 대해 사회 구성원들이 많은 관심을 가지고 있다. 사회가 기업이 나아가기를 원하는 목표를 개념화하고 이러한 목표가 제대로 이행되고 있는지를 확인할 수 있도록 사회적 정보를 회계 공시에 포함하도록 요구하는 것이 필요하다. 이러한 정보의 공시 요구는 회계가 단순히 투자자를 위한 정보 시스템이라는 사회적 인식을 바꾸어 줄 수 있을 것이다. 회계는 기업을 사회적, 도덕적으로도 행동하도록 하고 우리의 삶의 질을 증진하도록 유도하는 적극적인 역할을 하여야 할 것이다.

1970년대 미국을 중심으로 기업 활동의 사회적 영향에 관한 정보의 공시 문제가 대두되기 시작하였다. 미국회계학회는 여러 위원회에서 이러한 문제들을 다루었다. 그 결과로 사회적 프로그램의 유효성에 대한 측정, 조직 활동의 환경적 영향, 인적 자원 회계, 사회적 원가 측정, 사회적 성과 회계 등에 관한 연구 보고서들이 발표되었다.

우리 나라에서도 한국회계연구원의 발족과 함께 사회적 정보의 공시와 관련하여 활발히 연구가 이루어지고 있다. 그 첫번째 결과로서 최근 한국회계연구원은 연구 보고서 제9호를 발간하여 환경 재무 회계의 개념 구조와 환경 회계 기준을 제안하고 있다.

우리 나라의 기업 회계 기준에서는 환경 회계 정보 이외에도 종업원 회계 정보, 인적 자원에 관한 정보, 부가 가치 회계 정보와 같은 사회적 정보를 보충적 주석 사항으로 공시하도록 요구하고 있다. 그러나 아직 이들 정보를 어떻게 공시하여야 하는지에 대한 구체적 가이드라인이 없어 이들 정보의 공시 실태는 매우 다양하다. 많은 기업들은 이러한 사회적 정보를 전혀 공시하지 않고 있거나 공시하는 경우에도 매우 요약된 정보만을 제공하고 있어 이를 통하여 기업 활동의 사회적 영향을 파악한다는 것은 거의 불가능하다.

회계는 사회의 발전과 지속적으로 연계되어 발달되어 왔다. 회계는 하나의 사회적 개념적 틀(a social construct)이므로 사회의 요구에 상응하여 회계가 발달해 나가지 않는다면 회계가 차지하는 사회적 위상은 상실될 것이다. 회계는 전통적인 외부 주주를 위한 화폐적 정보와 사적 원가 정보 위주의 측정과 전달에서 탈피하여야 한다. 기업 활동의 사회적 영향에 관한 다양한 정보가 체계적으로 생산 공시될 수 있도록 정부의 관련 부처와 회계 관련 기관은 보다 종합적인 노력을 기울여야 할 것이다.

참고 문헌

곽수근, 안태식, 전규안(2001), 주석 공시 사례 연구, 한국회계연구원 연구보고서,
　　제8호.
김종대, 장지인(2001), 환경 회계, 한국회계연구원 연구보고서 제9호.
이병욱(1997), 환경 경영론, 비봉출판사.
이정호, 박창길, 서정우, 곽수근 공역(1991), 사회 경제 회계, 법문사.

American Accounting Association(1971), Supplement to the Accounting Review,
　　46(Report of the Committee on Accounting Theory and Theory Construction
　　and Verification), AAA, Sarasota, Fla.
American Accounting Association(1972), Supplement to the Accounting Review,
　　47(Report of the Committee on Measures of Effectiveness for Social Programs),
　　AAA, Sarasota, Fla., pp. 336−96.
American Accounting Association(1973a), Supplement to the Accounting Review,
　　48(Report of the Committee on Environmental Effects of Organizational
　　Behavior), AAA, Sarasota, Fla., pp. 72−119.
American Accounting Association(1973b), Supplement to the Accounting Review,
　　47(Report of the Committee on Human Resource Accounting), AAA, Sarasota,
　　Fla., pp. 532−54.
American Accounting Association(1975), Supplement to the Accounting Review,
　　49(Report of the Committee on Measurement of Social Costs), AAA, Sarasota,
　　Fla., pp. 98−113.
American Accounting Association(1975), Supplement to the Accounting Review,
　　50(Report of the Committee on Social Costs), AAA, Sarasota, Fla., pp. 51−89.
American Accounting Association(1976), Supplement to the Accounting Review,
　　51(Report of the Committee on Accounting for Social Performance), AAA,
　　Sarasota, Fla., pp. 38−69.
Abbot, W.F. and Monsen, R. J.(1979), On the measurement of corporate social
　　responsibility: self−reported disclosures as a method of measuring corporate
　　social involvement, Academy of Management Journal, 22(3), 501−15.
Accounting Standards Steering Committee(1975), The Corporate Report, ICAEW,

London.

American Institute of Certified Public Accountants(1973), Objectives of Financial Statements, AICPA, New York.

Belkaoui, A.(1980), The impact of socio—economic accounting statements on the investment decision: an empirical study, Accounting, Organizations and Society, 5(3), 263—83.

Bowen, H. R.(1953), Social Responsibilities of the Businessman, Harper and Row, New York.

Bowman, E. H. and Haire, M.(1975), A strategic posture toward corporate social responsibility, California Management Review, 18(2), 49—58.

Burchell, S., Clubb, C. and Hopwood, A. G.(1985), Accounting in its social context: towards a history of value added in the United Kingdom. Accounting, Organizations and Society, 10(4), 381—413.

Chua, W. F. (1986) Theoretical considerations of and by the real, Accounting, Organizations and Society, 11(6), 583—98.

Cooper, D. J. and Sherer, M. J.(1984), The value of corporate accounting reports: arguments for a political economy of accounting, Accounting, Organizations and Society, 9(3/4), 207—32.

Donaldson, T.(1982), Corporate Morality, Prentice—Hall, Englewood Cliffs, N. J. Financial Accounting Standards Board(1978), Statement of Financial Accounting Concepts no.1: Objectives of Financial Reporting by Business Enterprises, FASB, Stanford.

Friedman, M.(1962), Capitalism and Freedom, University of Chicago Press, Chicago.

Galbraith, J. K.(1974), Economics and the Public Purpose, Andre Deutsch, London.

Gray, R., Owen, D. and Maunders, K.(1987), Corporate Social Reporting: Accounting and Accountability, Prentice—Hall, London.

National Association of Accountants(1974a), Report of the Committee on Accounting for Corporate Social Performance, Management Accounting, 39—41.

National Association of Accountants(1974b), Report of the Committee on Accounting for Corporate Social Performance, Management Accounting, 59—60.

Owen, D. (ed.)(1992), Green Reporting, Chapman & Hall, London.

Perks, R. W.(1993), Accounting and Society, Chapman & Hall, London.

기업의 사회적 성과와 경쟁력 강화[1]

신유근

서울대학교 경영학 교수

1. 문제의 제기

최근 경쟁력—국제 경쟁력이든 국가 경쟁력이든 또는 기업 경쟁력이든—이 한국 사회와 기업에서 가장 큰 이슈가 되고 있음은 주지의 사실이다. 이에 많은 논자들이 경쟁력 강화를 위해 효율성을 증대시키려는 경제 기술적 측면에서의 선행 조건, 예를 들면 기술 개발이나 설비 투자, 자금·인력 등 생산 요소의 확보, 관리 혁신이나 조직 개편을 통한 경영 혁신, 정보 시스템의 구축, 물류 합리화를 위한 유통 구조의 개선과 사회 간접 자본의 확충 등에 논의의 초점을 모으고 있다.

과연 이러한 경제 기술적 측면에서의 선행 조건만이 경쟁력을 강화

---

1) 신유근, 「제3회 기업 윤리 세미나」에서 발제한 글을 수정 편집.

하는 데 필수적인 것인가? 오히려 이런 쪽에만 급급하다 보면 궁극적
으로 경쟁력 그 자체도 약화시키는 결과를 초래하는 것은 아닐까?

또한 상당수의 논자들은 경제적 성과 또는 기업 경쟁력과 같은 경제
적 효율성과 사회적 성과와 같은 사회적 정당성을 상호 갈등의 상충
관계(trade-off)로 보는 경우가 많다. 예를 들면 어떤 사람은 둘 다 추
구하면 결국 아무 것도 못 얻으므로 효율을 우선적으로 추구해야 한다
고 주장하는가 하면, 또는 반대로 사회적 정당성을 우선적으로 추구해
야 한다고 주장하고 있다. 과연 양자를 상호 갈등의 관계로 보아 어느
하나만을 우선시하여 선택하는 견해가 타당한 것인가? 양자간의 상호
보완의 관계는 미성숙한 주장에 불과하며, 현실적으로도 그 실현 가능
성이 없는 것인가?

만일 어떤 논리나 메커니즘에 의해 경제적 효율성과 사회적 정당성
이 동시에 양립될 수 있다면, 사회적 정당성이 기업의 생존과 발전에
어떤 실질적인 기여를 할 수 있겠는가? 예를 들면 기업이 해서는 안
될 탈세나 환경 오염, 기업 범죄 등을 행하는 것이 기업의 생존, 즉
실패를 결정짓게 되는 것은 아닐까? 해외 진출 기업이 그 나라의 사회
복지 증진을 통해 현지 정부나 지역 주민과의 우호적 관계를 맺게 된다
면, 그것이 진출기업의 경쟁력 강화에 크게 이바지하게 되는 것은 아닐
까 하는 질문들을 던질 수 있다.

2. 사회적 성과를 보는 시각

경제적 효율성과 사회적 정당성과의 관계를 논의하기에 앞서, 먼저
사회적 성과를 어떻게 정의할 것인가, 그리고 사회적 성과와 경제적
성과와의 관계를 보는 시각의 차이가 규범적, 현실적 측면에서 어떻게

나타나고 있는가에 대해 알아볼 필요가 있다.

(1) 사회적 성과의 개념 규정

기업의 사회적 성과 개념을 강조하게 된 배경에는 자유 기업주의 경제 체제 즉, 자본주의의 맹점을 보완하기 위해 전체 사회의 경제 정의 또는 사회 정의를 실현해야 한다는 국민적 합의가 존재하고 있다. 그러나 기업의 사회적 성과(Corporate Social Performance)라는 용어는 대체로 모호하며, 매우 광범위한 개념으로 쓰이고 있다.

협의의 개념으로는 사회적인 정당성(legitimacy), 형평(equity), 평등 (equality), 정의(justice) 등 주로 질적 개념을 강조한다. 기업의 입장에서는 전통적으로 기업의 사회적 책임(CSR1: Corporate Social Responsibility) 또는 기업 윤리(Business Ethics) 등의 개념으로 논의되어 왔으며, 최근에 들어와서는 기업의 사회적 반응(CSR2 : Corporate Social Responsiveness) 또는 기업 사회 정책(Corporate Social Policy) 등의 개념으로 논의되고 있다. 이러한 협의의 개념은 기업과 관련된 사회적 문제, 사회적 이슈, 사회적 기대, 사회적 비판 등의 개념과 밀접한 관련성을 지니고 있다.

광의의 개념으로는 협의의 사회적 성과와 함께 경제적 성과나 효율성 등 양적 개념을 동시에 포괄하는 것으로 이해되고 있다. 이때 경제적 성과 또는 효율성의 경우 기업의 입장에서는 전통적으로 이윤, 생산성, 경쟁력, 매출액, 시장 점유율, 투자 수익율 등 측정 가능한 최종 산출물로서 결과를 강조하는 지표를 중심으로 논의되어 왔다. 본 연구자가 사회적 성과라 할 때는 협의의 사회적 성과의 개념을 중심으로 하고 있다.

(2) 사회적 성과와 경제적 효율과의 관계에 대한 시각의 차이

사회적 성과를 규정짓는 개념의 차이가 나타날 뿐만 아니라, 이러한 사회적 성과와 경제적 성과와의 관계를 보는 시각의 차이 또한 매우 크게 나타나고 있다.

1) 규범적 측면에서의 시각 차이

경제적 성과(효율)를 우선적으로 추구해야 할 것인가, 아니면 사회적 성과(형평, 정당성)를 우선적으로 추구해야 할 것인가, 그것도 아니라면 양자를 동시에 추구해야 할 것인가에 대해 여러 가지 주장이 제기되고 있다. 이러한 주장은 주로 철학 또는 경제 사상 측면에서 논의되어 오고 있으며, 시간 제약과 자원의 부족이라는 한계 속에서 인간의 선택(choice)을 강조하고 있다.

여러 주장들을 주요한 몇 가지 흐름으로 정리해 보면 다음과 같다.

① 둘 다 추구하면 결국 아무 것도 못 얻는다. 그러나 효율을 우선 추구해 달성하면 궁극적으로 그것의 결과로서 자연히 형평 또한 실현된다(Friedman).

② 둘 다 추구하면 결국 아무 것도 못 얻는다. 그러나 형평을 우선 추구해 달성하면 궁극적으로 그것의 결과로서 자연히 효율 또한 실현된다(Rawls/유교의 德本財末 思想).

③ 효율만 추구하면 형평 문제로 결국 효율 자체도 실현할 수 없으니, 우선 효율을 추구하되 그 과정에서 반드시 형평을 고려해야 한다(Okun).

④ 같은 비중으로 양자를 함께 추구할 수 있으나, 양자간의 갈등 현상을 동시에 해결해야 한다(Timbergen).

2) 현실적인 측면에서의 시각 차이

현실적으로 사회적 성과 그 자체나, 사회적 성과와 경제적 성과간의 관계를 보는 시각은 누가 평가의 주체 또는 리더인가에 따라 상이하다. 왜냐 하면 평가의 기준 틀이 각자 또는 각 집단의 이해 관계에 따라 다르기 때문이다.

① 정부의 시각

정부는 사회 복지 정책, 소득 재분배 정책, 환경 정책, 경제 정책 등에서 사회적 성과 문제를 강조한다. 일반적으로 사회적 성과에 대한 평가는 전체 사회의 발전, 즉 이해 균형과 정치적 지지를 목적으로 관료적이거나 정치적인 합리성에 근거해 이루어진다. 그러나 상이한 세부 정책 목표간에 갈등이 존재하기 마련이다. 지금까지 한국 정부는 대체로 사회적 성과보다는 경제적 성과 즉 효율성에 초점을 두어 왔다고 볼 수 있다.

② 이해 관계 집단의 시각

예를 들어 소비자 집단은 올해의 우수 기업 평가, 환경 보호 단체의 평가, 지역 주민들의 평가, 공급자 및 하청 기업들의 평가, 노동 조합의 기업 평가 등 개별적 이해 관계 집단들도 기업의 사회적 성과에 대한 평가를 행한다. 이러한 평가는 피해 예방과 효익 극대화와 같은 이해 관계 집단의 이익 실현을 목적으로 행해지며, 때에 따라서 집단적 이해 관계에 의해 이루어진다. 이는 때로 기업의 본원적 목적인 경제적 효율을 간과하고 이해 관계자 중심의 사회적 성과만을 요구하여 집단 이기주의로 변질하기도 한다.

③ 사회적 평가자의 시각

제3자의 입장에서 평가하려는 시각들을 일컫는다.

i) 학계의 경우에는 대체로 기업의 사회적 성과 향상을 위한 보편적 원칙 · 법칙을 발굴하는 데 초점을 두고 있다. 그러나 부분적으로 기업이 지나치게 경제적 효율성만을 추구하는 나머지 사회적 성과를 등한시하고 있다고 비판하는 경향이 강하다.

ii) 언론 기관의 경우에는 대체로 국민들의 여론 선도자 역할의 입장에서 기업의 사회적 성과 문제에 대한 비판적 견해를 제시하는 경우가 많다. 물론 경제적 성과에도 관심을 기울이기는 하지만 사회 여론을 환기시킬 수 있는 비리성 사회적 문제를 집중적으로 보도하는 경향이 나타난다.

iii) 경실련 등과 같은 사회 운동 연합 단체도 기업에 대한 비판적 경향이 강한 것으로 인식되고 있으나, 최근에 와서는 전 국가적인 사회적 성과의 지표 개발, 더 나아가 사회 문제의 해결을 위한 참여적 기구(메커니즘)의 개발 필요성을 강조하고 있다.

iv) 신용평가주식회사 등과 같은 평가 전문 업체는 주로 경제적 효율에 관한 지표를 제시하는 데 집중하고 있지만, 때론 평가 기관에 대한 신뢰성 문제가 제기되기도 한다.

④ 경제 단체의 시각

예를 들어 전경련, 상공회의소, 경총, 무역협회, 중소기업협동조합 등이 주로 소속 회원사에 대한 지원 및 평가를 행하게 된다. 이 기관들은 우선적으로 경제적 효율을 중시하지만, 사회 전체적으로 볼 때 자유 시장 경제 체제의 질서 유지에 대한 책임을 지게 되므로 대외적으로는 회원사들의 사회적 성과에 대한 홍보를 하기도 한다. 이때 회원사들의 평가에 있어서 평가의 편견 문제가 대두하기도 한다.

⑤ 개별 기업의 시각

기업의 사회적 성과에 대한 가장 핵심적인 주체는 바로 개별 기업이
다. 그러나 개별 기업이라고 할 때도, 기업의 경영 주체가 소유 경영자
또는 대주주인가, 아니면 전문 경영자인가에 따라 그들이 일차적으로
초점을 두는 것이 다르게 나타난다. 소유 경영자의 경우에는 사람에
따라서 기업의 장기적 이익을 염두에 두고 사회적 성과를 높이는데
관심을 두는 경우도 있으나, 대체로 단기적 이익에 치중하는 나머지
사회적 성과를 등한시하는 것으로 알려져 있다.

한편 전문 경영자의 경우에도 단순히 소유주의 대변인으로서 단기
적 이익 증대에 급급한 경우도 있으나, 대체로 여러 이해 관계자의 이
해도 동시에 고려하여 사회적 성과를 높이는 데 신경을 쓰는 것으로
알려져 있다. 진정한 의미에서의 전문 경영자(professional manager)들
은 매우 힘든 일을 하는데, 이들은 경제적 효율도 높여야 하며, 동시에
사회적 성과도 높일 수 있는 능력을 갖출 것이 기대되고 있다. 미국의
경우 이른바 일류 기업들은 자체적인 사회적 평가 또는 기업 자체의
사회 보고(Social report)를 행하는 것이 상례로 되어 있다.

그렇다면 이와 같이 다양한 시각들을 어떤 관점에서 통합적으로 설
명할 수 있겠는가?

(3) 사회적 성과와 기업 경쟁력과의 관계

1) 개별 기업 중심의 사회적 네트워크 관점

개별 기업이 핵심적 주체가 되는 사회적 성과 제고와 경쟁력 강화
방안이 강구되어야 한다. 특히 전문 경영자의 입장, 즉 고용 경영자가
아닌 진정한 전문 경영자의 입장에서 이러한 구상을 행하는 것이 양자
를 달성하는 데 성공의 포인트가 된다.

　기업의 입장에서는 자기 기업만을 생각할 것이 아니라 여러 이해
관계자의 시각을 연계시키는 사회적 네트워크(social network) 관점을
갖는 것이 매우 중요하다. 이는 기업이 전체 사회 시스템에서 상호 의
존하는 여러 사회 조직 또는 구성 기반(constituency)을 인식하고, 이들
의 가치 또는 이해를 기업의 목적과 가치에 반영해야 함을 의미한다
(Kuhn & Shriver, Jr., 1991). 또한 기업을 중심으로 협력적인 사회적 네
트워크를 구축하기 위해서는 상호 신뢰의 기반을 다질 수 있는 기업의
책임 있는 행동이 필요하다.

그림 1. 개별 기업 중심의 사회적 네트워크

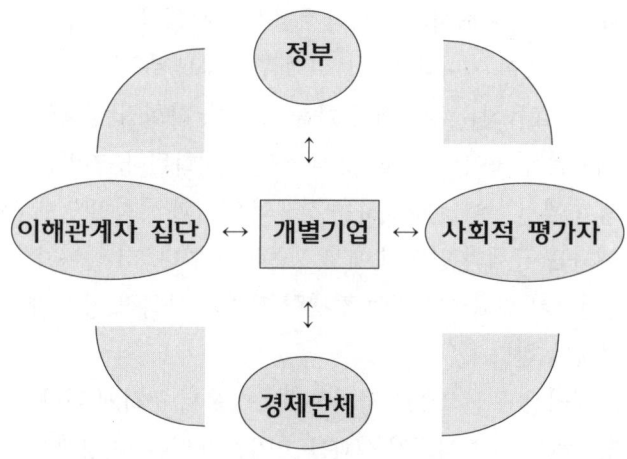

　2) 사회적 성과와 기업 경쟁력의 상호 보완적 관점
본 연구자의 관점을 요약해 보면 다음과 같다.

그림 2. 사회적 성과와 기업 경쟁력의 상호 보완성

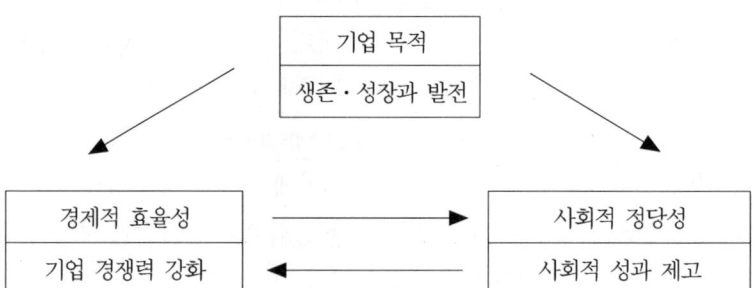

한 마디로 기업의 목적은 생존은 물론 더 나아가 성장과 발전을 도모하는 데 있다. 그러기 위해서는 경제적 효율성과 사회적 정당성을 이분법적으로 생각할 것이 아니라 상호보완적 관점에서 추구해야 할 것이다. 이때 경제적 효율성은 경쟁력 강화를 통하여, 사회적 정당성은 사회적 성과 제고를 통하여 그 목표 및 내용이 가시화된다. 기업은 치열한 시장 경쟁 속에서 살아남아야 하는 경쟁의 압력과 사회 발전에 저해해서는 안 된다는 규제의 압력 속에서 생존해야 한다. 더 나아가 기업이 성장·발전하기 위해서는 기업 경쟁력 강화와 사회적 성과 제고를 동시에 달성해야 한다.

기업은 그 생리상 우선적으로 경제적 효율성을 추구하게 된다. 그러나 기업이 성공하기 위해 사회적 성과를 고려하지 않은 채 경제적 효율만을 추구하다 보면, 사회적 형평의 문제로 인해 궁극적으로는 경제적 효율조차도 달성하기 어렵다. 따라서 경제적 효율과 함께 사회적 성과를 높일 필요가 있다. 이때 일시적으로는 양자의 상충 관계 때문에 택일을 하게 되는 문제점이 생기는 것으로 볼 수 있지만, 지속적인 기업(going concerns)이 되기 위해서는 사회적 성과의 제고와 함께 기업 경쟁력을 동시에 강화시켜야만 한다.

특히 그간 기업의 사회적 성과를 다소 소홀히 해 옴으로써 사회적 비난의 초점이 되고 있는 한국의 재벌 기업들의 경우 최근의 국내 시장 개방과 국제 경쟁의 격화라는 환경 변화를 맞아 양자 모두를 상호보완적 관점에서 달성하지 않으면 안 되는 시대적 과제를 안고 있다.

(4) 사회적 성과의 제고와 기업 경쟁력의 강화

1) 기업 생존과 기업 발전의 논리

• **기업은 최소한 시장에서 실패하지 않고 생존해야만 한다.**
생존(survival)을 위한 두 필수 조건을 우리들은 한계성(marginality)이라 지칭할 수 있다. 이는 생존을 위해 필요한 최소 요건(minimum requirement)을 의미한다.

첫째, 경쟁의 제약으로부터 제기되는 경제적 한계성(Economic marginality)을 들 수 있다. 이는 기업이 생존을 위해 시장 경쟁 속에서 최소한의 경제적 효율을 추구해야 한다는 것을 의미하는 것으로 "기업은 최소한 시장 경쟁에서 살아남아야 한다."든지 "기업은 경제적 효율성을 높이는 과정에서 시간이나 경쟁 자원의 부족 때문에 망해서는 안 된다." 등의 표현이 여기에 속한다. 예를 들어 제품 개발의 실패, 기술 개발의 실패, 업종 전환의 실패, 자금 관리력의 부재, 원가와 비용 통제의 실패, 편향적 마케팅 관리 활동 등 최소한의 경제적 효율 달성에 실패해서 망해서는 안 된다는 말이다.

둘째, 규제의 제약으로부터 제기되는 사회적 한계성(Social marginality)을 들 수 있다. 이는 기업이 생존을 위해 사회와의 상호 관계 속에서 최소한의 사회적 정당성을 추구해야 한다는 것을 의미하는 것으로 "기업은 최소한 불법적 행동 때문에 밀려나서는 안 된다."든지 "기업은 비윤리적 행동, 사회적 비난 등 기업 외부의 압력(정부 규제의 초래, 이해 관계자

의 극단적 반발) 때문에 경영 활동이 중단되어서는 안 된다" 등의 표현이
여기에 속한다.

예를 들어 기업 또는 기업인이 해서는 안 될 일(Should not)을 함으로써
실패한 경우, 즉 기업인의 스캔들, 기업간 불공정한 담합, 탈세 및 탈법
행동, 과다한 소유욕, 친족주의 경영, 심각한 공해 방출, 허위 광고, 불량
제품의 판매, 노조 불법 탄압, 기업 범죄 등 최소한의 사회적 정당성 획득
에 실패해서 망해서는 안 된다는 말이다. 즉 기업 스스로가 사회적 정당
성의 위기를 초래해 망해서는 안 된다는 말이다. 기업이 최소한 실패하
지 않고, 생존하기 위해서는 위기 관리(Crisis management) 능력을 지니고
있어야 한다.

**• 기업은 시장에서 생존해야 함은 물론 더 나아가 성공 · 발전해야
한다.**

성장의 두 가지 선택적 관점은 앞서 제시한 두 가지의 한계성을 충족
시킨 이후 남는 잉여 자원을 어떻게 배분하는 것이 바람직한가의 문제
와 관련되어 있다.

현실적으로 잉여 자원이 있음에도 효율만을 우선시하는 관점을 가진
기업들이 많이 있다. 즉 많은 기업들이 경제적 효율을 우선시하여 시간
및 자원 배분을 강조하고 있다는 것이다. 그러나 효율만을 위한 자원
배분은 사회적 정당성의 문제를 야기시킴에 따라 결과적으로 효율적
달성에 실패하고 만다. 예를 들어 단기적 효율 증대만을 위한 경영 활동
은 이해 관계자의 압력과 비협조를 초래하며, 기업 이미지의 실추를 가
져오는데 이는 결국 경쟁력이 약화되게 됨을 보여 주는 것이다.

기업은 효율과 함께 사회적 정당성을 동시에 추구해야 한다. 즉 효율
과 동시에 정당성을 위해 시간 및 자원의 배분을 고려해야 한다. 정당
성이나 형평을 고려하다 보면 단기적으로 효율의 문제가 야기될 수

있다. 그러나 좀더 장기적으로 보면 사회적 성과에 의해 오히려 효율이 보완되며, 더 나아가 보다 높은 경제적 효율, 즉 기업 경쟁력을 달성할 수 있다(만족 이윤의 원리). 예를 들어 이해 관계자 협조와 협력, 기업 이미지의 제고 등이 경쟁력 강화의 원천으로써 기능케 한다는 것이다. 문제는 어떻게 하면 단기적인 효율 저하 문제를 극복하고 사회적 성과에 의해 효율을 보완하는 관계로 만들 것인가 하는 점이다. 이는 실천적인 방법론상의 문제라 할 수 있다.

우량 기업이 되기 위해서는 윤리와 전략을 연계시키면서, 사회적 성과와 경제적 효율 모두를 제고시킬 수 있는 조건을 갖추어야 한다(Freeman & Gilbert, Jr.,1988).

기업이 성장 발전하기 위해서는 해서는 안 될 일(Should not)을 안 해야 함은 물론 할수록 더 좋은 일(Had better)을 더욱 잘 해야 한다. 예를 들어 '하면 할수록 좋은 일'의 예로는 다음과 같은 것을 들 수 있다.

① 건전한 사회 풍토의 조성 : 참 자본주의 정신의 고취, 공정 거래 질서의 확립, 국산품 개발, 근검 절약 풍토의 조성, 물가 안정, 직업 윤리의 확립, 사회 가치관 정립에 대한 기여 등이 여기에 속한다.

② 적극적 사회 참여 활동 : 문화·예술 지원, 산학 협동, 사회 복지 사업, 이익의 사회적 환원, 자선 및 기부 활동 등이 여기에 속한다. 한국의 경우 적극적 사회 참여 활동은 주로 대기업의 경우 기업 재단을 통해 이루어지고 있으나 주로 장학, 학술 사업에 편중되는 경우가 많다.

③ 이해 관계 집단의 권익 보호 : 소비자 주권의 보호, 소비자 만족의 극대화, 산업 민주주의의 실현, 경영 참가 제도의 실천, 중소 기업과의 협력 체제 강화, 지역 경제의 활성화, 일반 투자자의 이익

보호 등이 여기에 속한다.

④ 건전한 기업 풍토의 조성 : 전문 경영 체제의 확립, 인간 존중의
경영, 기업 윤리 헌장의 제정과 실천, 경영 혁신 마인드의 고취
등이 여기에 속한다.

2) 사회적 성과의 실리적 관점

많은 논의들이 기업 또는 기업인이 "무엇 무엇을 해서는 안 된다."라
든지, "이러 이러한 것은 해야 한다."든지 하는 식으로, 즉 경제적 효율성
을 높이는 데에만 급급해서는 안 되며 윤리적 측면에 노력을 기울여야
한다는 선량한 시민 의식에 기초하여 당위론적 측면에서 이루어졌다.

이상의 주장이 일리가 있으나 그것만으로는 부족하다. 왜냐하면 기
업의 사명과 본질적 성격이 이윤을 추구해야 한다든지, 경쟁력을 강화
해야 한다든지 하는 등의 '현실적' 측면이 강하기 때문이다. 따라서
"어떠한 일을 해서는 안 된다."는 논리도 중요하지만, 이에 못지 않게
"경쟁력 강화 차원에서 어떠한 일을 하면 할수록 어떠어떠한 면에서
매우 실용적이고 긍정적인 효과가 있다."라는 설명이 필요할 것이다.

사회적 성과가 제고된다면 기업의 경쟁력 강화에 실질적인 도움을
주게 된다는 점을 인식해야 할 필요가 있다. 즉 사회적 성과의 제고는
단순히 규범적이거나 당위론적 관점에서 이상적으로 제시되는 것이
아니라, 실리적, 공리적 관점에서도 매우 유용하기 때문에 강조되는
것이다(계몽된 사적 이익의 원리).

예를 들면 다음과 같은 이유들로 사회적 성과 제고가 기업 경쟁력
강화에 기여할 수 있다.

① 사회적 성과가 높게 되면 기업 이미지와 제품 이미지가 향상되어

고객들이 많아진다.

② 사회적 성과가 높게 되면 이런 곳에서 일하고 싶어하는 우수한 인재들이 유입되어 잘 떠나지 않게 된다.

③ 사회적 성과가 높게 되면 정부 및 이해 관계자 집단의 압력이 줄어들어 불필요한 비용 절감과 자율적 경영을 할 수 있게 된다.

④ 사회적 성과가 높게 되면 자원 배분 의사 결정시 그 적시성·효과성이 제고된다.

⑤ 사회적 성과를 높이기 위한 과정에서 경영자는 물론 전 구성원들의 애사심·자긍심 등이 높아지며, 원만한 노사 관계가 정립된다.

⑥ 사회적 성과가 높게 되면 많은 투자자를 확보하게 되고 장기적으로 주주의 이익을 보호하게 된다.

⑦ 사회적 성과를 높이기 위한 과정에서 경영 비전이 확실해짐으로써, 장단기 경영 전략이 일관성을 지니면서 효과적으로 수립·실천될 수 있다.

⑧ 사회적 성과를 높이기 위한 과정에서 자연스럽게 공동체적 기업 문화가 정착될 수 있다.

⑨ 사회적 성과를 높이기 위한 과정에서 평가 시스템의 수정과 회계·정보 시스템의 개발이 이루어질 수 있다.

⑩ 사회적 성과를 높이기 위한 과정에서 국가 및 사회의 개혁 의지에 동참하게 됨으로써 원만한 정부 관계를 유지할 수 있으며, 주요한 이해 관계 집단과의 정보 공유 및 협력 관계를 촉진할 수 있다.

실제로 높은 사회적 성과를 보이는 윤리성이 강한 기업들은 대부분 높은 이윤을 창출하고 있으며, 높은 사회적 성과를 보이면서도 낮은 이윤을 얻는 기업은 거의 존재하지 않는다(Pastin, 1986).

(5) 결론

국제 경쟁력, 국가 경쟁력, 기업 경쟁력 어느 것을 높이든 간에 그 실질적 주체는 기업이 될 수밖에 없다. 따라서 정부, 이해 관계자 집단, 사회적 평가자, 경제 단체, 국민 모두가 전문 경영인이 중심이 되는 기업들이 경쟁력을 갖출 수 있도록 충분한 지원과 격려를 아끼지 않아야 한다. 기업 경쟁력을 강화하는 데 있어서 경제적 효율성 관점만으로는 부족하며, 사회적 성과를 동시에 높이는 것이 중요하다. 경제적 효율성과 사회적 성과는 상충적인 것이 아니라 상호 보완적이다.

거대 기업의 경우 사회적 성과를 높이지 않을 경우 기업의 경영 체제와 경영 전략 그 자체가 의도하지 않은 방향으로 와해될 여지도 있음에 유의할 필요가 있다. 즉 정부를 포함한 여러 이해 관계자 집단의 압력이 가중될 수밖에 없을 것이다. 기업이 생존하기 위해서도 사회적 반응 행동이 필수 불가결하다는 점이다. 즉 기업이 살아남고 밀려나지 않기 위해서는 적어도 기업 또는 기업인이 해서는 안 될 일(Should not)을 결코 해서는 안 될 것이다.

사회적 성과가 제고된다면 기업의 경쟁력 강화에 실질적인 도움을 주게 된다는 점을 인식해야 할 필요가 있다. 즉 사회적 성과의 제고는 단순히 규범적이거나 당위론적 관점에서 이상적으로 제시되는 것이 아니라, 실리적·공리적 관점에서도 매우 유용하기 때문에 강조되는 것이다.

실제로 높은 사회적 성과를 보이는 기업들은 대부분 높은 이윤을 창출하고 있으며, 높은 사회적 성과를 보이면서도 낮은 이윤을 갖는 기업은 거의 존재하지 않는다. 따라서 경쟁력을 갖춘 우량 기업이 되기 위해서는 사회적 성과와 경제적 효율 모두를 제고시킬 필요가 있다.

한국 자본주의와 경제 윤리

안동규

한림대학교 경영학 교수

서론

영국의 경제학자 마셜(A. Marshall)은 인류의 오랜 역사를 놓고 볼 때 인류의 생존과 발전에 가장 중요한 영향을 미친 두 요인은 종교와 경제라고 하였다. 선진국의 역사를 통해 볼 때 그들은 종교 윤리와 경제 윤리가 잘 조화되어, 막스 베버(Max Weber)가 지적했듯이, 개신교 윤리(protestant ethics)의 경제 윤리를 경제 성장의 정신적 기반인 자본주의 정신으로 조화시켜 계속적인 발전과 성장을 누리게 되었다.

한국의 경제는 식민 통치와 전쟁을 겪고 난 후 군사 정권의 출현과 함께 1960년 초부터 국가의 주도 하에 계속적으로 성장하여 한국적 자본주의로 발전하게 되었다. 1980년대 이후 동아시아의 5개국(한국, 일본, 대만, 홍콩, 싱가폴)은 세계적인 고도 성장 국가들로 부상되고 있는데, 연구에 의하면, 그 원인은 신유교 윤리(new Confucian ethics : 동양 전래의 유교 원리와 서양의 청교도 윤리의 결합)라고 하였다.

그러나 우리 사회는 이러한 급속한 경제적 성장과 함께 크나큰 정치, 경제, 문화, 사회적인 문제를 갖게 되었다. 빈부의 격차, 노사간의 갈등, 계층간의 갈등, 재벌의 팽창 및 정경 유착, 지역 발전의 불균형, 공해 문제, 불로소득, 과소비 및 각종 투기 현상, 정치 윤리의 부재, 범죄의 횡행, 연고주의, 집단 이기주의 등 가히 총체적인 위기의 시대를 맞이하게 된 것이다. 경제적으로는 천민 자본주의의 속성을 띠게 되었으며, 경제를 포함한 모든 분야에서의 윤리의 부재와 가치관의 혼란이 문제의 핵심을 이루게 되었다. 본 연구에서는 우선 한국적 자본주의의 형성에 정신적 기저를 이루는 사상 및 경제 윤리를 밝히고자 하며, 또한 한국의 자본주의와 경제 윤리를 주제로 이와 관련된 문제들을 연구하고자 한다.

윤리는 일반적으로 행위의 옳고 그름이나 선과 악 또는 도덕적인 것과 비도덕적인 것에 대한 판단 기준의 체계라 정의할 수 있다.[2] 본 연구에서는 경제 활동의 기본 주체인 기업의 윤리를 대상으로 경제 윤리를 연구하고자 한다. 기업의 목적은 크게 경제적 목적과 사회적 목적(비경제적 목적)으로 나눌 수 있는데, 현대의 기업은 경제적 합리성(이윤 추구)만을 추구함으로서 만족스러운 성과 달성이 어려워지고 있다. 왜냐 하면, 기업의 경제적 목표 추구는 경제적 결과 이외에 부의 편재 문제, 정경 유착 문제, 소비자 안전 문제, 공해 문제 등의 부정적인 사회적 결과를 가져오며, 기업을 둘러싼 제 이해 관계자들의 기업에

---

2) 자세한 내용은 「윤리와 이념」, 김태길, 박영사, 1991, pp. 113–117 참조.

대한 영향력이 증대되고 이해 관계자의 이해 갈등이 심화되어 이를
조정하는 데 공정성 및 윤리성의 수준이 높아지도록 요구되기 때문이
다. 또한 정경 유착 및 재벌 기업의 등장으로 이들의 권력의 남용은
사회 전반적으로 반기업 심리를 초래하여 기업의 비윤리성이 사회에
노출될 때 기업은 일시에 위기 상황까지 갈 위험에 다다르게 되며, 기
업의 윤리성에 대한 사회적 불신이 높아짐에 따라 규제에 대한 요구가
증대되고 이에 따른 기업 및 정부의 비용이 증가되고 있다. 따라서 본
연구를 통해서 한국의 시장 경제에서의 기업 윤리와 관련된 다음의
문제들에 대한 설명 및 해결책을 찾고자 노력할 것이다.

1. 한국의 경제 윤리 및 자본주의 정신의 고찰

(1) 경제 윤리의 정의 및 접근 방법

윤리학이란 도덕의 본질과 근거에 대한 철학적 탐구라고[3] 정의될
수 있다. 서양의 경우, 윤리는(ethics) 일반적으로 행위의 옳고 그름이나
선과 악 또는 도덕적인(moral) 것에 대한 판단 기준의 체계라[4] 할 수
있고, 동양의 경우, 윤리란 인륜 도덕의 원리로 정의되고, 인륜이란 군
신·부자·부부의 존비의 차례로 풀이되며, 도덕이란 선, 악, 의무 등
인간의 행동 표준이 되며 인간이 지켜야 할 도리와 그 도리를 체득한
행위를 가리킨다. 따라서 동양의 윤리는 계층적으로 풀이되고 선, 악과
의무 등에 관련되며 행위의 당위성과 연관된다.[5]

---

3) Paul W. Taylor, *Principle of Ethics*(Dickenson Publishing Co 1975) p. 1 참조.

4) V. Barry, *Moral Issues in Business*, 2nd ed(Wordsworth Publishing Co., 1983).

경제 윤리는 경제와 윤리의 복합어이다. 그것은 학문적으로 명백한 정의나 내용이 존재하는 것도 아니며 체계적으로 이론이 정립되어 있지도 않다. 윤리학에서 윤리를 위의 정의대로 따른다고 한다면 편의상 경제 윤리에 대한 개념적 정의는 '경제와 관련되어 경제적 행위의 옳고 그름이나 선과 악 또는 도덕적인 것에 대한 판단 기준의 체계'라 정의할 수 있다.

불행하게도 경제 윤리와 관련된 학문적 연구는 우리 나라에서는 전무한 편이며 외국의 경우에도 그다지 활발한 편은 아니다. 그것은 경제 윤리 문제에 대한 현대 경제학의 무기력함이 존재하기 때문이다. 왜냐하면 논리 실증주의를 강조하는 현대 주류 경제학에서는 경제에 관한 여러 가지 개념의 인식 문제 및 옳고 그름을 밝히는 윤리 문제에 관해서는 연구 대상에서 제외되어 경제 윤리는 경제학의 과제이면서도 경제학의 관심에서 벗어났기 때문이다. 경제 윤리는 윤리학의 한 분야이며 연구 대상이기 때문에 경제와 관련된 사안에 대하여 윤리적 판단을 내릴 때 몇 가지 상반된 윤리학적 접근 방법이 있다. 이것은 윤리적으로 무엇이 옳고 그른가에 대한 판단을 제공해 주는 윤리적 표준이며 이론 체계이다.[6]

1) 목적론적 이론(Teleological theory)

결과주의의 입장으로서 행위의 윤리성은 행위의 결과에 의해서 판단하는 이론이다. 이기주의와 실용주의를 바탕으로 하는 개념으로서 직접적이건 간접적이건 간에 종국적인 판가름은 결과로 나타난 비교적인 선의 양이거나 또는 오히려 결과로 나타난 악과 선의 균형을 비교

---

5) 맹용길, 「기독교와 사회」(서울: 기독교문사, 1986), p. 13.
6) 이 부분은 *Ethics*, William Frankena의 Chapter 2를 참조하였다.

하는 것이다. 목적론자들은 인간이 촉진시키려는 선이 누구를 위한 선이냐 하는 문제에 대해서 두 가지로 구분이 되어진다. 첫째로, 윤리적 이기주의로서, '인간은 자기 자신의 최대의 선을 촉진시키는 것이 궁극적 목적이다'라는 입장으로써 홉스(Hobbes)와 니체(Nietzsche) 등이 대표적이다. 둘째로는, 공리주의자로 대표되는 벤담(Bentham)과 밀(Mill)의 입장으로서 윤리적 보편주의다. 이것은 '최대 다수의 최대 행복(the greatest happiness of the greatest numbers)'이라는 관점에서 궁극적인 목적은 최대의 보편적 선이라는 입장을 취한다.

2) 의무론적 이론(Deontological theory)

동기주의의 입장으로서, 행위의 윤리성을 행위 자체에 의해서 판단하는 이론이다. 따라서 옳고 그름의 기준을 법칙(rule)이나 규범(norm) 또는 동기(motivation)로써 결정하는 입장이다. "의무라는 개념은 결과의 효익과는 독립된 것이다."라고 주장하는 칸트(Kant)가 대표적이다.

3) 상황 윤리 이론(Situation Ethics theory)

플레처(Fletcher)의 이론으로써 행위는 원칙에 의해서가 아니고 상황에 의해 판단되어야 한다는 입장이며 이웃을 위한 사랑의 명령성(the imperative)과 상황이라는 상대적 사실의 서술성(the indicative)이 합쳐서 하나의 규범성(the normative)을 형성한다고 본다.7)

4) 책임론적 이론(Responsible Ethics theory)

목적론적 윤리에서는 '무엇이 선한(the good) 것이냐'가 문제되었고,

---

7) J. Fletcher는 *Situation Ethics: The New Morality*(The Westminster Press, 1966) 책에서 상황 윤리를 제시하였는데, 그 전제로써 실용주의(relativism), 실증주의(positivism), 인격주의(personalism)를 들고 있다.

의무론적 윤리에서는 '무엇이 옳은(the right) 것이냐'가 관심의 초점이
었는데 비해 이 책임적 윤리에서는 '무엇이 진행되고 있으며 무엇이
가장 적합한(the fitting) 것이냐'가 문제의 중심이다. 신학자인 니버(R.
Niebur)와 철학자인 프랭케너(W. Frankena)가 대표적인데 프랭케너는
공리성의 원칙과 정의의 원칙을 종합하여 책임(responsibility)론적 이론
을 제시하였다. '책임적이란' 말은 응답 가능한(responsible) 것으로 이
해하여 올바른 응답을 하는 것이 윤리적 과제가 된다.[8]

5) 윤리적 절대주의와 상대주의

넓게 구분해서 윤리 체계는 두 범주, 즉 절대주의와 비절대주의(상
대주의)로 나눌 수 있다. '도덕적 가치는 절대적인가 또는 상대적인가'
라는 질문은 '모든 인류에게 적용되는 보편적이고 객관적인 도덕적
표준이나 행위의 규칙이 존재하는가'를 의미하는데 절대주의의 경우
에는 객관적인 윤리 법칙이 존재한다는 입장이며 상대주의는 그 반대
의 입장이다. 윤리적 상대주의에는 도덕률 폐기론(antinomianism)과 상
황주의(situationism)와 일반주의(generalism)가 속하는데, 도덕률 폐기
론이란 그 어떤 도덕 법칙도 전혀 존재하지 않는다는 입장이며, 상황주
의는 단 하나의 절대 법칙(사랑의 법칙)만이 존재한다는 입장이며, 일
반주의는 몇 가지 일반 법칙이 존재하지만 절대 법칙은 존재하지 않는
다는 입장이다.

종교적 세계관의 견해이며 특히 기독교 윤리관의 입장인 절대주의
는 무조건적인 절대주의(unqualified absolutism), 갈등적인 절대주의
(conflicting absolutism), 그리고 차등적인 절대주의(graded absolutism)로
구분할 수 있다. 무조건적인 절대주의는 서로 모순되지 않는 많은 절대

---

8) Frankena, op, cit., pp. 71-84.

법칙들이 존재한다는 입장이고, 갈등적인 절대주의는 때에 따라서는
서로 모순되는 많은 절대 규범들이 존재하는데 우리는 그 가운데서
덜 나쁜 악에 복종해야 한다고 주장하며, 차등적인 절대주의는 많은
절대 법칙들이 존재하는데 우리는 그 가운데서 보다 높은 차원의 법칙
에 복종해야 한다고 주장하는 입장이다.

6) 통합적 이론

위에 제시된 이론들은 각 이론마다 문제점이 존재하므로 통합적인
입장을 취함으로써 상호 보완적이 될 수 있다는 주장으로서 배리
(Barry)는 의무(obligation), 이상(ideal) 및 결과(effect)라는 세 개념으로
통합적 접근을 시도하였다. 행위 주체가 맺는 관계 자체에서 의무가
나타나는 의무론적 접근 방법과 결과를 중시하는 목적론 및 행위와
관련된 이상을 고려해야 한다는 상황 윤리를 모두 포함하고 있는 것이
다.9) 즉 행위와 결과와 행위 자체의 의무 및 행위와 관련된 상황을
통합적으로 고려하여 행위의 윤리적 정당성을 판단하는 것이다. 경제
윤리와 관련된 본 연구에서는 책임론적 이론과 통합적 이론의 입장을
취하고 있다.

(2) 개인 윤리와 사회 윤리

경제 윤리에 대한 올바른 접근을 위해서 개인 윤리와 사회 윤리의
구분이 중요하다. 경제 윤리는 개인 윤리적인 면과 사회 윤리적인 면으
로 나눌 수 있다. 인권 문제, 경제적 분배, 공해, 공공재, 환경, 독점과
같은 문제들은 개인의 차원을 넘는 사회 현상이며 집단의 윤리 문제로

---

9) V. Barry, *Moral Issues in Business*, 2nd ed(Wordsworth Publishing Co., 1983), pp. 57–61.

써 이해하여야 한다. 고범서 교수는 "사회의 주요 문제들을 사회의 시스템(system)과 구조(structure), 곧 정책과 제도 또는 체제와 관련시켜서 이해하고, 또한 그러한 문제들의 해결을 정책과 제도와 체제에 의해서 근본적 해결을 추구할 때라야 사회 윤리라고 할 수 있다.10)"라고 하였고, 프랑스 사회학자 멜(R. Mehl)은 "사회 윤리의 주된 문제는 구조의 문제"라고 주장하였다.11) 기업 윤리 분야에서도 경영자의 윤리인 개인 윤리와 회사 자체로서의 기업 윤리인 사회 윤리를 구분하여 이해하여야만 할 것이다. 왜냐하면 인간의 이기심은 인간 관계가 집단적 관계이거나 직접적인 개인적 관계가 아닌 제삼자적 익명의 관계일 때는 무관심과 무자비함 때문에 더욱 강렬하고 잔혹해진다.

니버(R. Niebuhr)는 그의 책 「도덕적인 인간과 비도덕적 사회(Moral Man and Immoral Society)」의 서두에서 "이 책에서 주장하려고 하는 주제는 개인들의 도덕적, 사회적 행동과 국가, 인종 혹은 경제적 사회 집단의 그것들 사이에 분명한 선이 그어져야 하며, 바로 이 사실 때문에 순수 개인 윤리의 입장에서는 매우 당혹스러운 정책이 불가피하다는 것이다."라고 주장을 했다.12) '개인 윤리의 합이 사회 윤리의 합이다'라는 등식은 성립될 수 없다. 기업가는 선해도 기업은 악할 수 있는 것이다. 따라서 개인의 윤리적 개선만으로 사회 윤리는 개선될 수 없게 된다. 개인 윤리와 사회 윤리와의 관계는 개인 윤리는 사회 윤리의 필요 조건이지 충분 조건은 될 수 없다.

고범서 교수는 개인 윤리와 사회 윤리가 마땅히 구별되어야 하는

---

10) 고범서, 「기독교와 사회 윤리」(서울: 범화사), 1983, p. 12.

11) Roger Mehl, "The Basis of Christian Social Ethics" in John C. Benet, ed. Christian Social Ethics in a Changing World, New York 1966, pp. 44−45.

12) Reinhold Niebur, *Moral Man and Immoral Society*(New York: Charles Scrbiner's Sons, 1932), p. 11을 참조.

이유를 다음과 같이 제시하였다.13)

첫째, 사회 문제는 개인 문제와는 달리 그 원인이 개인에게 있는 것이 아니라 사회에 있다. 다시 말해서 사회 문제는 사회적 원인을 가지고 있다. 그렇기 때문에 사회 문제의 해결은 개인의 양심에 의존하기보다는 사회적 원인의 극복 내지 제거에 의해 가능한 것이다.

둘째, 사회윤리학의 방법론은 사회 문제를 사회 제도나 구조 및 정책의 차원에서 다루어야 한다.

셋째, 사회윤리학은 정치적 방법의 사용에 의존한다.

경제 윤리에 관한 문제를 해결하기 위해서는 개인 윤리보다는 사회 윤리적인 접근 방법이 올바른 방법이다. 왜냐하면 경제 윤리는 개인적인 차원의 문제이기보다는 정책과 제도 그리고 체제와 관련된 구조적이고 사회적인 문제이기 때문이다.

윤리 문제에 있어서 개인 윤리와 집단 윤리를 구분할 필요가 있다. 집단이 개인의 총합이거나 집단의 문제를 개개인의 문제로 환원시킬 수 있다면 개인 윤리와 집단 윤리간의 구별이 필요하지 않겠지만 집단 윤리는 개인 윤리와 다른 특성이 존재한다. 니버는 개인 윤리보다는 집단 윤리의 문제가 더 심각하다고 보았다. 집단에서의 책임 의식이 분산되어 개인에 대한 윤리적 책임 의식이 약화되며 집단과 관련된 익명성 때문에 집단이 더욱 비윤리적일 경향이 강하다고 파악하였다. 똑 같은 논리로 기업은 개인보다 더 비윤리적일 가능성이 많다. 기업과 관련된 윤리 문제는 최근에 주―대리인 모형(Principal―agent theory) 이론에서 논의가 진행되고 있다. 기업을 제반 이해 관계자의 계약의 총체로써 파악할 수 있는데, 주인과 대리인(예를 들어, 주주와 경영자)

---

13) 고범서, "사회 윤리의 특성에 관한 연구", 「한국인의 윤리관」, 한국정신문화연구원, 1984, pp. 247―251.

의 이해 관계의 상충으로 말미암아 윤리적 문제가 발생한다. 계약이란 근본적으로 대리인의 충성된 의무에 대한 보상 체계로 파악할 수 있는데 주 대리인 모형에서는 정보의 비대칭으로 인하여 대리인의 비윤리적 행위가(예를 들면, 내부자 거래)발생하기 때문이다.

기업의 윤리와 관련되어 또 다른 문제가 존재한다. 하나의 조직으로서 기업이 윤리적 책임의 주체가 될 수 있는가? 법인으로서의 기업은 분명히 법적 책임을 질 수 있지만 엄격히 조직은 윤리적 책임을 질 수가 없다. 기업가에 의해서 그것이 대행된다. 기업의 윤리성을 호소한다는 것은 기업 관련인에게 호소하는 것이다. 집단의 구조에 모든 책임을 떠맡김으로서 개인의 책임을 회피할 수가 있다.

(3) 경제 윤리와 경제 정의

정의란 도덕 철학에서 오랫동안 논의되어 온 개념이다. 오늘날 논의되는 정의에는 공평·형평이라는 기하학적 평등의 뜻과 의리의 도덕적으로 옳음(righteousness)이라는 질적 이념적 평등의 뜻이 포괄되어 있다.[14] 일반적으로 분배적 정의—부와 소득 그리고 경제적 기회를 어떻게 분배하는 것이 정의로운가—가 경제적 정의와 거의 같은 개념으로 사용되고 있다. 정의를 인간 사회에서 인간의 바른 관계(윤리 및 도덕)를 갖게 하는 원리라고 이해한다면 경제 정의와 경제 윤리는 밀접한 개념적 관계가 성립한다.

윤리를 의무론적 관점에서 이해할 때 경제 정의는 바로 경제 윤리이다. 또한, 경제 윤리는 경제 정의를 달성하는 수단으로서도 이해될 수가 있다. 역으로 경제 정의를 실현함으로써 경제 윤리를 제고할 수도

---

14) 신오현 "인간 이념의 사상사적 고찰", 국민윤리학(서울: 박영사, 1982), pp. 137–143.

있다. 따라서 기업 윤리를 기업의 사회적 책임의 개념으로 상호 교환적으로 사용할 수 있는 것처럼 경제 윤리와 경제 정의는 유사한 개념으로 파악할 수 있다. 전통적으로 경제학자들은 주로 효율성의 측면에서 경제의 성과를 분석하고 분배의 형평이나 정의 및 윤리의 측면은 무시하는 경향이 있어 왔다. 경제 정의 및 경제 윤리와 관련된 문제에는 도덕적 가치 판단이 존재하기 때문이다.

경제 정의(분배적 정의)를 이해하는 몇 가지 상반된 입장이 존재하는데 그것은 다섯 가지의 분배적 정의론으로서 공리주의, 공적주의, 자유주의, 마르크스주의, 평등주의로 구분될 수 있다. 물론 이러한 입장들이 분배적 정의론을 완전한 상호 배타성을 갖고 설명해 주는 것은 아니지만 정의론에 대한 지배적인 입장이라고 할 수 있다.

공리주의는 사회 효용이 극대화되도록 부나 소득이 분배되어야 됨을 주장하고, 공적주의는 공적에 비례한 분배를 정의로운 상태로 규정하며, 자유주의는 자유 시장 원리에 따른 분배를 가장 정의롭다고 주장하며 반면에 마르크스주의는 사유 재산제가 폐지되고 노동 기여나 필요에 따라 소득이 분배되는 것을 정의로운 상태로 규정을 하였으며 평등주의는 부와 소득이 평등하게 분배되어야 한다는 입장이다.[15]

이러한 정의론은 이론의 정당화를 위하여 몇 가지 서로 다른 가정을 전제하는데 그 가운데 핵심적인 기본 전제는 인간에 대한 가정이다. 인간의 본성이 무엇인가를 규정하는 서로 다른 인간관의 가정에 의해서 상이한 입장을 나타내고 있는 것이다. 앞서 제시한 다섯 가지 윤리학적 접근 방법도 인간을 보는 서로 다른 이해에 의해서 이론의 상이함이 존재하는 것이다.

---

15) 분배적 정의에 대한 연구는 이재율의 "분배적 정의에 관한 연구" 서울대학교 박사학위논문 1992를 참조할 것.

'인간은 선한 존재인가 악한 존재인가?' '이기적인 존재인가 이타적인 존재인가?' 아니면 '두 속성을 함께 지닌 존재인가?'라는 질문에 대답을 하는 것은 불가능한 일이지만 경제 윤리를 연구하는 데 있어서 인간에 대한 올바른 이해와 정확한 가정은 가장 중요한 문제임에는 틀림없다.

예를 들어, 공리주의적 이론을 취함으로써 전체의 복지를 증가시키기 위하여 개인을 얼마든지 희생시킬 수 있다는 입장을 옹호한다면 일반적인 도덕적 판단과는 상치되는 것을 알 수 있다. 공적주의 또한 무엇을 공적의 기준으로 삼아야 하는가의 문제가 존재하며, 자유주의 입장은 개인의 자유로운 재산권 행사에 의한 불가피하게 수반되는 빈곤과 불평등의 사회적 문제가 존재한다. 자기 소유권에 대한 완전한 부정을 주장하는 마르크스주의 정의론은 현실성이 부족하고 잘못된 인간관에 기인한다고 볼 수 있으며, 기계적 평등의 실현을 옹호하는 평등주의적 정의론은 또한 인세티브의 약화로 인한 효율성의 감소와 개인의 책임 의식과 자유에 미치는 부정적 효과가 존재한다.

각각의 정의론에서 가정하는 인간관은 먼저 공리주의에서는 인간을 이성적 존재라기보다는 감정과 욕구의 존재로서 쾌락을 추구하는 동정적 존재로서 파악하여 인간의 다양한 필요를 고려하지 않는다. 공적주의 인간관은 인간의 자유 의지를 전제하여 자신의 선택에 책임을 지는 자유인을 가정하였다. 자유주의는 개인주의적 인간관을 기초로 하여 개인은 독립적인 자기 충족적 존재라고 전제하고 있고, 마르크스주의에서는 인간의 본질은 창조적 생산 능력과 그것을 실현하고자 하는 욕구이고 인간은 사회적 존재이며 또한 역사적 존재로서 역사 속에서 새로운 인간 능력과 새로운 필요가 창출된다고 본다. 평등주의의 인간관은 인간의 능력과 노력 등의 차이는 유전적 요인과 환경적 요인에 의해 결정된다는 입장으로써 인간은 본질적으로 동일하다는 평등

4. 한국 자본주의와 경제 윤리 69

의 개념을 전제하고 있다. 인간이 어떤 존재인가라는 문제에 대한 해답은 철학 및 윤리학의 과제이지만 인간에 대한 정확한 전제는 모든 학문의 출발점이다. 특별히 경제 윤리의 연구에 있어서 인간 이해의 올바른 출발점의 문제는 아무리 강조해도 지나치지 않다.

(4) 서구 자본주의에서의 경제 윤리

자유 시장 경제의 원리를 바탕으로 18세기에 영국에서 형성된 자본주의는 현대에 이르기까지 계속되는 변화와 발전을 겪어 왔다. 서구 자본주의 정신에 대표적 영향을 미친 아담 스미스(Adam Smith)와 막스 베버(Max Weber)의 사상을 통하여 특히 그들의 경제 윤리관을 중심으로 살펴보고자 한다. 또한 공리주의의 경제 사상과 롤즈(Rawls)의 경제 사상을 통하여 주요한 경제 윤리관을 논의하고자 한다.

1) 아담 스미스의 경제 윤리관

근대의 과학으로서 경제학을 확립시킨 아담 스미스는 그의 책 「도덕정조론(The theory of moral sentiment)」에서 윤리 사상을, 「국부론」에서 경제 사상을 피력하였다. 스미스는 '보이지 않는 손(invisible hand)'이라는 자본주의 사회의 패러다임(paradigm)을 제시하여, 경제 활동에 있어서 비록 이기심이 인간 행위에 대해 지배적이지만 그것은 결국 자연의 섭리, 즉 '보이지 않는 손'에 의해서 공익으로 전환될 수 있다고 설명하였다. 이기심과 이타심이 모순을 일으키지 않도록 만드는 '보이지 않는 손'은 바로 인애심을 불러일으키며 인간 본성 속에 있는 동감(sympathy)이라고 주장한다.[16] 이 '동감의 원리(principle of sympathy)'에 대해서

---

16) D. D. Raphael, Adam Smith, Oxford Uni Press, 1985, p. 25.

「도덕정조론」의 서두에서 다음과 같이 설명을 한다. "인간이 아무리 이기적이라 할지라도 그 본질 가운데는 타인의 운명에 관심을 갖고 타인의 행복을 보는 것을 즐거워하는 것 이외에는 아무것도 없으며, 그 행복이 자기 자신에 있어서도 필요하다는 느낌을 어떠한 원리에 의해 지니고 있음은 명백하다. 연민 또는 동감은 이와 같은 종류의 원리에 따른 것으로써 그것은 타인의 불행을 직접 느끼고, 타인의 불행에 관하여 듣게 되면, 그들의 불행에 대하여 느끼는 감정이다. (중략)

이 감정은 인간의 본성에 있어서 다른 모든 본원적 감정처럼 덕이 높은 인간이라든가 자비심이 깊은 인간만이 갖고 있는 것이라고는 할 수 없다. 또한 극히 악한 사람도 이런 감정을 갖고 있지 않다고는 볼 수 없다."17)

아담 스미스는 과거 및 동시대의 윤리 학설을 검토한 후에 얻은 결론은 다음 두 가지이다. 첫째로, 덕성(virtue)은 도덕적 적정성(propriety)에서 성립하고 그 도덕적 적정성을 판단하는 기준인 척도는 '공평하고 사정에 정통한 관찰자의 동감적 감정(sympathy of the impartial and well-informed spectator)에 의해서 구할 수 있다는 것이다. 둘째로, 도덕적 승인이나 판단은 감정에 의해서도 이루어질 수 있지만, 특히 스미스에 있어서는 동감의 원리(principle of sympathy)라는 기준에서 찾을 수 있다는 것이다.18) 아담 스미스는 도덕 체계를 신중(prudence), 인애(beneficience), 및 정의(justice)의 덕으로 나누어서 다음과 같이 주장하였다. "우리들 자신의 행복에 대한 배려는 우리들에게 신중의 덕을 조장하고, 타인의 행복에 대한 배려는 정의와 인애의 덕을 조장한다. 이

---

17) Adam Smith, *The Theory of Moral Sentiments*(D. D. Rapael & A. L. Macfie eds.), Clarendon Press, Oxford 1979, Introduction p. 9.
18) 권태일, 「경제 사상 비교론」(서울: 일신사, 1987) p. 64.

가운데 정의는 우리들을 억제하고 타인의 행복을 방해하지 않으려는 것이며, 인애는 우리들을 고무하고 타인의 행복을 촉진시킨다."19)

2) 막스 베버의 경제윤리관

막스 베버는 그의 저서 「프로테스탄티즘의 윤리와 자본주의 정신 (Die protestantische Ethick und der Geist des Kapitalismus)」을 통해 개신교(protestant) 윤리가 자본주의 촉진 및 그 방향에 미친 영향을 분석하였다. 그는 전 자본주의 유형들과 구분되는 근대 서구 자본주의를 합리적 자본주의라 칭하고 개신교 즉 칼빈주의(Calvinism)가 합리적 자본주의 형성에 영향을 끼쳤다고 논하였다.20) 베버는 또한 근대 산업을 발전시킨 자본주의 체제는 개인주의적 이기심에 근거한 욕망의 확대에서 형성된 것이 아니라 새로운 시민 사회를 지향하고 보다 나은 숭고한 정신에서 출발한 것이며, 그것은 근면, 절약과 종교적 금욕 및 경건한 자기 극복에서 이루어지는 것이라고 했다. 이와 같은 자본주의 정신은 권위적인 기존 종교 윤리에서보다는 근대 시민을 대변하는 개신교, 특히 칼빈주의의 천직적 직업 윤리에서 찾아야 한다고 보는 것이다.21) 베버는 종교가 기존 체제를 옹호해 주는 역할뿐만 아니라 사회 변동을 촉진하고 그 방향에 영향을 미친다는 입장을 갖고 있다. 카톨릭의 부의 추구에 대한 부정적 태도와는 달리 부의 추구에 종교적으로 적극적 의미를 부여함으로써 자본주의의 양적 팽창을 추진시켰다고 본다. 그

19) A. Smith, op. cit., p. 262.

20) 전자본주의 유형으로서 약탈 자본주의(booty capitalism)는 전쟁이나 약탈, 투기를 통해서 부를 획득하는 것을 의미하며 천민자본주의(pariah capitalism)는 고리대금업, 투기 등을 통한 부의 획득을, 전통적 자본주의(traditional capitalism)는 특정하게 제한된 목표를 달성하기 위해 계획된 대규모의 사업을 통한 부의 획득을 의미한다.

21) Max Weber (1941), *Die Protestantische Ethick und der Geist des Kapitalismus*, 박성수 역, (서울: 문예출판사) 참고.

가 제시한 자본주의 정신이란 부의 획득을 탐욕에 의해서가 아니라 끊임없이 노동하며 생산하는 의무로서 추구하는 헌신적이고 금욕적 태도이다.

윤리학을 크게 목적론과 의무론적 접근으로 양분할 수 있는데 목적 론적 접근 방법이며 주류 경제학의 기본 전제인 공리주의적 경제 윤리 관과 의무론적 접근 방법으로서의 경제 정의, 특히 분배 정의의 원칙을 제시한 롤즈(Rawls)의 경제 윤리관을 고찰하고자 한다.

3) 공리주의의 경제 윤리

벤담(J. Bentham)과 밀(J. S. Mill)로 대표되는 공리주의 윤리학의 기본 개념은 행위의 옳고 그름을 판단하는 데 있어서 동기를 고려하지 않고 결과의 유용성을 고려하는 목적론적(teleology) 접근이다. 즉 좋음(the good)을 옳음(the right)과는 상관없이 규정하고 옳음은 좋음을 극대화하 는 것으로 보는 입장이다. 다시 말하면 옳은 행위나 제도는 가능한 대안 들 중에서 최대의 선을 산출하는 것이든지 아니면 적어도 현실적으로 가능한 최선의 행위나 제도들 가운데 하나이어야 한다는 것이다.22)

공리주의자들은 본래적 가치의 표준을 쾌락 또는 행복으로 간주하 고 최대 다수의 최대 행복을 통해서 궁극적인 목적을 달성한다고 주장 한다. 주류 경제학의 기본전제인 공리주의적 입장이 일반적으로 강한 활력을 갖는 것은 그것이 합리성(rationality)의 이념을 실현하는 것으로 이해되기 때문이다. 합리성이란 보통 어떤 것을 극대화하는 것으로 생 각되며 윤리설에 있어서 그것이 선을 극대화하는 것으로 생각됨은 당 연하다. 벤담은 개인의 관점에서 합리적인 선택이란 그 자신의 이익을 극대화시켜 주는 것이고, 사회도 이해 관계를 갖는 하나의 개체로 간주

---

22) J. Rawls, pp. 30, 40 참조.

될 수 있으며, 만일 우리가 사회를 개인들의 집합체로 본다면 사회의 이익은 그 성원인 개인들의 이익의 총합에 불과하며 따라서 도덕 판단 이란 특정한 개인의 이익에 의거한 타산 판단이 아니라 사회 전체와 자신을 동일시 할 수 있는 입장에서 사회 전체의 공리 계산에 의해 이루어지는 판단이라고 했다.23)

행위에 대한 도덕 규칙의 기능으로서 공리주의를 행위 공리주의(act −utilitarianism)와 규칙 공리주의(rule−utilitarianism)로 나눌 수 있다. 행위 공리주의에서는 개별적 행위가 옳고 그른지를 알기 위해서는 그 행위의 결과를 알아야 한다. 즉 가능한 여러 대안적 행위들 가운데서 관련된 모든 이에게 최선의 결과를 초래하는 행위가 옳은 행위가 된다. 반면에 규칙 공리주의에서는 한 행위는 타당한 행위 규칙에 일치하면 옳고 위반하면 그르다. 그리고 행위에 대한 규칙의 타당성을 결정하는 척도는 유용성이다. 규칙 공리주의에서 그러한 규칙이란 일반적으로 그것을 따를 때가 다른 어떤 규칙을 따를 경우보다 모든 사람에게 더 많은 행복과 쾌락 또는 더 적은 불행과 고통을 일으키게 하는 규칙을 의미하는 것이다.

전통적으로 행위 공리주의에 비해 규칙 공리주의가 보다 우월하다 는 데 대해서는 대체로 두 가지 기본적인 논거가 제시되어 왔다고 할 수 있다. 첫째로 규칙 공리주의는 도덕적 행위자의 의무감에 보다 잘 부합되는 윤리설이며 일상적으로 우리가 행하는 도덕적 의사 결정을 위한 추론과도 보다 잘 합치된다는 것이다. 둘째로 어떤 사회가 규칙 공리주의에 바탕을 둔 윤리 체계를 채택할 경우 행위 공리주의에 의한 그것에 비해 보다 나은 결과를 가져온다는 현실적 작용성에 의거한

---

23) J. Bentham, *An Introduction to the Principles of Morals and Legislation*, 1789.

근거이다.[24)]

공리주의적 윤리관에 대한 일반적인 문제점과 비판은 다음과 같다.

첫째, 공리주의는 분배 문제에 대한 해결책을 제시하지 못하고 있다. 최대 다수의 최대 행복에 따라 분배될 경우 개인의 자유가 희생될 뿐만 아니라 분배의 형평이 고려될 수 없다.

둘째, 행위의 결과를 정확하게 예측하기 불가능하며 쾌락이나 행복의 계산 가능성과 개인간의 공리의 비교 문제가 존재한다.

셋째, 쾌락만을 본래의 선으로 삼을 경우 다른 주요한 가치들을 고려하지 않게 되며, 약속의 불이행, 무죄자의 처벌, 노예 제도와 같은 부정의한 제도를 허용할 가능성이 있으며 소수자가 개인의 인권 유린과 심각한 불평등을 인정할 위험에 빠지게 된다.

4) 롤즈의 경제 윤리

공리주의에 대한 비판을 통해서 규범 윤리학의 새로운 방법론을 제시한 롤즈는 합당한 윤리 체계가 목적론적인 기반 위에서 구성될 수 없음을 전제하고 도덕 철학의 과제를 사회의 기본 구조에 대한 정의의 문제에 국한시키며 그의 「정의론」에서 경제 윤리의 체계를 경제 정의(분배 정의)의 차원에서 제시하였다. 의무론(deontology)적 입장에서 출발하는 그의 경제 정의관은 정의의 우선성(priority of justice)을 전제로 하고 있다. 롤즈에 의하면 정의가 사회 제도의 제1덕목인 것은 진리가 사상 체계의 제1덕목인 것과 같다. 이론이 아무리 정교하고 간명한 것일지라도 그것이 진리가 아니면 수정되고 배척되어야 하듯이 제도가 아무리 효율적이고 정연할지라도 그것이 정의롭지 못하면 개혁되고 철폐되어야만 한다. 인간 활동의 제1덕목으로서 진리와 정의는 준엄한

---

24) 황경식, 「사회 정의의 철학적 기초」(문학과 지성사), p. 79.

것이다.25)

롤즈는 지식과 관련되어 무지의 베일(veil of ignorance)과 동기와 관련되어 상호 무관심적 합리성(mutual disinterested rationality)을 조건으로 원초적 입장(original position)을 그의 이론의 가정적 전제로 제시하였다. 그에 의하면 "원초적 입장이란 거기에서 도달된 합의가 공정한 상태이다. 그것은 당사자들이 도덕적 인격으로서 동등하게 대우받고 그 결과가 사회적 세력들간의 상대적 균형이나 자의적 우연성에 의해 제약받지 않은 상태이다. 따라서 공정으로서의 정의관은 처음부터 순수 절차적 정의라는 관념을 이용할 수 있게 되는 것이다."26)

롤즈가 제시한 정의에 대한 두 원칙은 다음과 같다.

"제1원칙은 평등한 자유의 원칙(Principle of equal Liberty)으로 각자는 모든 사람의 유사한 자유의 체계와 양립 가능한 평등으로 각자는 모든 사람의 유사한 자유의 가장 광범위한 총체 체계에 대한 평등한 권리를 가져야 한다. 제2원칙은 차등의 원칙으로(Principle of difference) 사회적 경제적 불평등은 다음과 같은 두 조건을 만족시키도록 구성되어야 한다. (a) 최소 수혜자에게 최대의 이득이 되고, (b) 기회 균등의 원칙하에 모든 이에게 개방된 직책과 직위에 결부해야 한다."27)

위의 원칙간에는 우선 순위가 존재하는데 제1원칙은 제2원칙에 우선하고, 다시 제2원칙은 그 후반부가 전반부에 우선하며, 나아가서 이러한 제2원칙은 효율성이나 공리의 원칙보다 우선적으로 적용되어야 한다는 것이다. 이상에서 제시한 롤즈의 정의관은 제1원칙에서 나타나는 자유주의적 이념과 제2원칙에서 나타나는 평등주의적 경향으로

---

25) A Theory of Justice, p. 3.

26) A Theory of Justice, p. 120.

27) A Theory of Justice, p. 302.

요약될 수 있다.

(5) 한국의 전통 사상과 경제 윤리관

유교 사상의 영향을 크게 받고 형성된 우리 전통 윤리의 특색은 세 가지를 들 수 있다. 첫째, 체계 전체에 있어서 특정한 대인 관계를 위한 규범들이 차지하는 비중이 압도적으로 많다. 둘째, 윤리 의식에 있어서 정서 내지 감정이 차지하는 비중이 크다. 셋째, 인간 관계에 있어서 수직적 질서, 즉 상하의 질서가 중요하다.[28]

오늘날의 한국인의 생활 태도의 특색으로서는 여섯 가지로 구분할 수 있다. 첫째, 금전 및 권력을 지향하는 경향이 지나치게 강하다. 둘째, 관능의 쾌락을 추구하는 기풍이 매우 강하다. 셋째, 이기주의의 경향이 몹시 강하다. 넷째, 가족주의적인 사고 방식이 상당히 강하게 남아 있다. 다섯째, 한국인의 사고와 행동에 있어서 이지(理智)에 비하여 감정이 차지하는 비중이 일반적으로 크다. 여섯째, 실질과 내용에 비하여 형식과 외관을 숭상하는 경향이 현저하다. 이와 같은 우리의 사고 방식 과 가치관 및 윤리 의식 형성에 영향을 미친 전통 사상의 특징을 살펴 보고 나아가서 전통 사상과 관련된 경제 윤리관이 무엇인지를 살펴보 고자 한다.

현대를 사는 한국인들의 가치관 형성에 가장 큰 영향을 끼친 동양적 전통 사상은 서구의 사상과는 달리 다음 세 가지의 특색을 들 수 있다. 첫째, 동양의 사상에는 정신적 가치를 높이 떠받드는 전통이 강하다. 둘째, 동양의 전통 속에는 인간과 자연이 항상 아름다운 조화를 이루어 왔다. 셋째, 동양의 전통에는 옹졸한 소아를 넘어서서 보다 큰 대아를

---

28) 조기준, 「한국 자본주의 발달사」(서울: 대왕사, 1991), p. 242.

지향하는 정신이 강하게 흐른다.[29]

1) 한국 고유 사상

민동근의 연구 논문인 '한국의 전통적 윤리 사상의 발견'에서 그는 고조선의 윤리 사상으로부터 조선조의 윤리 사상까지 순수한 한국 고유의 윤리 사상을 시대별, 인물별로 연구하였는데, 전통 사상의 특징으로써 첫째, 숭천경조(崇天敬祖) 사상, 경천애인(敬天愛人), 홍익인간(弘益人間) 정신이 뚜렷하며 둘째, 절의존중(節義尊重) 사상, 결백(潔白) 정신이 뚜렷하다고 결론지었다.[30] 유교, 불교, 도교 등이 수입되기 이전의 한국 고유 사상으로서 인(仁)의 덕성을 가진 우리 민족은 이미 인간을 존중하고 사랑하는 인간애, 인본주의가 중핵이었으며 또한, 인간 존중의 정신을 나타낸 홍익인간(弘益人間), 백성을 사랑하는 민본 정치, 인정(仁政)을 펴기 위한 위민(爲民) 사상, 의창과 같은 사회 구제 제도, 화랑도의 세속오계(世俗五戒)와 협동 단결의 정신을 나타낸 동제(洞祭)·두레·향약 등의 좋은 제도가 존재했다.

샤머니즘(Shamanism), 즉 무속 신앙은 한국 고유 사상에 영향을 끼치며 불교, 유교, 도교 등이 전래되기 이전부터 한반도의 정신을 지배해 온 민간 신앙이다.[31] 우리 민족 문화의 기층에 흐르는 무속 신앙은 오늘날의 한국인의 정신 세계의 한 부분에 무속적인 면을 뿌리내리게 하였다. 이러한 무속 신앙의 특성을 유동식 교수는 의타성, 보수성, 현실주의적 경향, 오락성으로 설명했다.[32]

---

29) 김태길, 「윤리와 이념」(서울: 박영사 1991), pp. 99−102, 111−117.

30) 민동근, 한국의 전통적 윤리사상의 발견, 「한국의 윤리관」, 한국정신문화연구원, 1984, pp. 13−73.

31) 「인간과 윤리」 대학윤리 교재편찬회편(서울: 지구문화사 1991), p. 56.

32) 유동식, 「한국 종교와 기독교」(서울: 대한기독교서회), 1965, pp. 34−37.

2) 불교 사상

불교학자들이 공통적으로 지적하는 한 가지 사실은 불교 윤리의 기본 과제인 인간이 본래부터 가지고 있는 심체(心體), 즉 인간 마음의 본래 면목을 회복하라는 점이다. 이 과제를 실현시키기 위해서 불교는 초월자인 신의 명령과 요청에 믿음을 가지고 응답할 것을 말하는 다른 종교와는 달리, 인간 스스로 도를 깨우침으로 열반에 도달하려고 한다.33) 사성제(四聖祭)와 팔정도(八正道)는, 원시 불교 윤리의 핵심이다.

또한 불교의 사상은 근본적으로 소승(小乘) 및 대승(大乘) 윤리로 나눌 수 있다. 소승 윤리는 한 개인의 깨달음을 통해 불위(佛位)를 성취하려는 개인주의적 면만을 강조하는 데 반하여 대승 윤리는 자신을 열반에 이르지 못하더라도 중생을 구제하여 기필코 불국 정토를 이루겠다는 보살 정신에 뿌리를 둔다. 이점에서 불교의 사회 윤리는 철저하게 대승 윤리에 근거한 것이다.34) 불교의 사회 윤리의 기초를 이루는 또 다른 사상은 화엄 사상이다. 화엄 윤리는 현실 지향적이고, 개체의 주체적이며, 능동적인 자유를 드러내면서도 전체적 조화를 이상으로 한다.35)

불교의 윤리관의 특징은 다음과 같다. 첫째, 불교는 중생을 고통에서 구하고자 하는 자비(慈悲)의 윤리에 기초하고 있다. 둘째, 불교는 모든 인간이 불성(佛性)을 가지고 있어서 붓다의 뜻을 쫓아 정진하면 누구나 부처가 될 수 있다는 평등 사상을 내포하고 있다. 셋째, 불교는 종교적 진리와 실천적 윤리 규범을 구체적으로 연계시키고 있는 계율과 계행을 가지고 있다. 넷째, 불교의 근본 교리는 초국가적 성격을 지니고 있지만 삼국 시대에 호국 종교로 받아들인 전통에 따라 호국 윤리를

---

33) 이한수, 「현대 사회와 종교 윤리」(서울: 도서출판 바울), p. 69.
34) 이한수, 「현대 사회와 종교 윤리」(서울: 도서출판 바울), p. 88.
35) 이한수, 「현대 사회와 종교 윤리」(서울: 도서출판 바울), p. 90.

지니게 되었다.[36]

불교 사상과 관련된 경제 윤리관은 다음과 같다. 첫째, 재물은 대단히 유용한 것이지만 우리들이 존중해야 할 것은 재(財) 그 자체가 아니라 재를 구하는 의지적 노력이다. 불교에서는 어떠한 노력으로 재를 획득하느냐는 인간의 정신과 의욕을 중시하고 있다. 둘째, 인간의 욕망(慾望)은 끝이 없다는 사실을 직관하고 욕망의 억제로 방종한 생활과 낭비를 경계하여 각 개인이 업무에 정려하여 영리를 추구할 것을 가르치고 있다. 셋째, 부의 축적을 가르치면서도 사람들에게 복리를 나누어 줄 것을 강조한다. 재를 모으는 것도 결국은 복리(福利)를 나누어 주는 것을 목표로 하고 있다. 그러므로 시여(施與)의 공덕(功德)이 강조되고 있으며 선(善)한 과보(果報)가 있다고 하여 세속적인 도덕에 종교적인 의의를 인정하고 있다. 넷째, 원시 불교의 경제 윤리는 자본주의적이었다고 할 수 있으나, 일체의 생산 수단을 소수의 자본가가 독점하는 의미의 자본주의와는 달리 한다. 어떤 점에서는 소위 사회주의적인 성격에 가까운 것이라고도 할 수 있을 것이다.[37]

3) 유교 사상

유교는 동양 문화의 근간이며 전통적으로 우리 한국 사회는 주로 유교의 도덕에 광범위한 지배를 받아 왔다. 근본적으로 유교 도덕의 목표는 예(禮)에 뿌리를 두고 있는데 이 예(禮)는 단순히 개인적인 것만이 아니고 사회적이고 심지어 우주적인 질서도 포함하기 때문에 유교의 윤리를 엄격하게 개인 윤리와 사회 윤리로 구분하는 것은 무리가 있다.[38] 유교의 도덕은 도덕을 사회의 규범이나 관습 또는 사람들간의

---

36) 「인간과 윤리」, 대학윤리교재편찬회편(서울: 지구문화사 1991), pp. 72-74.
37) 최종지, "원시 불교의 경제 윤리에 대한 연구", 동국대학교 1989, pp. 81-82.

약속에서 나온 것으로 보지 않고, 우주의 주재자인 천(天)이 수여해 준 것으로 본다. 이것이 천명 사상이다. 따라서 절대선의 실체인 천(天)으로부터 나오는, 완전하고 지선한 천도(天道)를 실천하고 순응하는 것이 덕(德)인 것이다. 또한 중용(中庸)의 윤리를 강조하였고, 윤리의 실제로서 삼강오륜(三綱五倫)이 있으며, 이것은 도덕의 중심으로써 인간의 상호 관계 속에서 나타나는 인륜을 강조하였다. 조선 시대를 통하여 하나의 지배적인 윤리 규범으로 뿌리를 내리게 된 삼강오륜의 근간이 되는 개념은 효(孝)・제(弟)・충(忠)・신(信)・열(烈)이다.39) 또한 기초적 규범 형식으로서 인(仁), 의(義), 예(禮), 지(智)의 사덕(四德)을 제시하였다.

우리 나라에 절대적인 영향을 미친 주자학(朱子學)의 특징은 다음과 같다. 첫째, 주자(朱子)는 무엇보다도 유학 전통의 본질인 수기(修己)를 중시하는 사상을 강조하고 있다. 둘째, 인욕(人慾)을 극복하기 위하여 천리(天理)를 지키라는 것을 강조한다. 셋째, 천명(天命)에 의한 합법적 정치를 변호하였다. 넷째, 형이상학적 근거로서 소위 기(氣)와 리(理)라는 불가분의 원리가 전우주(全宇宙)에 가득 차 있다고 주장한다.40) 따라서 주자는 인간의 본질적인 면과 외적이고 형식적인 면을 조화시킴으로써 그의 윤리 사상을 형성하였던 것이다. 유교가 우리 문화에 기여한 공으로는 유교가 군자학의 면려를 강조했다는 점과 인륜 도덕의 숭상이 가져 온 사회의 질서와 평화의 유지라고 볼 수 있다. 또한 유교가 우리 문화에 끼친 부정적 요소로서, 사대주의, 조선 시대의 당쟁, 가족주의의 폐단, 관존민비(官尊民卑)의 폐해, 문약(文弱)의 폐단, 산업

---

38) 이한수, 「현대 사회와 종교 윤리」(서울: 도서출판 바울) p. 99.

39) 유승국, 「동양철학론」(서울: 성균관대학교, 1974), p. 141.

40) 김태길, 「윤리와 이념」(서울: 박영사 1991), pp. 214-215.

능력의 부족과 복고 사상 등을 들 수 있다.41)

신옥희는 그의 연구에서 조선 시대 유교 윤리의 특성과 한계를 다음과 같이 결론지었다. "학습과 사고를 윤리적 인격 완성의 기본으로 강조하는 철저한 합리주의, 자기 형성의 주체로서의 인간의 가능성을 믿고 그의 현실적 실현을 위한 각 개인의 책임 의식에 호소하는 낙관적인 인간 긍정의 사상, 그리고 자발적이며 자연스러운 사랑과 신뢰의 인격 공동체 건설을 위한 민본적 덕치주의의 정치 이념 등은 어느 것을 막론하고 유교가 간직하고 있는 위대한 지혜이다. 그러나 유교 사상을 지탱하고 있는 삼강오륜적 윤리 제도 및 그와 본질적 관련 밑에 성립된 신분제적 왕도 정치의 이념과 또한 유교 사상의 배경을 이루고 있는 동양 고유의 일원론(一元論)적 우주론과 존재관 및 인간관 때문에 유교의 합리주의(合理主義)는 배타주의적 폐쇄성, 전통주의적 보수성, 현세주의적 정치성 등의 한계를 드러내게 되었고, 또한 유교의 인본주의는 개체적 특수성의 상실, 자연적 본능적 성향의 경시, 주체적 자아 의식의 결여 등의 한계를 가지게 되었으며, 유교의 덕치주의는 상황 중심의 적당주의, 혈연 중심의 족벌주의, 신분 중심의 차등주의 등의 한계를 내포하고 있음이 밝혀진다."

조선 시대의 유교 사상을 비판하는 이유 중의 하나는 유교가 윤리와 도덕을 강조하지만 이익과 물질을 천시하는 까닭에 산업 발전의 저해 요인이 되어 오늘날 과학 문명에 후진성을 초래하게 되었다는 것이다.42) 물질적의 생산과 관련된 유교의 사상은 덕본재말(德本財末, 大學)—즉 도덕이 재물보다 우선적 가치가 있다—이라 하여 물질적 경제

---

41) 김태길, 「윤리와 이념」(서울: 박영사 1991), pp. 259-260.

42) 황준연, '조선시대 유교윤리의 전개' 「한국인의 윤리관」, 한국정신문화 연구원, 1983, pp. 95-97.

추구의 면보다도 정신적 도덕적인 면을 강조하고 중시하였다.

4) 실학 사상

경제 사상과 경제 윤리는 밀접한 관계를 갖고 있고, 경제 윤리는 경제 사상의 핵심이라고 할 수 있다. 조선 전기의 경제 사상은 아직 경제 사상이 독립된 영역으로 발전된 것이 아니었고, 유학적 경세 제민 사상(經世濟民思想)의 일환으로 정치 및 윤리와 밀착된 왕도 치민 사상(王道治民思想)이었다고 할 수 있다. 따라서 조선 전기의 경제 사상은 봉건 국가의 강화라는 대전제 밑에서 국가 재정을 논하고 민생을 논하고 있고, 그 사상의 밑바닥에는 재출어농(財出於農)의 재화관이 철두철미 뿌리를 박고 있는 것이며, 그 당시의 정치 및 사회 사상과 한가지이고 또한 봉건적 이데올로기를 대변하는 것이라고 하겠다.

조선 후기의 경제 사상은 실학의 경제 사상으로 대표된다.[43] 실학 사상이란 17세기 후반에 시작하여 19세기 전반에 꽃피운 사상으로서 유형원, 이익, 박지원, 박제가, 정약용 등이 대표적 사상가이다. 조선 전기의 유교인 주자학이 극도로 배타적이고, 폐쇄적이며 형이상학화 됨으로써 이에 대한 반대 운동으로서 시작된 실용적이고 실증적인 유교 사상이 바로 실학 사상이다. 실학자들은 사회의 결함과 병폐를 예리하게 통찰하고 그것을 과감히 제거하여 근대적인 부국안민의 복지 사회를 건설하고자 노력하였고, 그들은 근대화 이념인 공업화 · 산업화 · 능률화 · 합리화 · 기술화 · 과학화 · 민주화를 통해서 빈곤을 타파하여 물질 생활을 윤택하게 하며 경제 성장을 꾀하였으며, 인간 존중' 사상으로 모든 사람의 인격과 권익을 공평하게 추구하고, 교육의 기회를 균등하게 하고, 개척 정신 · 진취 정신으로 자연에 도전하며 미래

---

43) 「유교대사전」(박영사, 1990)과 「대세계 백과사전」(사상편, 태극출판사)를 참고.

지향적으로 사회 정의를 실현하고 부국강병의 이상 사회의 건설을 목적으로 하였다. 이러한 실학의 성과를 첫째, 형이상학적·사변적 학문에 대한 실용실증주의의 제창, 둘째, 우주자연적 질서로부터 인간 사회 질서를 분리시킴, 셋째, 중화주의적 세계관의 부정과 독자적 민족관의 주장, 넷째, 사농공상의 신분제에 관한 비판과 새로운 직업관의 형성 등으로 요약할 수 있다.

이러한 실학 사상은 실사구시(實事求是), 경세치용(經世致用), 이용후생(利用厚生) 등으로 사상이 전개되었다. 실사구시는 사실을 중심으로 하여 진리를 탐구하는 것을 의미한다. 경세치용학파는 토지 제도 및 재정 제도 등의 제도적인 문제를 중심으로 현실 경제 문제를 해결하려는 중농주의적 실학이며, 이용후생학파는 농업 기술, 공업 기술 등의 기술적 문제를 강조하는 도시 경제를 배경으로 하는 중상주의적 실학이다. 이러한 실학 사상이 전개되는 기반이 성리학이라는 사실은 실학의 중심 되는 전제가 도덕성이라는 것을 의미하고 있다. 김정희에 의하면, 실사구시와 경세치용 그리고 이용후생이 도덕성을 도외시한다면, 이를 실학으로 인정할 수 없다는 것이다.

이용후생은 「서경」(書經)에서는 본래 '정덕이용후생'(正德利用厚生)으로서 '정덕' 후에 '이용'이 가능하고, '이용' 후에 '후생'이 가능하다는 전통적 유학 질서를 의미하였는데, 박지원은 '이용' 후에 '후생'이 가능하고 '후생' 후에 '정덕'이 가능하다고 주장하여 경제 문제 (이용)와 복지 문제(후생)을 윤리 문제(정덕)보다 더 강조하였다. 박지원은 "대개 이용후생이 하나라도 빠진 것이 있으면 위로 정덕(正德)을 해롭게 하게 된다. 그러므로 공자는 '백성이 이미 많아졌으면 풍부하게 해 주고 풍부해졌으면 가르쳐야 한다' 하였고, 관중은 '의식이 풍족해야 예절을 안다'고 하였다."라고 주장했다. 유학자 이익도 백성을 부자 되게 하는 방법을 "첫째, 농사에 힘쓰고, 둘째, 검소한 것을 숭상하고, 셋째 남의 것을 빼앗는 것을 금하는 것이다."라고 설명했다.

실학자들이 논한 경제 사상에서 중요하다고 볼 수 있는 것은 생산에 종사하는 사람의 입장에서 경제를 논했다는 것, 농본 사상 시대에 상공업에 관심을 보였다는 것, 그리고 상업의 자유를 주장했다는 세 가지 점이다. 또한 실학자들은 종래의 봉건적 신분 질서를 탈피한 민본 사상을 중시하였으며, 따라서 민은 국가 구성의 주체이며 민을 위한 통치 기구를 강조하였다.

또한 실학자들은 봉건적 지배 계층의 관료주의를 반대하고 기능적 관료 제도를 주장하였다. 실학 사상을 집대성한 정약용은 중농주의와 중상주의의 개념을 조화시켜 파악하고 구체적인 부국강병책(富國强兵策)을 제시하였다. 그는 농민의 토지 균점과 노동력에 의거한 수확의 공평한 분배, 기술 교육 등 사회 경제적인 제도 개편을 주장했다.

종래의 경학(經學)을 비판하고 재해석함으로써 기존의 윤리관을 규제하고 있던 주자학의 관념적 이(理)를 철저히 비판하고, 따라서 공동체적 내지 선험적 윤리 의식을 극복하고 각자 자유롭게 이윤을 추구하는 개인을 중심으로 경험적이고 개인적인 윤리 체계를 수립하여 인(仁)의 본(本)은 성의(誠意), 정심(正心)의 윤리요, 인의 말(末)은 경세치용의 경제로 통합·통일하였다.

2. 자본주의와 윤리

(1) 합리성과 도덕성

일반적으로 합리성은 경제의 문제이고, 도덕성은 윤리의 문제로 간주되었으며, 이러한 양자간의 무관성이 주류 경제학의 입장이다. 그러나 경제적 효율성으로 표현되는 합리성과 경제적 규범성으로 나타나는 도덕성간의 상호 관계를 연구하는 것이 경제 윤리의 핵심 과제이다. 이 부분에서는 경제적 효율성과 경제 윤리에 대한 개념적 정의와 양자간의 관계를 고찰하고자 한다.

합리성이라는 개념은 다의적 개념이다. 주류 경제학의 입장을 택함으로써 합리적 행위를 효율성을 추구하는 행위, 효용을 극대화 하는 행위 또는 개인 이익을 극대화 하는 행위라고 정의할 수 있다. 효율성(efficiency)이란 개념은 파레토 효율 (Pareto efficiency) 또는 파레토 최적으로 표현되는 자원의 최적 배분 상태를 의미한다.44)

도덕성(morality)의 개념 또한 다의적이며 이 연구에서는 도덕성의 개념을 윤리(ethics), 정의(justice), 공평성(equity)과 상호교환적으로 사용되는 개념으로 이해한다. 즉 그것은 옳고 그름을 판단해 주는 규범적 개념으로서의 경제 윤리를 의미하는 것이다. 실증 경제학의 영향으로 대부분의 경제학 연구에서는 경제와 관련된 도덕성의 문제는 가치관 또는 윤리적 판단 위에 성립되는 것이기 때문에 연구 영역과 관심에서 제외된 상태이다. 즉 효율성 추구만이 주류 경제학의 과제가 되어 버렸다.

시장 기구에서의 파레토 최적의 효율적 자원 배분은 공평성을 보장하지 못한다. 윤리적 기준에서 본다면 효율적 상태는 부와 소득 그리고 기회의 분배에 있어서 불평등성과 공존할 수 있으며 경쟁은 현 상태의 불평등을 줄이지는 않는다. 이와 같은 배분은 가장 효율적이라 해도 가장 좋은, 또는 옳은 자원 배분을 의미하는 것이 아니다. 따라서 자본

---

44) 한 사회 내에서 다른 사람의 효용이 감소함이 없이 적어도 다른 어느 한 사람의 효용이 증가하는 경우를 파레토적 후생의 증가라고 하고 다른 사람의 효용의 감소 없이는 어느 한 사람의 효용도 증가할 수 없는 상태가 파레토 최적의 상태이다.

주의는 소득 분배에 대한 윤리성을 요구하고 있다.

윤리와 관련된 문제들을 이해하기 위해서는 인간에 대한 올바른 이해가 선행되어야 한다. 인간에 대한 정확한 이해가 바로 윤리 문제의 핵심이다. 모든 학문, 특히 사회 과학(경제학)은 '인간(人間)을 어떻게 보느냐'라는 전제로 시작되는데, 그것은 쿤(T. Kuhn)이 패러다임(Paradigm) 개념을 통해 제시하였듯이 한 시대를 지배하는 과학적 이론(경제학)의 체계가 과학자 집단의 합의에 의한 일종의 신념의 체계임을 의미하는 것이다.

인간은 이성을 소유하는 까닭에 자기 자신을 객관적으로 인식할 수 있고, 인간은 스스로 옳다고 믿는 바를 따라서 자주적(自主的)으로 행동할 수 있는 도덕적(윤리적) 주체이다. 우리는 인간이 무엇인가를 완전히 밝힐 수 없듯이 완전무결한 절대 논리의 근거를 제시하기가 어렵다.

그러나 우리가 자연법과 양심법에 근거해 볼 때, 수 천 년 역사 속에서 인간이 살아온 전통적인 도덕 생활의 바탕이 인간성 자체에 내재하고 있음을 부인할 수는 없다. 그러나 일부 자연주의자들과 실증주의자들은 '검증 가능성의 원리'라는 척도아래 전통적인 도덕 가치를 부정하지만, 많은 규범 윤리학자들은 자연법과 양심법을 근거로 하여 전통적인 규범 윤리의 보편성과 타당성을 밝히고 있다.

신고전학파의 기본 출발인 인간의 개인 이익 극대화 가정(self-interest maximization)에 대한 다양한 비판이 계속되어 왔다.[45] 개인 이익 추구자로서 인간을 파악한 것은 주류 경제학의 탁월한 견해이지만 그것은 인간의 한 속성이지 그 이외의 다양성을 추구하는(이타심, 이기심, 사랑, 도

---

45) Schmoller를 비롯한 독일의 역사학파 경제학자들은 윤리 및 도덕성을 전제로 한 인간관을 가지고 경제 현상을 파악하였다.

덕, 정의) 인간의 진정한 면을 간과한 것은 사실이다. 인간은 도덕적 존재이다. 인간의 도덕성과 윤리성은 당위의 문제가 아니라 실존의 문제이다. J. S. 밀은 인간의 다양한 동기를 인정하였으나 이론 구성을 위한 추상화로 말미암아 인간은 자신의 부를 극대화한다는 가정만을 도입하였다.46)

인간의 실존적 모습인 도덕성을 배제한 이론적 가정은 현실적이지 못하다. 인간은 이기적 존재이며 또한 인간은 도덕적 존재이다. 선과 악, 도덕과 비도덕, 이기심과 이타심이 동시에 인간에게 내재하고 있다는 것은 직관적인 사실이다.

전통 경제학에서 가정하듯이 인간은 항상 이기적인가? 인간의 생활과 현상에 비추어 볼 때 인간 행동의 동기를 자기 이익 추구라고만 보는 것은 비현실적이다. 이기주의를 심리적 이기주의(psychological egoism)와 윤리적 이기주의(ethical egoism)로 구분할 수 있는데, 심리적 이기주의는 인간의 동기와 행동에 관한 사실적인 이론으로서 모든 사람은 근본적으로 이기적이며 따라서 모든 사람은 항상 자신에게 이익이 되는 일을 한다는 주장이다.

이와 반면에 윤리적 이기주의는 하나의 규범으로서 사람들이 어떻게 행동해야 하는가를 결정할 표준이나 원리를 제시한다. 심리적 이기주의의 기본적인 주장은, '모든 행위의 유일한 목적은 행위자 자신의 선을 추구하는 것이다.' 그리고 '행위 가운데서 어떤 것은 비이기적인 것처럼 보이지만 실제로 모든 행위는 이기적이다.' 라는 것이다.47) 심리적 이기주의 입장에서 볼 때 구제, 자선 같은 행위도 자신의 명예나 만족을 추구하는 행위라고 간주한다. 심리적 이기주의가 사실이라면

---

46) M. Lutz, K. Lux(1988), *Humanistic Economics*, p. 43.

47) 폴 테일러(1985), 「윤리학의 기본원리」, 서광사, p. 53.

도덕 및 윤리는 존재할 수가 없다. 왜냐하면 인간은 항상 이기적인 행동만을 하기 때문에 도덕적 명령과 윤리적 행위는 불가능하기 때문이다. 인간의 이기적 행동은 실존적 사실이지만, 심리적 이기주의 행동은 받아들이기 어려운 가정이다.

아담 스미스의 '보이지 않는 손'이란 자기 이익(self−interest)을 추구하는 개인으로 말미암아 사익 추구가 저절로 공익을 가져온다는 개념인데, 이미 그것은 개인과 사회의 윤리성을 전제로 한 이론이다. 스미스는 인간에게는 이타적인 윤리성은 없어도 사회의 일원으로 무리 없이 살아갈 정도의 사회성과 윤리성은 있다고 보았다.

아담 스미스가 본 인간은 오늘날의 이기적이라고 하는 개념과는 다른 개념의 이기적인 경제인이었다. 그들에게는 경제적 합리성과 도덕은 모순이 아닌 조화로서 나타났던 것이다. 오쿤(Okun)은 "효율성의 추구는 필연적으로 불평등을 초래한다. 그리고 사회는 평등과 효율 사이의 역관계(trade off)에 직면하게 된다"고 말하였다.[48]

효율성을 합리성으로 보고 평등을 도덕성이라고 간주한다면 자본주의에서는 분명 합리성과 도덕성간에 상충되는 모순이 존재한다고 말할 수 있다. 오쿤은 그의 저서 「평등과 효율」(Equality and Efficiency)의 결론에서 다음과 같이 제시하였다. "평등과 경제적 효율간에는 갈등이 불가피하게 존재하기 때문에 완전한 해결이란 불가능하다. 그러므로 그런 점에서 자본주의와 민주주의는 결합이 불가능한 것처럼 보일지도 모르지만 그것이 바로 그것들이 서로를 필요로 하는 이유인지도 모른다. 즉 평등에 어느 정도의 합리성(rationality)을 혼합시키고, 효율에 어느 정도의 인간성(humanity)을 혼합시키기 위한 것이다."

---

48) A. Okun(1975) *Equality and Efficiency*, The big trade off, p. 161.

도덕이나 윤리에는 개인과 직접 관련이 되는 개인적인 측면이 있는 동시에 구조와 사회 제도와 직접 관련이 되는 공적이고 사회적인 측면이 있다. 그러므로 경제 윤리에 대한 문제도 개인 윤리와 사회 윤리에의 동시적 접근이 필요하다. 이와 관련되어 가우디어(Gauthier)는 '도덕적인 문제란 결코 단순히 그에 당면하고 있는 행위자의 관심사일 수만은 없고 반드시 타인의 이해 관계를 내포하게 된다'고 했고, 라파엘(Raphael)도 '의무적인 행위를 이야기할 경우, 그 내용이 언제나 타인의 이해와 관련되어 있다'고 함으로써 윤리의 사회적 관련을 강조했다.[49]

이와 같이 윤리나 도덕의 사회적 측면과 기능을 중요시하는 사회윤리학(Social ethics)에서는 사회라는 것은 단순한 개인들의 집합으로 환원될 수 없으며 그 자체의 독립적인 논리에 따라 움직여야 된다고 주장한다. 즉 사회 구조나 제도의 문제가 개인의 양심이나 행위의 문제로 환원될 수 없다는 입장이다.[50]

3. 모형 및 적용

본 논문은 앞에서 한국의 경제 윤리 및 자본주의 정신을 서양의 것과 비교하여 설명하였다. 또한 경제 윤리를 개인 윤리와 사회 윤리의 차원

---

49) David Gauthier, Practical Reasoning (Oxford University, 1963) p. 147 ; D Raphael, Moral Judgement (London, Allen and Unwin, 1955) p. 117.

50) 사회윤리적 관점에서 공리주의의 재구성을 시도한 학자로는 A.Sen, J.C. Harsanyi 등이 있고, 자유주의적 이념의 학자로는 R. Nozick, F. A. Hayek, M. Friedman 등이 있으며, 기독교 신학자로서는 R. Niebuhr, E. Brunner가 있고, J. Rawls도 대표적인 사회윤리학자이다.

으로 분리해서 설명하였으며 합리성과 도덕성의 문제와 관련된 경제 윤리의 측면을 제시하였다. 이 부분에서는 앞에서 제시된 경제 윤리의 여러 가지 문제를 단순화시켜서 죄수의 딜레마 및 기업 비리 모형을 사용하여 경제 윤리 문제의 이론적 적용을 시도하고자 한다.

(1) 죄수의 딜레마

앞에서 제시한 합리성과 도덕성간의 관계를 게임 이론 모델(Game Theory Model)을 사용하여 기업의 비윤리적 행동을 모형화 하여 기업의 윤리성과 합리성(이윤 추구)과의 상호 관계를 고찰하고자 한다. 서로가 개인의 이익만을 추구할 때 발생하는 문제는 협력하는 것보다 더 나쁜 결과를 초래하게 되는 속성을 갖는 상황을 이해하기 위해 죄수의 딜레마 게임(Prisoners' Dilemma Game)을 사용할 수 있다. 죄수의 딜레마 게임의 조건은 다음과 같다.51)

① 두 명 이상의 게임 참가자가 필요하다.

② 각 게임 참가자에게는 2가지 이상의 선택안이 존재한다(협력, 배신).

③ 각 게임 참가자는 상대방의 선택에 관한 사전 지식 없이 자신의 대안을 선택하여야 한다.

④ 상대방이 어떤 행동을 취하든 배신하는 것은 협력할 때 보다 더 높은 성과를 얻는다.

⑤ 둘 다 배신하면 둘 다 협력하는 것보다 나쁜 성과를 얻는다.

물론 모든 참가자를 합리적으로 행동하는 존재로 가정하여 자신의 이익(Self-interest)을 극대화하는 경제인을 전제로 하는 것이다. 여기에서 ④, ⑤와 같은 이유 때문에 이러한 상황을 딜레마(dilemma)라 할

---

51) R. Axelord, *The Evolution of Cooperation*, p. 7.

수 있다. 죄수의 딜레마는 서로 협력을 통해 더 높은 성과를 얻을 수 있는데 반하여 서로 배신을 하게 되는 매우 일반적이고 흥미로운 상황을 단순히 추상적으로 형성한 것이다. 일반적인 단순한 게임은 다음 그림에서 나타날 수 있다.

그림 1. 죄수 딜레마 게임의 협력과 배신의 상관성

참가자 1

		협력	배신
참가자2	협력	R=3 R=3	S=0 T=5
	배신	T=5 S=0	P=1 P=1

협력(Cooperation)을 C, 배신(Defection)을 D라 하면 CC로 나타나는 좌상은 협력에 대한 보상이고, DC나 CD로 나타나는 좌하 또는 우상은 배신에 대한 유혹을 의미하며, DD(우하)는 배신에 대한 처벌을 의미한다. 주어진 상황에서는 모든 참가자가 배신(D)을 하는 것이 압도 전략(Dominant strategy)이 되고, 결과적으로 파레토 최적 상태가 아닌 배신 배신(DD)을 초래하는 딜레마에 빠지게 된다.[52]

---

52) 일반적으로 죄수의 딜레마 상황은 다음의 두 조건이 만족함으로서 가능하다.
첫번째는 T > R > P > S 조건이며
T: 상대방이 협력할 때 배신할 유혹(temptation to defect)
R: 상호 협력에 대한 보상(reward for mutual cooperation)
P: 상호 배신에 대한 처벌(punishment for mutual defection)
S: 상대방이 배신할 때 협력하는 바보의 성과(sucker's payoff)
두 번째는 2R > T+S 인데

죄수 딜레마 게임에서 우리는 개인 합리성의 추구는 집단적 비합리성을 유발시키는 것을 알 수 있다. 이것은 사회적 모순(Social Contradiction)이 발생하는 대표적인 예인데, 개인들간에 일어나는 상호 작용이 원래 개인이 추구하는 의도를 전복시키는 결과를 발생시키는 경우이다. 죄수의 딜레마 상태(Prisoner's Paradox)에서는 신뢰(trust)와 강압적 동의(enforcement agreement)의 변수가 작용하면 파레토 효율적인(efficient) 결과(집단적 합리성)를 나타낼 수가 있다. 또한 반복적 시행을 가정할 경우 조건부 협력을 전제로 한 새로운 전략들이 나타난다.

반복적인 죄수의 딜레마 상황에 직면하였을 때 상호 대응을 토대로 하는 협력의 가능성이 존재하게 된다. 엑서로드(Axerlod) 교수의 실험을 통하여 이러한 상황에서 가장 우수한 전략으로는 Tit for Tat 전략인 것을 알게 되었는데 Tit for Tat 전략이란 처음을 협력으로 시작하며 이 후로는 단지 상대방이 했던 이전의 행동을 따르는 것이다.[53] 이러한 협력 전략은 이기주의적 협력이라고 할 수 있다. Tit for Tat은 이기주의자가 사용하기에 효과적인 전략일 수가 있다.

그러나 이것이 일반 개인이나 기업, 국가가 사용할 도덕적인 전략인가? 물론 이에 대한 답변은 도덕성의 기준에 따라 다르다. 아마도 가장 폭넓게 받아들여지는 도덕성의 기준은 황금률(Golden Rule)일 것이다. 이것은 '다른 사람이 너에게 하기를 바라는 것과 같이 너도 상대방에게 그렇게 대하라.'는 것이다. 죄수의 딜레마 상황에서 당신이 상대방

이 조건은 서로를 유리하게 이용하여 딜레마를 제거할 수 없어야 한다. 이 조건은 한번은 협력을 하고 한번은 배신을(한번은 속이고 한번은 속음으로)해서 얻을 수 있는 보상은 서로 협력하는 게임 참가자들이 얻는 보상보다 좋을 수 없음을 의미한다. 그러므로 상호 협력에 대한 보상은 배신할 유혹과 바보의 성과를 평균한 것보다 커야 한다.

53) Axerlord, The Evolution of Cooperation 참조.

으로부터 원하는 것은 협력이기 때문에 황금률은 항상 협력해야 함을 의미하는 것처럼 보일 것이다. 이러한 해석은 도덕성의 관점에서 Tit for Tat보다는 무조건적인 협력이 최적 전략임을 시사한다.54)

그러나 이 무조건적인 협력은 상대방이 이를 이용하여 더 높은 성과를 올릴 수 있는 유인책을 제공한다는 문제점을 갖고 있다. 또한 Tit for Tat이 갖는 약점은 '눈에는 눈으로, 이에는 이로' 대응하는 것이다. 즉 서로의 보복은 악순환의 시작이기 때문에 심각한 문제가 존재한다.55)

두 사람이 참가하는 죄수의 딜레마 상황을 다수의 사람들이 참가하는 상황으로 확대하는 경우 공유의 비극 또는 공용 목초지의 비극(The Tragedy of the Commons)의 사례가 발생할 수 있다.

하딘(Hardin, 1968)에 의해서 연구된 공유의 비극은 공용 목초지에서 주민들이 소를 제한 없이 기르는 상황에서 비롯된다. 공용 목초지의 비극은 사람들이 자신의 이익을 추구하는 데 있어 서로가 서로를 너무 침해하게 되어 자제할 수만 있다면 전체적으로는 훨씬 더 이득이 되지만 자제함으로써 개인적으로는 아무런 이득도 얻을 수 없는 상황에 직면하여 개인적 이기적 행동이 집단의 비합리성을 유발하는 경우를 설명하고 있다.56)

---

54) Axerlord, *The Evolution of Cooperation*, p. 78.

55) 게임(Game) 참가자 자신들이 공동된 합의를 만드는 것은 어렵다. 외부에서 과당 경쟁을 제한하는 합의를 만드는 것이 더 쉬운 방법이다. 미국에서 담배회사들은 소비자를 대상으로 TV를 중심으로 과당 경쟁 광고를 해 왔는데, 그에 따라 광고 회사만이 수익을 남기고 담배 회사는 어쩔 수 없이(Prisoner Dilemma 상황) 광고를 하였는데 1968년 외부적으로 법률에 의해 담배의 TV 상업 광고가 금지되게 되었다. 결과적으로 과당 경쟁 광고는 서로에게 부담이 될 뿐이며 이러한 외부적 규제를 통하여 광고에 대한 광고비의 부담이 줄어들어 담배 회사의 순이익이 증가하게 되었다.

56) G. Hardin. 'The Tragedy of the Commons' Science Vol 162, 1968, pp. 1243 – 1248.

공공재적 성격을 띤 공용 목초지의 비극의 경우는 일반적으로 공유림, 공유 연못, 환경 오염, 전염병, 쓰레기, 소음 등과 우리 주변에서 흔히 볼 수 있는 형태에서 나타난다. 즉 개별적으로는 금지되어 있지 않으나 전체적으로 값비싼 대가를 치러야 하는 경우에 개인의 이기심으로 말미암아 집단의 비합리성이 발생할 수 있는 것이다.

죄수의 딜레마 상황에서 벗어나기 위해서 조건부 협력이나 외부의 강압(계약, 규제, 처벌 규칙) 등으로 배신하는 행위를 막을 수 있다. 또한 윤리나 도덕과 같은 규범 체계가 죄수의 딜레마에서 벗어날 수 잇는 방법일 가능성이 존재한다. 구조적으로 죄수의 딜레마에 빠져 있는 사회적 상호 작용은 규범을 생성시키는 경향이 있다. 이기적 협력이 아닌 이타적 협력을 요구하는 규범의 준수가 죄수의 딜레마로 인하여 야기된 문제를 해결해 준다고 할지라도 규범 체계 자체에 또 다른 문제가 존재한다. 전통 경제학에서는 합리적인 사람이란 규범 그 자체에 대한 호감만으로는 동기가 부여되지 않는다고 가정한다. 예를 들어, 규범을 지키지 않았을 때 발생하는 의미 있는 사회적 압력으로 인하여 사람들은 규범을 준수한다고 보기 때문에 전통 경제학에서 가정하는 합리적 인간에게 규범을 통한 해결책은 불가능해 보인다.[57]

인간이 이기적인 존재이면서 동시에 도덕적 존재라는 가정을 받아들인다면 규범을 통한 죄수의 딜레마 문제를 해결하는 것은 가능할 것이다. 죄수의 딜레마에 대한 윤리적 해결책은 우선 개인 행동의 동기

---

57) 죄수의 딜레마는 도구적이고 타산적인 이성관에 의거한 대부분의 도덕 이론에서 나타나는 현상으로서 이에 대한 해결책은 결국 그러한 도덕 이론에서 나타나는 현상으로서 어렵다. 자기 안전과 이해 타산에만 골몰하는 인간을 결국 인간 관계에 있어서 죄수의 딜레마에 빠지게 되나 의리나 도덕적 유대를 중시하는 인간들에게는 그러한 상황이 딜레마가 될 수 없다. 이와 같은 견해는 Rescher(1975) 'Unselfishness' (University of Pittsburgh Press) pp. 34 참조할 것.

가 다른 사람들에 대한 관심이거나 또는 공동의 이익과 개인의 이익간에 아무런 갈등이 없는 것을 전제로 한다. 이에 대한 해답은 공리주의적 윤리관이 아닌 의무론적 윤리관인 것이다.

칸트(Kant)의 정언 명령(Categorical Imperative)이 죄수의 딜레마의 해결책이 될 수 있다. 칸트에 의하면 도덕 법칙은 수단으로서가 아닌 그 자체가 절대적 명령으로서 인간은 도덕적 행위를 하여야 하는 것이다. 그가 정의한 정언 명령은 "그대가 하고자 꾀하고 있는 것이 동시에 누구나 통용될 수 있도록 하라."이다.

다시 말하면 이타적 협력만이 죄수의 딜레마에 대한 칸트식의 해결 방법이다. 그러나 여기서 협력이 죄수의 딜레마를 해결하는 기본 변수라면 그것이 이기적 협력(합리성)이거나 이타적 협력(도덕성)이건 간에 협력을 증진시키는 해결책을 찾는 것이 바람직하다. 외부적 압력을 통한 해결책은 그것을 집행하는 데 비용이 더 소요될 뿐 아니라 외부적 압력에 대한 이차적인 집단 행위 문제(보상, 처벌)가 발생하기 때문이다.

죄수의 딜레마 상황에 처해 있는 기업의 행위들을 구체적으로 살펴보자. 'Under-the-table money'라고도 불리는 뇌물(bribery)은 한국의 경제 생활의 영역에서 가장 만연된 비윤리적인 기업 행위다. 기업 활동이외에서도 뇌물은 교통 법규 위반, 안전 검사, 정치 헌금, 투표, 공무원 및 기자들의 촌지, 교사들에게 봉투 등의 형태로 가장 일반화된 비윤리적 행위이다. 뇌물과 관련된 죄수의 딜레마 상황을 아래의 표에서 살펴볼 수 있다. 여기서 C1, C2는 게임 참가자로써 두 기업 또는 두 명의 개인을 나타내며, 그들이 취할 수 있는 태도는 bribe(뇌물 주기)와 don't bribe(뇌물 주지 않기)의 두 가지 방법이다. 괄호 안의 값은 일반적인 게임 모형에서의 이득에 대한 수치이다.

그림 2. 뇌물과 관련된 죄수 딜레마 상황

		C1	
		don't bribe	bribe
C2	don't bribe	(5 5)	(−10 10)
	bribe	(10 −10)	(−5 −5)

위의 표에서 알 수 있듯이 압도 전략(dominant strategy)은 두 회사 C1, C2가 뇌물을 주는 것이다. 수의 계약, 허가, 과점적 경쟁과 같은 상황에서 각 회사는 정부 또는 계약 담당자에게 뇌물이라는 방법을 사용하여 단기적으로 기업의 이익을 극대화하려 하지만 상대방 기업 또한 자신과 똑같은 행위를 하는 기업이라면 게임에 참여하는 두 참여자는 죄수의 딜레마 상황에 빠져 들어 양자가 배신하는 즉 양자가 뇌물을 사용하여 어느 누구에게도 뇌물의 효과가 나타나지 않고 오히려 손해만 발생하는 결과가 초래된다.

최근에 LG, 삼성, 대우세탁기 광고 전쟁이 붙었는데 일정한 크기의 시장 점유율을 증가시키기 위한 과당 광고 전쟁도 위에 제시된 게임 모델(Game Model)을 통해서 기업의 윤리성과 합리성에 관한 관계를 파악할 수 있다. 특별히 상대방을 서로 비난하는 기업 광고(파스퇴르 우유 사건)를 통하여 개별적으로 합리적인 이익을 추구하는 것이 결국 전체적인 손실을 초래하는 것을 알 수 있다.

정상 광고를 통해서 일정한 시장 점유를 확보하는 것이 일반적인 기업 광고의 경우라면 기업 간의 과당 광고 역시 죄수의 딜레마 상황에 직면하게 된다. 참여하는 기업이 과당 광고(배신)를 할 수밖에 없는 것이 기업의 압도 전략(dominant strategy)이고, 이것은 기업의 광고비가 시장 점유를 증가시키는 데 사용하지 않기 때문에 낭비이며, 이러한 비효율이 소비자에게 높은 가격으로 전이되는 비윤리적인 결과가 초래된다. 특별히 상대방을 서로 비난하는 기업 광고(파스퇴르 우유 사건)라면 정치에서의 흑색 선전으로 양자가 서로 타격을 받듯이, 이것은 비효율성과 비윤리성이 동시에 발생되는 결과가 된다.

사람들은 비용 지불에 관계없이 소비할 수 있는 재화의 생산에는 자발적으로 기여하지 않으려 한다는 것이 집단 행위 문제의 기본 내용이다. 예를 들어 공동으로 공급되지만 순수하게 공동으로 생산되지는 않는 재화(공공재)들에서 무임 승차 문제가 발생한다. 합리적인 사람은 보상이 없는 일에는 자원을 할당하지 않으므로 이러한 문제가 공공재의 경우에 항상 존재한다. 공공재는 소비에 있어서의 비경합성(nonrivalry in consumption)과 소비에 있어서의 비배제성(nonexcludability)으로 인하여 시장 실패(market failure)가 발생하는 경우이다.

시장이라는 것을 효용 극대화를 추구하는 이기적인(noncooperative) 상호 작용의 패러다임이라고 본다면 시장 실패라는 것은 죄수의 딜레마와 같은 상황의 결과라고 볼 수 있다. 시장 실패의 대표적인 경우인 공공재는 바로 전형적인 죄수의 딜레마 상황이다. 하딘(Hardin, 1971)은 그의 연구에서 집단 행위자 딜레마(n−prisoners' dilemma)로써 공공재(collective good)의 예를 들어 죄수의 딜레마 상황에서 발생하는 집단적 비합리성의 결과를 설명하였다.[58]

(2) 기업 비리와 윤리

인간의 대부분의 행동은 다른 사람들의 행동에 상호 영향을 미치게

---

58) R. Hardin 'collective Action as an Agreeable n Prisoners' Dilemma, (Behavioral Science 1971 Vol 16, pp. 472−481) 참조.

된다. 사회에 비윤리적인 행동이 많은 경우에는 새로운 비윤리적 행동
이 발생하는 확률은 그렇지 않은 경우, 즉 그 사회에 비윤리적 행동이
적은 경우보다 높게 된다. 예를 들면, 자동차의 속도 위반의 경우에서
처럼, 대부분의 운전자가 법규를 준수하지 않고 과속을 내는 경우에
자신도 과속을 내는 것이 선호된다. 왜냐 하면 많은 차가 과속을 냄으
로써 속도 위반에 대한 확률이 줄어들고, 또한 다른 자동차들의 흐름과
동일한 속도로 운전하는 것이 실제로 안전하기 때문이다. 법정 속도를
달리는 차가 많을수록 속도를 내는 두 가지 이유가 사라진다.

한국의 대부분의 기업은 절세 수준을 벗어나서 불법인 탈세 행위를
하는 경향이 높다. 위에서 제시된 속도 위반의 논리와 마찬가지로 탈세
기업이 많은 경우에 하나의 기업은 그 사회에 탈세 기업이 적은 경우보
다 탈세 행위를 할 확률이 더 높게 된다. 왜냐 하면 많은 기업이 탈세를
하는 경우에는 적발되는 확률이 적게 되고 극대 이윤의 가정만을 고려
한다면 탈세의 결과가 정직한 세금 행위보다 더욱 이윤을 증가시키기
때문이다.

또한 다수의 탈세 기업들의 행위로 인하여 구조적으로(rebate, 이중
장부) 탈세 및 불법의 기회가 더욱 증가하기 때문이다. 기업 도산이
기업끼리 서로 연결되어 일시에 나타나듯이 탈세 행위와 같은 기업의
비윤리적 행위는 집단 발생(band wagon)의 경향이 나타나게 된다. 따라
서, 탈세 기업 등과 같은 비윤리적 기업이 상대적으로 많은 경우에는,
어느 한 기업은 그렇지 않은 경우보다 탈세할 확률이 높게 된다(적발
될 확률이 적어지므로).

위에서 제시한 것처럼 기업이 비리(탈세)를 저지르는 비용이, 비윤리
적 기업이 적은 경우보다, 상대적으로 작기 때문에 쉽게 비리를 저지르
게 된다. 또한, 이 경우 즉 전체적으로 비리를 저지르는 구조인 경우에,
그 기업은 윤리적으로 행동하는 것이 비윤리적으로 행동하는 것보다 비

용이 더 들게 된다. 그 이유는 자동차의 속도 위반의 경우와 유사하다.

위의 문제는 구조적인 요인으로도 설명이 가능하다. 사회 전체적으로 구조가 선하다면 악한 행위를 하는 것보다는 선한 행위를 하는 것이 비용이 적게 들며, (총 효용이 증가하며) 반면에 사회 전체적으로 구조가 악할 경우 또는 불법 행위 비리 등 악한 행위가 만연되어 있을 경우에는 악한 행위를 하는 것이 선한 행위를 하는 것보다 상대적으로 비용이 적게 드는 것이다. 개인의 행동은 구조적인 요인(다른 사람의 행동 유형 및 사회 전체의 구조적 요소들)과 독립적으로 결정될 수 없는 것이다.

직관적으로도 이 상황은 다음과 같이 설명될 수 있다. 다른 사람들과 유사한 행동을 하는 것이 또는 대부분의 사람들과 유사한 행동을 하는 것이 그 반대의 경우보다 더 바람직하다.

탈세, 리베이트(rebate), 이중 장부, 뇌물 등과 관련된 기업 비리는 기업 쌍방 간에 주로 발생하는 일이다. 불법을 지키지 않는 또는 비윤리적 성향이 강한 기업이 많은 경우에는 상대방의 기업도 동일한 행위를 하는 것이 더 바람직하며 동일하지 않은 행위를 하는 데 추가적 비용이 발생하기 때문이다. 위에 제시된 상황을 다음과 같은 모형으로 나타낼 수 있다.

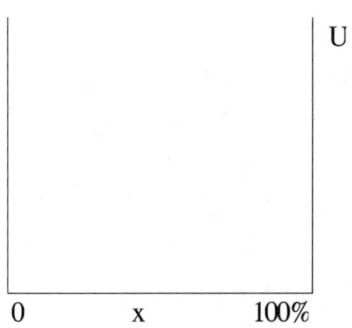

세로축 U는 총 효용의 크기를 나타내고, 가로축 x는 탈세(비리)를 하지 않는 기업의 비율(%)을 나타낸다. 여기서 x는 외생적으로 주어지는 것으로 간주한다. 직선 H와 직선 D는 각 기업이 비리를 저지르는 경우(D), 비리를 저지르지 않은 경우(H)의 기업에 있어서의 이익(효용)을 나타낸다. H와 D, 두 행위를 기업의 도덕성이나 윤리적 차원으로 이해할 수 있고, x의 크기에 따라 전체 사회의 윤리성을 파악할 수 있다.

H와 D는 각각 다음과 같이 표시할 수 있다.

$$H = -t \bar{W} + h(x)$$

$$D = -t W - P(x) \cdot F - d(x)$$

t = 세율
$\bar{W}$ = 정직한 기업의 세전 신고 소득
W = 탈세 기업의 세전 신고 소득
P(x) = 탈세(비리)가 적발된 확률
F = 탈세 적발시 추가적으로 드는 비용(벌금)
h(x), d(x) = 전체 기업의 탈세(비리) 정도와 관련되어서 추가적으로 발생하는 효용

이 모형에서 $\dfrac{dP(x)}{dx}$ 와 $\dfrac{dh(x)}{dx}$, $\dfrac{dd(x)}{dx}$ 는 각각 양수이다.

h(x)=0 인 경우 즉 구조적 요인이 개인의 행동에 영향을 미치지 않는 경우에는 H선은 수평선이 될 것이다. 즉, P(x)는 x가 늘어남에 따라 적발될 확률이 점점 증가하고, h(x)와 d(x)는 H기업의 경우 x가 늘어남

에 따라 총효용이 증가로 나타나며, D 기업의 경우는 x가 늘어남에 따라 총효용의 감소로 나타난다. D의 경우, 즉 기업이 탈세를 하려는 경우 그 기업의 총효용은 세금 부분(tW)과 탈세가 적발되었을 때 기대되는 벌금의 기대 비용(P(x)·F)과, 구조적인 문제 때문에 추가로 드는 비용 d(x)의 합이며, H의 경우 즉 기업이 세금을 정직하게 신고하는 경우에는 총효용은 세금 부분과 구조적 요인 때문에 발생하는 비용 h(x)의 합이다. 총효용만을 고려하는 기업의 행동을 max(H, D)에 의하여 의사 결정을 하게 된다.

따라서 주어진 그림의 윗부분의 직선이 아랫부분의 직선보다 선호된다. 이 모형의 이론적인 균형점은 H와 D가 만나는 점 또는 장기적으로는 그래프의 좌우 측 양 점에서 균형을 이루게 된다. 만약 x를 내생 변수로 취급을 하는 경우에는 H와 D가 같아지는 점에서 x가 균형을 이루게 되며 이것이 전체적인 구조를 결정하게 된다. 이 모형에서는 단지 x가 외생적으로 주어졌을 경우 즉 구조적인 요인이 외생적으로 주어졌을 때, 윤리와 관련된 개인의 행동은 전체 사회 윤리의 구조에 영향을 받는 것을 제시하는 데 목적이 있다. 총효용의 증가만을 고려한다면 모든 기업이 탈세(비리)를 한다면(그래프 좌측) 자신의 기업도 탈세를 하는 것이 그렇지 않은 경우보다 바람직하다. 반대로 대부분의 기업이 윤리적이어서 탈세를 하지 않는 경우에는(그래프 우측)에는 자신의 기업도 탈세를 하는 것보다 하지 않는 것이 바람직하다.

이 모형은 개인 또는 기업의 도덕적 행위가 다른 개인들 또는 기업들 전체의 행위 형태에 영향을 받는 것을 설명할 수 있는 모형이다. 개인 또는 기업의 윤리적 행위는 사회가 윤리적일 때 윤리적 경향을 띄고 사회가 비윤리적일 때 개인과 기업 또한 비윤리적일 경향이 있다. 여기에서 우리는 구조의 중요성을 인식할 수 있다. 구조의 변혁 없는 개인 윤리의 변화는 구조의 개선이 수반되는 개인 윤리의 변화 보다 덜 효과적이다. 그러므로 윤리와 관련된 문제를 해결하기 위해서는 방법론적 개체주의(개인 윤리)와 방법론적 전체주의(사회윤리)의 윤리적 방법을 동시에 고려하는 것이 요구된다.

참고 문헌

강재윤, 「社會倫理와 이데올로기」, 서광사(서울), 1985.

권태일, 「경제 사상 비교론」(서울: 일신사), 1987.

고범서, 「기독교와 사회 윤리」 범화사 1983.

고범서, "사회 윤리의 특성에 관한 연구", 「한국인의 윤리관」, 한국정신문화연구원, 1984.

김원수 외, 「기업 자유의 윤리적 기반」, 경문사, 1991.

김태길, 「윤리와 이념」(서울: 박영사), 1991.

라파엘(김영철, 김우중 역), 「현대 도덕 철학」, 서광사 (서울), 1987.

롤즈(황경식 역), 「사회정의론」, 서광사 (서울), 1985.

맹용길, 「기독교와 사회」(서울: 기독교문사), 「Ethics」, 1986.

민동근, 한국의 전통적 윤리 사상의 발견, 「한국의 윤리관」, 한국정신문화연구원, 1984.

신오현 "인간이념의 사상사적 고찰", 국민윤리학(서울: 박영사), 1982.

신유근, 「기업과 사회」, 경문사, 1986.

유동식, 「한국 종교와 기독교」, 대한기독교서회, 1965.

    「인간과 윤리」 대학윤리교재편찬회편,(서울: 지구문화사), 1991.

이재율의 "분배적 정의에 관한 연구" 서울 대학교 박사학위논문, 1992.

이한수, 「현대사회와 종교윤리」(서울: 도서출판 바울).

전철환, "경제적 정의 실현의 현실적 과제", 현대사회, 겨울호, 1981,

조기준, 한국 자본주의 발달사(서울: 대왕사), 1991.

최종지, "원시 불교의 경제 윤리에 대한 연구, 동국대학교, 1989.

테일러(김영진 역), 「윤리학의 기본 원리」, 서광사(서울), 1985.

프랑케나(황경식 역), 「倫理學」, 종로서적(서울), 1984.

한국경영학회, 「한국의 기업 윤리」, 세경사, 1992.

황경식, "倫理學에 있어서의 人間觀의 문제", 「哲學思想」, 제5집, 동국대철학회, 황경식(1985)에 재수록, 1983.

황경식, 「社會 正義의 철학적 기초」, 문학과 지성사(서울), 1985.

Aoki, M, 「The Co—Operative Game Theory of the Firm」 Oxford: Oxford Unversity Press, 1984.

Arnason, R. J., The Principle of Fairness and Free—Rider Problems, Ethics(July), 1982.

Axelrod, R., 「The Evolution of Cooperation」, New York: Basic Books,1984.

V. Barry, 「Moral Issues in Business」, 2nd ed(Wordworth Publishing Co. 1983).

V. Barry, 「Moral Issues in Business」, 3rd ed., Belmont, Calif.: Wadsworth Publishing Co., 1986.

G. Becker; Nobel Lecter: The Economic Wag of Looking at Behavior, Journal of Political Economy, N.3, V 101, 1993, pp. 385—410.

Beauchamp, T.J., and N.E. Bowle(eds.), Ethical Theoty and Business, 3rd ed., Englewood Cliffs, N. J.: Prentice—Hall, 1988.

N. Bowie, 「Ethics and Agency Theory」, Oxford University press, 1992.

Bowie, N., 「Business Ethics」, Englewood Cliffs, N. J.: Prentive—Hall, 1982.

J. Broome, Deontology and Economics, Economics and Philosophy, v 8, 1992.

Buchanan, 「Allen, Ethics,Effiency, and the Market」(Totowa, NJ: Rowman & Allanheld), 1985.

J. Coleman, 「Markets, Morals and the Law」,(Cambridge University Press 1988).

J. Combee, 「Economic Justice in Prespective」,(Prentice Hall, New Jersey), 1991.

DesJardins & McCall, 「Contemporary Issues in Business Ethics」(Wadsworth Publishing Co, California), 1990.

DeGeorge, R. T., Business Ethics, 2nd ed., New: Macmillan, 1986.

T. Donaldson, 「Corporations and Morality」, Prentice—Hall, 1982.

J. Elster, Social Norms and Economic Theory, Journal of Economic Perspective. v3, pp. 99—117, 1989.

Fama, E. F., Agency Problems and the Theory of the Firm, Journal of Political Economy, Vol. 88, No. 2(April), 1980.

Feldman, 「Allan, Welfare Economics and Social Choice Theory」(Boston: Martinus Nijhoff), 1980.

Friedman, M., 「Capitalism and Freedom」(Chicago: University of Chicago Press), 1962a.

J. Gaa, A Game Theoretic Analysis of Professional Rights and Responsibilities, Journal of Business Ethics, v 9, 1990.

D. Hay, 「Economics Today」(Apollos, Oxford), 1989.

B. Harvey, 「Market Morality and Company Size」(Kluwer Academic Publishers, London), 1991.

R. Hardin, Collecitive Action as an Agreeable n─prisoners' Dilemmas, Behavioral Science, v 16, 1971.

Harsanyi, J. C., Morality and the Theory of Rational Behavior, Social Research, Vol. 44, No.4, 1977.

Harsanyi, J. C., Rule Utilitarianism, Equality, and Justice in F. Paul et al, Ethics and Economics(Oxford: Blackwell), 1985.

J. King, Prisoner's Paradoxes, Journal of Business Ethics, v 7, 1988.

P. Koslowski, 「Ethics in Economics, Business, and Economic Policy」, Springerverlag, London, 1991.

Lutz, M. A. & Lux, K., 「Humanistic Economics」(New York: The Bootstrap Press), 1988.

R. Mehl, "The Basis of Christian Social Ethics" in John C. Benet, ed Christian Social Ethics in a Changing World, New York, 1966.

R. Niebur, 「Moral Man and Immoral Society」(New York: Charles Scrbiner's Sons, 1932.

Neumann, J. von & Morgenstern, O., 「Theory of Games and Economic Behavior」 (Princeton University Press), 1944.

D. D. Raphael, Adam Smith, Oxford Uni Press 1985.

Rawls, John, A Theory of Justice(Cambridge, Massachusetts: Havard University Press), 1971.

T. Schelling, 「Micromotives and Macrobehavior」, Norton, N. Y., 1978.

Smith, A., 「The Theory of Moral Sentiments」, ed. by D. D. Raphal & A. L. Macfie(Oxford: Clarendon Press), 1976a.

Smith, A., 「The Theory of Moral Sentiments」, ed. by D. D. Raphal & A. L. Macfie eds., Clarendon Press, Oxford, 1979.

Smith, A., 「Wealth of Nations」, T. Campbell & A. S. Skinner(eds. Oxford: Clarendon Press), 1976b.

Paul W. Taylor, 「Prinviple of Ethics」 Dickenson Publishing Co 1975.

Max Weber, 「Die Protestantische Ethick and der Geist des Kapitalismus」: 박성수 역, (서울: 문예출판사), 1941.

투명성 제고를 통한
경영 성과 향상 방안

한정화

한양대학교 경영학 교수

1. 문제의 제기

한국 경제와 기업의 본원적 경쟁력 향상을 위해서 해결되어야 할 가장 시급한 과제가 경영의 투명성 확보다. 투명성은 기업의 의사 결정과 행동 등에 대한 정보가 접근 가능하고 가시적이며 이해 가능하도록 만들어진 상태를 의미한다. 기업이 정보를 고의적으로 축소, 확대 및 변경하는 행위를 반복하게 되면 투명성이 결여된 상태라고 볼 수 있다 (한정화·배종석, 2001). 그 결과 주요 이해 관계자들에게 부정확하거나 왜곡된 정보가 제공되어 잘못된 의사 결정을 유도할 가능성이 높아지며 부당한 손실을 입히게 된다. 투명성의 결여는 부정과 부패, 불공정의 만연을 가져오고 시장 기능을 왜곡하여 자원 배분의 효율성을 저해하게 된다.

기업 경영에서 투명성의 중요성이 본격적으로 인식되기 시작한 것은 IMF 금융 위기를 거치면서부터다. 위기를 초래한 원인이 국제적 신인도의 하락이며, 이는 투명성의 결여와 밀접한 연관성이 있다. 당시 해외로부터 투자를 유치하는 과정에서 많은 기업들이 투명성을 높이지 않으면 살 길이 없다는 인식을 갖게 되었다. 해외 투자자에게 신뢰감을 줄 수 있는 투명한 경영과 재무제표 관리가 절실히 필요하게 된 것이다.

이와 같이 투명 경영에 대한 사회적 요구가 강화되고 있음에도 불구하고 기업들의 내부자 거래, 재무제표 작성, 회계 감사 등에 있어서 아직 시장과 주주들의 신뢰를 받지 못한 상황이다. 경영 투명성과 관련한 한국 기업의 문제점은 우선 기업의 이해 관계자에 대하여 기업 경영 내용에 대한 정보 제공이 충분하지 않으며 객관적이고 정확한 회계 감사 기능이 미흡하다는 점이다. 이에 따라 기업에 대한 투자자의 신뢰성이 약화되고 경영자와 주주, 대주주와 소액 주주, 주주와 채권자간 대리인 문제가 심화되어 기업 자본 조달을 저해하고 자본 비용을 상승시키는 요인으로 작용할 수 있다는 점이다.

또한 경영 정보에 대한 외부 투자자의 접근이 어렵고 경영자와 이해 관계자간의 정보 비대칭성이 큰 상황에서 경영권을 장악하고 있는 지배 주주가 자신의 이익을 극대화하는 것이 가능하다는 점이다. 지배 주주와 관련이 있는 그룹 내 계열사에 대한 지급 보증이나 계열사 제품 우선 구매 행위 등 교차 보조, 지배 주주나 그 특수 관계인에 대한 현금, 유가 증권 대여 또는 담보 제공 등 기업 자금의 유용 등으로 나타날 수 있다.

지난 수년 간 경영 투명성을 높이기 위하여 법적, 제도적 개선을 비롯하여 다각적인 노력을 기울였음에도 불구하고 여전히 불투명성의 관행이 지속되고 있다. 대다수의 기업들이 불투명하고 비윤리적인 사회 경제 관행 속에서 투명하고자 하여도 자신에게 돌아올 상대적 불이익으로 인하여 하지 못하는 죄수의 곤경(prisoner's dilemma)에 처해 있다. 이들은 기업 경영의 투명성 확보가 현실적으로 불가능할 뿐 아니라 오히려 성과를 저해한다고 믿는 경향이 있다. 그 결과 한국 기업의 경영 투명성은 아시아 12개국 중에서 인도네시아보다 낮은 9위에 머무르고 있는 것으로 나타났다(Standard & Pours, 국제 금융 포럼, 2001. 4). 조사 대상국 중 싱가포르의 투명성이 가장 높은 것으로 나타났고, 홍콩, 일본이 각각 2위와 3위로 뒤를 이었다. 한국보다 경영 투명성이 낮은 국가는 중국, 인도, 베트남 순이었다. 회계상 투명성이 보장되지 못하고 있는 점이 한국에 대한 신용 평가에서 가장 문제가 되고 있다. 한국에서는 기존의 투명성 기준 자체가 충분치 않은데다 자산 재평가 등을 통해 각종 지표의 조작도 여전히 이루어지고 있다고 평했다.

불투명성의 관행은 사회적 부패 수준과 밀접하게 연관되어 있다. 2001년 5월 네덜란드에서 열린 제2차 반부패 포럼에서는 경제 활동에 있어서의 기업들의 음성적인 뇌물 관행이 최대 관심사로 부상해 경제 관련 부패 문제가 향후 국제 사회의 최대 이슈로 떠오를 것임을 시사했다. 국제 거래에 있어서 뇌물 관행이 공정한 시장 거래 질서를 저해하고 있다는 지적이다. '기업과 정부'를 주제로 한 부패 문제 워크숍에서는 회계 보고서의 투명성, 회계사의 정직성, 납세의 성실성, 자발적인 기부와 정치 헌금의 경계, 자금 세탁 방지 원칙, 투명한 시장 경제의 중요성, 횡령 자금의 환수, 내부 고발자의 보호 등의 문제가 포괄적으로 논의됐다. 국제투명성기구(TI)도 "개발 국가에 있어서의 국가와 기업의 부패 문제는 외국 투자자의 투자를 주저하게 하고 경제 성장을 저해한다."고 지적했다.

본고에서는 투명성과 경영 성과와의 관계를 논의해 보고자 한다. 최근 투명성의 결여로 인하여 어려움을 겪고 있는 벤처 생태계의 문제를 점검하고, 투명성 향상을 통한 기업 성과 향상의 가능성을 다각적으로 검토하고자 한다. 이와 함께 투명성을 저해하는 사회적 제약 요인을 검토하고 이를 해결할 수 있는 방안도 제시해 보고자 한다.

2. 벤처 생태계의 발전과 투명성 향상

최근 심각한 조정기를 겪고 있는 벤처 생태계에 대한 사회적 신뢰 회복을 위해서도 경영 투명성의 향상이 절실하다. 벤처가 어려움에 처하게 된 원인이 정부 지원의 역기능이나 IT 및 인터넷 신경제에 대한 과잉 기대가 맞물린 거품 현상의 후유증 때문이기도 하지만, 보다 근본적인 원인은 투명성 결여로 인한 시장에 대한 신뢰 상실이다. 현재 한국 벤처 기업 발전의 가장 큰 장애 요인 중의 하나는 투자자와 기업간 신뢰성의 결여로 인하여 원활한 자금 공급이 이루어지기 힘든 점이다. 이러한 관행이 계속되는 한 투자자와 기업가간에 기업의 가치 증진에 의한 자본 이득(capital gain)의 공정 배분이라는 벤처 투자의 고유 목적을 달성하기가 어렵다. 이는 결과적으로 벤처 창업 활성화는 물론 건전 성장과 투자와 회수의 선순환 과정의 형성에 결정적인 장애 요인으로 남게 될 것이다.

벤처 기업의 투명성 향상이 요구되는 이유는 다음과 같다. 첫째, 벤처 기업의 경영 투명성 유지는 성장 과정에서 단계별 자금 지원이 원활히 이루어지는 데 기여할 것이다. 특히 창업 단계와 성장 초기는 사업 성과의 불확실성이 높고 기업의 신용이 미약하기 때문에 벤처 캐피탈과 은행으로부터의 자금 조달이 어렵다. 따라서 이 시기에 자금 조달의 방법으로 엔젤 투자가의 참여가 필요하다. 전형적인 엔젤 투자가는 투자와 기업 경영에 대한 전문 지식의 소유자로서 자기 판단에 의하여 위험 부담을 가지고 투자 의사 결정을 하며 경영에 비상근 임원 등으로 참여하여 투자 위험을 관리한다. 이 경우 기업의 경영 내막을 잘 알고 위험을 관리하기 위한 기본 전제가 경영 투명성의 유지다. 정부는 엔젤 투자가의 육성을 위하여 조세 감면 등의 인센티브를 부여하고 있지만 더 중요한 필요 조건이 벤처 기업의 투명성 확보다.

둘째, 투자가가 원활하게 자금을 회수(liquidation)하는 데 기여한다. 대표적인 투자 회수의 수단으로는 IPO와 M&A가 있다. 이 두 가지 수단이 원활하게 작동하기 위해서는 기업 가치에 대한 정확한 평가가 이루어질 수 있어야 하며 그 전제가 경영 투명성이다. 경영 투명성이 유지되고 있는 기업은 자금의 흐름에 대한 명확한 정보 제공이 가능하기 때문에 상장 시나 M&A시 정확하고 신속한 가치 평가를 통하여 투자자를 비롯한 여러 이해 관계자의 공정한 이해 관계 유지를 도모할 수 있다.

셋째, 벤처 캐피탈의 정상적 운영 및 코스닥의 신뢰성 확보에 도움이 될 것이다. 현재 우리 나라의 벤처 기업과 벤처 캐피탈은 건전한 신뢰 관계가 형성되어 있지 않다. 이로 인하여 벤처 캐피탈은 투자 시 사업 자체의 위험과 함께 도덕적 해이로 인한 위험 때문에 과감한 투자를 기피하고 있다. 또한 벤처 기업이 성공적으로 코스닥에 상장을 하여도 투명성이 결여되어 있는 한 허위 과장 공시나 주가 조작의 위험으로부터 투자자의 보호가 어렵다. 이러한 위험이 높으면 결과적으로 투자 조합의 자금 조성이 어렵고 연기금을 포함한 기관 투자가의 참여를 유도하기가 어렵다. 이는 궁극적으로 벤처 기업 발전의 심대한 장해 요인이 될 것이다.

넷째, 정부의 벤처 기업 육성 정책의 효과성을 제고하기 위하여 벤처 기업의 경영 투명성 확보를 유도하여야 한다. 정부는 창업 활성화를 위하여 중소기업진흥공단, 기술신용보증기금 등을 통하여 창업 초기 자금 지원을 하고 있다. 이는 창업 초기 벤처 기업의 자금 조달에 기여를 하고 있는 것은 사실이다. 그러나 투명성을 유지하고자 하는 기업가의 의지가 결여되어 있고 이를 모니터링할 수 있는 제도적 장치가 없는 상태에서 이러한 방식의 금융 지원은 도덕적 해이를 조장해 온 경향이 있다.

이를 효과적으로 해결하지 못하면 정부가 주도적으로 추진하고 있는 벤처 기업 육성 정책은 관주도로 도덕적 해이를 확대 재생산하는 결과를 빚게 되며 이로 인하여 건전한 기업가 정신을 가지고 성실하게 기업을 운영하고자 하는 사람들까지도 기회주의적 행동을 조장하게 할 우려도 있다. 따라서 정부는 벤처 기업이 창업 시부터 투명성을 확보할 수 있도록 유도하고, 이러한 기업들에게 지속적인 자금 조달이 이루어지도록 하여 기업의 경영 관행이 바뀌도록 해야 한다. 이러한 관점에서 볼 때 벤처 기업의 투명성 향상이 절실하게 요구되고 있는 상황이다.

3. 투명 경영에 대한 사회적 요구와 압력의 증가

오늘날 기업 경영의 추세가 주주 가치와 현금 흐름을 강조하는 방향으로 나아가고 있다. 주주 가치가 명확하게 반영되기 위해서는 투명한 재무제표가 필요하다. 따라서 주주들은 기업에게 투명성을 높이도록 요구하고 있으며, 그 결과 감사 위원회, 사외 이사 등의 제도적 장치가 도입되었다. 경영 투명성은 기업의 내부 효율성과 대외 경쟁력을 증진시켜 기업 성과를 극대화함으로써 기업의 이해 관계자의 편익을 향상시킨다는 인식이 높아지고 있다.

우리 나라에서 이러한 일반적 추세뿐만 아니라 여러 가지 상황적 요인에 의해 투명 경영에 대한 사회적 및 정책적 요구가 증가하고 있다 (LG 주간경제, 2002 4.3). 첫째는 대기업이 경제에서 차지하는 비중이

매우 높고, 주요 기업이 재무 곤경이나 채무 불이행 등에 처하게 되면
국가 전체적으로 어려움 겪기 때문이다. 따라서 기업에 대한 감시 활동
이 강화되고, 투명 경영 요구가 확대되는 방향으로 영향을 주고 있다.
증권거래소와 코스닥에 상장, 등록되어 있는 제조업의 매출액은 외환
위기 이전 188조 원(1996)에서 308조 원(2000)으로 120조 원이 증가하
였다. 동일한 기간 동안 LG전자, SK텔레콤, 삼성전자, 현대자동차의
매출액은 37.5조 원(1996)에서 73.1조 원(2000)으로 거의 두 배나 증가
하였다.

둘째는 외국인이 보유한 지분의 증가다. 2001년 말 거래소 시장에서
외국인이 보유한 시가 총액은 94조 원, 전체 시가 총액의 36.6%를 차지
하고 있다. 외환 위기 이전 외국인 지분율 14.6%(1997)와 비교하면 2.5
배나 증가했다. 외국계 자금의 99.7%가 기관 투자가 자금이다, 외국인
기관 투자자 형태별로 보유 비중을 살펴보면 뮤추얼 펀드(48.4%), 은행
(27.6%), 연금(10.1%) 순이다. 뮤추얼 펀드, 연금 등 상당수의 자금이
장기 투자 자금 성격으로서, 기업에 장기적으로 투자하기 위해서는 투
자자들은 장래 수익성에 대한 확신이 있어야 하고, 기업의 미래 수익
창출 능력을 파악하기 위해서는 기업에 대한 신뢰할 수 있는 정보가
있어야 한다. 따라서 외국인 투자자들은 기업에 대한 많은 정보를 요구
하고, 또한 기업이 제대로 운영되고 있는지에 대한 감시 활동을 강화하
고 있는 추세다.

셋째는 소액 주주의 인식 전환이다. 시민 단체들이 주도하여 경영진
의 불법 행위에 대한 법적 책임을 추궁하는 소송을 진행하였고, 일부
기업의 주주 총회에 참여하는 등 경영 관행을 바꾸려는 노력을 기울였
다. 이러한 활동은 기업들의 반발을 겪기도 했지만, 사회적 호응과 지
지 속에 확대되고 있다. 이러한 운동을 계기로 소액 주주가 자신들의
권리를 새롭게 인식하는 계기가 되었으며, 인터넷상에서 소액 주주의

감시 활동이 크게 늘어났고 앞으로도 더욱 활성화될 전망이다. 소액 주주 운동은 일부 기업의 사외 이사 구성에 영향력을 미칠 정도로 성장하는 실적을 보이고 있다.

넷째는 정부의 감독 활동 강화다. 정부는 외환 위기 이후 기업 투명성을 확보할 수 있도록 재무제표 작성과 가업 공시 등에 대한 각종 제도를 개선하였다. 기업 회계 기준을 국제 회계 기준에 부합하도록 변경하고 있고, 감사 위원회 구성을 의무화하였으며, 분식 회계와 관련된 감사인, 경영자에 대한 처벌을 강화하였다. 또한 불성실 공시 법인에 대해 최고 5억 원의 과징금 부과 조치 및 상장 기업 및 코스닥 등록 법인 등이 제출하는 모든 서류는 인터넷을 통해 일반에 공개하도록 하였다.

2002년 들어 정부는 시장 질서가 제대로 확립될 수 있도록 불공정 거래, 분식 회계, 허위 공시에 대한 감독을 강화하고 있다. 회계 감사 결과 '부적정'이나 '의견 거절'을 받는 기업은 상장 및 등록 폐지키로 하는 즉시 퇴출 제도를 적용하고 있으며, 부의 영업권, 지분법, 인수 합병, 기업 분할 등 회계 처리에 대한 대대적인 기획 감리를 실시하고 있다. 또 불공정 거래의 의혹이 있는 경우에는 증권선물위원회의 강제 조사권을 이용한 공동 조사를 실시하고, 불성실 공시에 대한 제재를 강화하고 있다.

4. 투명성과 경영 성과

1) 시장 신뢰와 자본 조달

투명 경영의 가장 큰 이점은 시장의 신뢰를 받는다는 것이다. 시장의 신뢰를 받는 기업은 자본 시장의 접근 가능성이 높으며 시장 친화적

커뮤니케이션의 유지가 수월하다. 또한 주주들의 적극적 지지를 바탕으로 경영자가 원하는 전략을 수월하게 추진할 수 있는 등 안정적 경영을 할 수 있다. 하버드 대학의 경영학과 교수인 Healey, Hutton, Palepu(1999) 등의 연구 결과에 따르면 시장에 자발적인 정보를 제공하는 등 적극적인 공시를 하는 기업은 높은 주가 상승률, 관계 투자를 하는 기관 투자가 비중의 확대, 유동성 증가 등의 긍정적인 효과를 누리게 된다(LG 주간경제, 2002. 4. 3).

반면에 시장에서 신뢰를 상실하게 되면 자금 조달에 차질을 빚어서 유동성 위기를 겪을 수 있을 뿐 아니라 파산할 가능성도 배제할 수 없다. 이러한 예를 잘 보여준 사례가 미국의 에너지 기업인 엔론의 파산이다, 엔론은 2001년 3/4분기의 저조한 실적 발표(2001. 10. 16) 이후 두 달도 안 걸리는 단시간 안에 파산하였다(2001. 12. 2).

엔론이 단시일에 파산을 하게 된 가장 결정적인 원인은 시장 신뢰의 상실로 인한 주가 폭락이었다. 3분기의 실적 발표 당시 33.8달러였던 주가가 신용 등급이 투기 등급으로 하향 조정된 2001년 11월 28일에는 1.1달러로 급락하였다. 실적 악화, SEC의 내부자 거래 조사, 분식 회계 발표 등 악재가 잇달아 발표되면서 투자자들은 엔론에 대한 신뢰를 완전히 상실하였고, 이로 인해 신규 자금 조달이 불가능해진 엔론은 더 이상 재기의 기회를 갖지 못했다. 엔론 사태 이후 미국 주식 시장에서는 우량 기업이라도 투명성이 결여된 기업들에 대해 투자자들은 냉담한 반응을 보이고 있다.

우리 나라도 부실 회계 기업에 대한 시장의 반응은 날로 강도를 더해 가고 있다. 1999년 한정 의견을 받은 기업의 주가 하락률은 시장 대비 −3%(주주 총회 이후 10일 간)였으나, 2000년도 부실 회계 기업은 시장 대비 −14%(주주 총회 이후 10일 간)였다(LG주간경제, 2001. 4. 25). 부실 회계 기업에 대한 투자자들의 시장 반응이 더욱 냉혹해지고 있는 것이다(LG주간 경제, 2002. 4. 3).

현재 벤처 생태계가 위기를 겪고 있는 이유도 시장 신뢰로 인한 자본 조달이 원활하지 못하기 때문이다. 1999년 코스닥 시장이 과열되는 과정에서 작전과 주가 조작, 주식 상납, 분식 회계, 과잉 홍보 등이 시장의 신뢰를 상실케 하는 결과를 빚고 말았다.

정권 말기 정치적 역학 관계 속에서 각종 게이트들이 터져 나오면서 벤처 업계와 코스닥은 지뢰밭처럼 여겨지게 되었다. 그 결과 투자자들이 코스닥을 외면하게 되어 일부 우량 종목을 제외하고는 주가가 바닥 시세를 면치 못하고 있으며, 벤처 업계 전반적인 자금 경색과 침체를 초래하였다.

2) 이해 관계자와의 우호적 관계 형성

투명 경영은 이해 관계자의 신뢰와 지원을 확보하고 유지하여 핵심 경영 자원의 조달에 우위를 가질 수 있으며, 경영 위기 시 우호 세력을 확보할 수 있게 한다. 오늘날의 기업은 수많은 이해 관계자를 갖고 있다. 경영자는 이러한 수많은 이해 관계자로부터 권한을 위임받아 경영 활동을 수행하는 대리인이라고 할 수 있다. 따라서 경영자가 경영 활동을 제대로 수행하여 안정성과 수익성이 확보된 기업을 만들면 기업 가치가 높아져 수많은 이해 관계자들에게 이득을 주는 데 반해, 잘못된 의사 결정을 하면 기업이 부실화되어 모든 사람들에게 많은 피해를 주게 된다.

경영 상태나 성과에 대한 적절한 공개도 이해 관계자의 권익 보호와 올바른 의사 결정을 위해 필요하다. 기업의 재무 상태와 경영 실적은 정확한 회계 시스템에 의해 측정, 평가되어 이해 관계자들에게 보고되어야 한다. 회계의 투명성은 이해 관계자들에게 정확한 정보를 제공하는 기본적인 요건이라 할 수 있다.

오늘날 기업 경쟁력이 다수의 이해 관계자와의 우호적 관계 유지가 핵심이 되고 있다는 추세에 비추어 볼 때, 투명 경영을 통한 관계 자본(relational capital)의 형성의 중요성을 더욱 깊이 인식할 필요가 있다.

3) 시스템의 효율성 향상

투명성은 거래 비용(transaction cost)을 절감시켜서 시스템의 효율성 향상에 기여한다. 거래 비용이 높아지는 이유 중의 하나는 정보의 비대칭성에 의한 기회주의적 행동이 존재하기 때문이다. 불투명한 정보 하에서는 도덕적 위해 행위나 속임수를 쓰고자 하는 동기가 유발되게 된다. 또한 이러한 행위를 감시하기 위한 제도나 장치를 도입하는 과정에서 시스템의 경직성을 가져오게 되고, 감시 통제 비용이 증가하게 된다. 이는 결과적으로 거래 비용의 증가를 가져오게 되어 시스템 전체의 효율성을 저해한다.

투명 경영은 경영자가 합리적인 의사 결정을 할 수 있도록 하는 데 기여한다. 투명 경영은 소수에 의한 독단적 경영의 실패를 방지할 수 있는 제도적 장치로서 중요하다. 의사 결정 과정을 민주적이고 투명하게 운영하게 되면 합리성과 공정성이 높아진다.

반면에 폐쇄적이고 불투명한 의사 결정 체제는 불공정성과 갈등을 야기하고, 결과적으로 잘못된 의사 결정을 유도할 가능성이 높다. 또한 불투명한 관행은 절차의 공정성 수준을 저해한다. 절차의 공정성 수준이 저해되면 부정과 부패가 만연하게 된다. 부정과 부패는 합리적 조직 운영을 어렵게 하고 불공정으로 인한 불신과 갈등이 유발되게 된다. 이는 시스템 자체의 효율성을 저해하게 된다.

4) 제휴 성과의 향상

기업 경쟁력의 핵심 중의 하나가 다른 기업과의 제휴를 통한 파트너

십의 형성이다. 타 기업과의 전략적 제휴를 맺고 유지하는 데 가장 중요한 요소가 신뢰 관계의 형성이다. 투명성은 신뢰 관계의 유지를 가능하게 하여 효과적인 네트워킹 전략을 실천할 수 있게 한다. 신뢰가 높은 경우 제휴 기업 간 지식 공유가 활발해지며 그 결과 상호 학습이 촉진된다. 반면에 신뢰가 결여된 경우 제휴의 성과가 높지 못하여 지속성도 약화되고, 궁극적으로 실패로 끝나는 경우도 많이 보게 된다.

세계 굴지의 유통 회사인 막스앤스펜서가 한국 내 독점 대리점의 파트너로 성주인터내셔널을 선정한 이유 중의 하나가 투명성이다. 투명한 회사라야만 믿음을 가지고 오랫동안 함께 일할 수 있다고 생각했기 때문이다. 김성주 사장은 21세기는 투명한 시대가 될 수밖에 없다고 확신하고 있다(김성주, 2000). "효율성과 합리성을 위해 모든 거래와 관리가 전자적으로 이루어지게 될 것이다 … 모든 거래 내역이 네트워크 상에 뜨게 되어 재화의 이동이 선명하게 드러나게 된다. 이러한 변화의 결과로 예측할 수 있는 사실 가운데 하나는 탈세를 위한 이중 장부의 소멸이다 … 투명한 자만이 살아남는 세상, 투명성이 곧 경쟁력이 되는 세상이 다가오고 있다."

5) M&A 활성화

기업의 M&A는 주로 기업의 비효율적 경영으로 주가가 기업의 내재 가치보다 저평가 되었을 때 경영권을 인수하고 구조 조정을 하여 기업 가치가 제대로 평가받도록 하는 시장 원리를 도입한 제도이다. 즉, 기업 지배권 시장에 시장 원리를 도입하여 지분 대결을 벌이도록 하는 제도로서, 증시가 발단된 선진 경제에서 소액 주주의 이익을 보호하면서 한계 기업의 퇴출을 촉진해 국민 경제의 효율성을 높이는 수단을 적극 활용되고 있다.

경영권을 방어하기 위해서는 기업주들이 경영의 투명성을 위해 노력하는 한편 생산성과 수익성을 높여 기업의 주가가 기업의 가치를 제대로 반영하도록 노력해야 한다. 경제 성장의 속도가 빠르고 시장 효율 향상이 시급한 우리 나라의 경우 M&A의 순기능이 발휘된다면, 자본 시장에 참여하는 투자자와 채권자의 권익을 보호하고 과소 평가된 기업의 주가를 끌어올려 증시의 활성화를 도모할 수 있을 것이다(김성은, 2002).

기업의 투명성 결여는 우리 나라 기업의 해외 매각시 심각한 장해 요인이 되고 있다(김성은, 2002). 대우자동차의 매각 협상 시 불거져 나오는 우발 채무에 대한 신규 부실 보전 요구는 기업 경영 정보의 불투명성에서 기인된 것이다. 협상 시 실사를 하는 것이 당연하지만 실사 기간이 지나치게 길고, 실사를 하고도 이와 같은 요구를 하는 것은 우리 기업의 회계 정보를 신뢰하지 않기 때문이다.

벤처 투자와 회수의 선순환을 위해서도 M&A 시장의 활성화가 이루어져야 한다. 그러나 현재 벤처 기업의 투명성 결여와 시장의 신뢰성 저하는 M&A 활성화의 저해 요인이 되고 있다. M&A 과정에서 가장 중요한 절차인 기업 가치의 사정 과정에서 투명성 결여로 인한 가치 평가의 어려움이 많다. 이는 대기업의 벤처 투자나 해외 투자 유치의 장해 요인으로도 작용하고 있다.

6) 정보 공유와 경영 혁신

투명성은 외부의 요구뿐만 아니라 기업 스스로의 경영성과 향상을 위해서도 필요하다. 투명 경영은 정보 공유의 기업 문화를 형성하여 경영 혁신의 성과를 향상시킨다. 경영 혁신의 추진의 초기 단계에서 가장 큰 장해 요인은 혁신에 대한 구성원의 저항이다. 이를 완화시킬 수 있는 효과적인 수단이 경영 정보의 공유를 통한 혁신의 필요성에 대한 공감대 형성이다(한정화, 1999). 노사 갈등이 심하거나 불신 풍토가 뿌리깊은 조직의 경우 처음에는 어려움이 크지만 지속적인 정보의 공개와 공유는 이를 극복할 수 있는 최선의 방법이다.

최근 탁월한 경영 혁신 사례로 알려진 한국전기초자의 '열린 경영'은 사원들에게 최고 경영자 수준의 정보를 제공하고, 생산 업무와 관련된 권한을 부여함으로써 그들이 경영자들처럼 생각하고 행동하도록 하는 혁신 방안이었다(서두칠 외, 2001). 이 과정에서 중요한 것이 정보 공개였다. 생산, 매출, 수익 등 경영과 관련된 모든 정보를 공개함으로써 사원들이 회사의 경영 상태를 속속들이 파악할 수 있게 하였다.

이를 위하여 회사는 매분기 전 사원을 대상으로 경영 현황 설명회를 정례화했다. 회사의 재무제표, 손익, 현금 흐름, 생산, 영업, 품질, 기술 개발 등 경영의 전반적인 상황을 설명하고 다음 분기의 목표 및 예상 실적을 설명하며 경쟁력 확보를 위한 실천 사항을 제시하였다. 또 인건비, 접대비가 얼마나 나갔는지에 대해서도 낱낱이 공개했다. 그 결과 노사간의 진정한 신뢰가 형성되고 열정을 다해 경영 혁신을 실현할 수 있었다.

7) 지식 경영의 실천

투명성은 조직의 구성원간 지식 공유를 활성화시킨다. 자신의 활동이나 지식을 공개함으로써 직원들간의 상호 작용을 높이고, 그 결과 경영 성과의 향상을 가져오게 된다. 이러한 기업의 예로 시스코사를 들 수 있다(David Bunnell & Adam Brate, 2000). 시스코사의 조직은 투명한 것으로 잘 알려져 있다. 각 부문과 개인이 자기 활동이나 실적을 인트라넷으로 공개하고 있다. 영업 사원은 매일 인트라넷에 사업 진척 상황을 입력한다. 따라서 말단 영업 사원이 어떻게 활동하고 있는지, 그가 담당한 고객이 어떤 상태에 있는지에 대한 각종 세세한 정보를 챔버스 사장이나 경영 간부들도 실시간 체크할 수 있다. 역으로 말단 사원이나 해외에 있는 사원이라도 챔버스 사장이 오늘 어떤 고객을 만나러 갔는지, 어떤 일을 했는지를 실시간으로 확인할 수 있다.

일반 회사에서는 필요한 정보를 찾아내기 위해서 많은 시간을 쓰곤 한다. 특히 조직이나 부문의 틀을 뛰어 넘어 정보를 모으려고 하면 여러 장벽에 가로막혀 좀처럼 성과를 얻지 못할 때가 많다. 그래서 동기한테 잘 보이려고 애쓴다든가, 부문 책임자를 찾아가 인사를 하는 등 여러 절차를 밟기도 하고, 또 여기저기서 묻고 다니면서 겨우 정보를 찾아낸다. 더 심한 경우는 부하나 동료들에게 노출되지 않은 정보를 자신의 권력으로 연결시키기 위해 이를 다른 사람들에게 공개하지 않고 독점하려고 하는 관리직도 있다.

시스코에서는 정보를 독점하고 싶어도 독점할 수 없도록 되어 있다. 오히려 전원이 회사의 발전을 위해 자신의 지식과 경험을 적극적으로 인트라넷에 제공한다. 따라서 협조를 구하는 사원은 온갖 정보를, 그것도 최신의 정보를 실시간으로 구할 수 있다. 또 정보를 제공하는 쪽도 인트라넷을 활용함으로써 생산적으로 일할 수 있게 된다. 예를 들어 타 부문에게서 집중적으로 질문을 받게 되는 항목에 대해서 FAQ(Frequently Asked Questions) 구조를 만들어 즉각적인 대답을 제공하도록 했다. 즉 전화나 팩스를 붙잡고 일일이 대답하지 않아도 자신의 분신인 인트라넷이 그 질문에 대해 즉각적으로 대답을 해주는 것이다.

8) 공정한 평가와 보상

투명성은 공정한 평가 및 보상 시스템의 적용을 위해서도 필요하다. 평가를 위해서는 명확하고 객관적인 성과, 능력의 기준이 설정되어야 한다. '명확하고 객관적'이라는 것은 조직이 개인에게 기대하는 바가 무엇인지를 누구나 이해할 수 있다는 의미이다. 평가 및 보상 시스템은 누구에게나 투명하게 이해되어야 한다. 투명성 확보는 평가 및 보상

시스템의 공정성을 확보할 수 있는 유일한 길이다.

우리 나라 기업 경영의 추세가 성과 주의를 지향하고 있다. 구체적인 실천 방법으로 연봉제나 성과급제를 도입하고 있다. 성과주의 보상 제도가 효과적으로 정착되기 위해서는 무엇보다도 경영층과 직원들 사의의 신뢰 조성이 필요하다. 신뢰의 분위기가 형성되기 위해서는 보상 기준을 투명하게 정립해야 한다. 지금까지 우리 나라 기업들의 보상 기준은 기본급은 연공 서열 중심으로, 성과급은 경영층의 임의대로 정해졌기 때문에 아주 모호하고 의미가 불명확했다. 구성원들이 내가 왜 이만큼의 보상을 받는지, 또 앞으로 얼마를 노력하면 어느 정도의 보상을 받을지에 대한 명확한 기준을 알 수 없는 경우가 많다(박형근, 1999).

경영 성과에 따라 보상을 실시하는 경우도 성과 실적 치에 대한 직원들의 신뢰가 있어야 한다. 노사간의 협상에서도 회사에서 발표한 경영 실적에 대한 불신으로 인해 협상에 어려움을 겪는 경우도 있다. 또한 신뢰가 결여되어 있으면 보상의 수준에 관계없이 공정성의 지각도가 낮아진다. 사업본부나 팀별로도 성과 평가를 명확하게 하기 위해서는 객관적인 실적 자료가 생성되어야 한다. 이 과정에서 경영 투명성의 확보와 유지가 필요하게 된다. 이 점에 대해 미래산업의 창업자인 정문술 사장은 다음과 같이 말한다(정문술, 1998). "미래 산업에서는 사내 네트워크를 통해서 누구라도 재무 구조를 열람할 수 있다, 자기가 벌어들인 돈들이 어디에 어떻게 쓰이고 있는지 알고 싶다면 얼마든지 살펴볼 수 있다 … 내가 일하는 만큼 투명하게 돌아온다는 사실을 알고 있기 때문에 하는 일에 신명을 바치게 된다."

9) 윤리적 조직 풍토의 형성

한국 기업의 윤리성 향상을 저해하는 요인 중의 하나가 리베이트

관행 및 뇌물 수수다. 이러한 관행은 기업으로 하여금 비자금 조성을 필요로 하게 하고, 그 결과 회계 투명성을 어렵게 한다. 리베이트나 뇌물 수수의 관행은 직원들의 정직성을 약화시키고, 부정 행위에의 유혹을 받게 한다. 결국은 직원들의 의식을 타락시키고 조직 전체에 불신 풍토를 만연시키게 된다. 이러한 풍토에서는 건전한 사고를 가진 유능한 인재를 육성하기 어렵다.

KSS해운은 1969년 창업 이후 지금까지 뒷거래를 하지 않고 사업을 해 온 업체로 유명하다. 창업자 박종규 회장이 30년 간 '리베이트를 주지도 받지도 않겠다'는 원칙을 지켜 온 이유는 이렇다(박종규, 2000). "리베이트를 주려면 비자금을 조성해야 하고, 그러자면 이중 장부를 만들어야 한다. 바로 여기서 비리와 부정이 싹트고, 직원들을 타락시켜, 결국 회사도 병들고 만다. 로비나 뒷거래가 아니라 기술과 실력으로 경쟁해야 발전한다는 것을 실제로 증명해 보이고 싶었다." 이 회사는 업계의 풍토로 인하여 불이익이나 손해를 겪기도 했지만 원칙만 고수한 결과 투명 경영이 정착되었다. 투명 경영을 위하여 우리 나라 기업의 관행으로 되어 있는 '정책 결산'도 과감하게 그만두었다고 한다.

5. 투명성 저해 요인

1) 사회 의식과 부패 관행

기업 경영의 투명성 향상에 대한 사회적 인식과 요구가 강화되었음에도 불구하고 실질적 성과가 저조하게 나타나는 원인 중의 하나가 사회 전반적 의식과 관행이 불투명성을 조장하고 있기 때문이다. 기업 경영의 투명성을 저해하는 가장 근본적인 원인은 사회 전반적으로 만연되어 있는 부패 관행이다. 사회 곳곳에 리베이트와 뇌물 수수의 관행이 근절되지 않고 있다. 거래 관계에 있어서 정확하게 기록하고 영수증을 받는 관행도 최근에 와서 정착되고 있지만, 일부에서는 무자료 거래의 관행이 있으며 탈세의 수단으로 이용되고 있다.

투명성에 영향을 미치는 사회 문화적 요인으로 동양적 문화, 높은 상황 중심적 사회(high context society), 사람에 의한 조직 지배 및 연고주의 등을 들 수 있다(한정화 · 배종석, 2001). 사회 의식이 투명성에 미치는 영향은 정치 부패에 대한 상대적인 윤리 의식이다. 부패한 상황 속에서 정직하고 투명하게 경영하면 그렇게 한 기업만 손해본다는 의식이 팽배해 있다는 점이다. 불투명으로 가게 하는 이유 중 하나는 기업이 공공 기관과 대기업에 납품을 많이 하는데 이것 때문에 비자금 조성이 필요하다는 구조적인 문제가 있다. '먹이 사슬'의 문제로 표현될 수 있는데 실무자와 상급자의 관계 속에서 연쇄적인 악순환 고리를 가지고 있다는 점이다.

거래 관행을 보면 무자료 거래를 통한 비자금 확보가 많다. 특히 정보 통신과 관련해서는 SW업계에서는 허가 없이 거래하는 자는 주로 무자료 거래를 하기 때문에 투명성에 부정적인 영향을 미친다. 동종 기업의 압력도 매우 심한 편이다. 예를 들어 무자료 거래를 50%로 하던 기업이 5%로 낮추어 갑자기 세금을 많이 내면 세무서가 동종 업종의 다른 기업도 모두 그 동안 불투명하게 경영해 왔다고 판단하도록 암시를 주는 것이 되기 때문에 동종 기업의 압력이 있는 것이다. 뿐만 아니라 세무 당국의 입장에서도 과거의 것이 부정확한 것임이 드러나는 것이 되므로 달가워하지 않는다는 것이다(한정화 · 배종석, 1999).

연고주의 문화와도 연관되어 있다. 연고주의는 지연, 학연, 혈연 등 비공식적 관계가 의사 결정에 중요한 영향을 미치기 때문에 투명한 의사 결정을 하기 힘들게 한다. 평가의 기준을 명확히 하고 객관적으로 하면 비공식적 권력이 약화된다. 이러한 권력을 사적 이익에 이용하고자 하는 입장에서는 투명성에 대한 저항감이 나타날 수밖에 없다. 그러나 이러한 조직 풍토나 관행이 자리잡게 되면 절차적 정당성을 상실하게 되어 조직 신뢰성 약화의 원인이 된다. 보다 근본적으로 볼 때, 조직 운영의 민주화가 결여가 투명성 저해의 요인이 되어 왔다.

2) 회계 제도의 미비와 불투명 경영에 대한 유혹

우리 나라 기업에서 작성, 공표하고 있는 회계 정보는 분식 결산, 특수한 회계 처리의 인정, 회계 감사의 미흡 등 많은 문제점을 노출하고 있다(남상오, 1998). 이로 인하여 회계 정보에 대한 신뢰도가 낮아 신용 평가, 외국 투자의 유치 등에 걸림돌이 되고 있다. 회계 감사도 자유 수임제를 원칙으로 하여 회계 감사가 수행되고 있으며, 감사인의 독립성이 확보되지 못하여 많은 문제가 있다.

이러한 제도적 여건 속에서 기업 자신이 회계의 투명성을 보장할 수 있는 내부 통제 구조의 확립, 재무 위험 관리 시스템의 도입 등에 대한 관심이 낮다(김일섭, 1998). 따라서 미국의 해외 부패 방지법이나 일본의 상장 규정, 선진국의 금융 기관 건전성 감독 기준 등에서 요구되고 있는 엄격한 내부 통제가 미흡하여 회계 정보의 신뢰성과 투명성을 확보할 수 있는 구조를 원천적으로 갖추지 못한 기업이 많다. 또한 경영진의 월권에 의해 내부 통제 제도가 무력화되는 경우도 드물지 않다.

우리 나라의 기업 환경상 구매 관행, 접대 및 기부 관행, 가계와 기업 계정의 분리, 계약 관행 등이 확립되어 있지 않기 때문에 투명한 회계 처리나 자금 관리가 구조적으로 쉽지 않은 경우가 많다. 이러한 여건 속에서 불투명 경영을 조장하는 다양한 유혹을 떨쳐 버리기가 쉽지 않다. 불투명 경영에의 유혹의 예로 다음의 세 가지를 들 수 있다(최수미, 2002).

첫째, 재무적 곤경 때문이다. 당장 회계 장부의 실적 및 재무 상태가 불량하다면 자금 조달에 어려움을 겪기 때문이다, 따라서 부실한 기업일수록 회계 장부마저 부실화될 가능성이 높은 것으로 알려졌다. 외환 위기 이후 대기업의 도산과 더불어 분식 회계 규모가 조 단위로 알려진 바 있으며 최근 미국 엔론사가 파산한 뒤에도 이익 부풀리기나 부채를 과소 평가하여 공시하는 부실 회계가 수반되었던 것으로 알려졌다.

둘째, 경영자의 욕심이나 자만심 때문이다. 주식 투자자들의 기대에 부응하고 자신의 실패를 은폐하기 위해서 혹은 절세를 위해, 혹은 제품 가격 인상 등의 목적으로, 혹은 매출과 이익을 부풀려 자신의 봉급이나 성과급을 높이려는 불순한 의도로 회계 장부를 꾸밀 수 있다.

셋째, 제도적 장치의 미비 및 회계 장부에 대한 감사나 감리 미흡이라는 환경적 요인 때문에 부실 회계가 발생할 수 있다. 엔론의 사태에서 나타났듯이 외부 감사인이 회계 감사 업무와 경영 컨설팅을 동시에 수행하면서 감사인의 독립성이 확보되지 않는 점과 같이 감독 시스템 및 제재 조치의 미흡으로 부실 회계의 가능성을 높이는 여건을 마련해 주기도 한다.

3) 기업 지배 구조의 낙후성

기업 지배 구조는 기업을 둘러싼 이해 관계자 등의 관계를 결정, 조정하는 제도와 기능이라고 정의된다. 기업 지배는 특정 기업의 최고 의사를 결정하고 또한 그 결정에 중요한 영향을 미치는 특정의 개인, 집단 또는 기관의 행위를 뜻한다.

우리 나라 대기업 그룹 지배 구조의 특징은 과반수에는 미치지 못하나 최대 지분을 바탕으로 하여 기업 지배권을 확보한 소수 대주주에 의한 경영권의 독점 현상이다(김일섭, 1998). 최고 경영자인 대주주는 이사회의 의장을 겸하며 이사와 감사의 지명권을 사실상 독점적으로 행사하고 일반 소액 주주들의 무관심에 의하여 유명 무실화된 주주 총회의 의사 결정 또한 지배한다. 이러한 강력한 소유 경영 체제는 모험적 투자를 중심으로 하는 공격적 경영에 필요한 신속한 의사 결정을 가능하게 하여 우리 경제의 도약기의 중심 세력인 대기업의 성장 발전에 핵심적인 성공 요인이 되었다.

그러나 소유 경영 체제는 동시에 대주주 경영자의 사익을 위한 내부 거래와 계열 기업 간의 내부 거래 등 경영의 투명성 결여, 특히 투자 수익이 보장되지 않는 신규 투자의 빈발과 수익성 없는 사업으로부터의 퇴출 지연, 전문 독립 경영 가능성의 배제 또는 지연, 지배 주주에 의한 비공식적 경영권 행사와 책임 회피, 내부 통제권의 미비, 경제력 집중의 심화와 기업 지배권의 세습, 외부 주주 특히 소액 주주들의 권익 무시, 따라서 경영 실패 가능성의 증가라는 경영상의 문제점을 내포하고 있다.

현재 우리 나라의 대기업 가운데 사외 이사제를 제대로 시행하는 곳은 거의 없다, 사외 이사제의 역할은 사실상 경영 자문뿐이다. 지배 주주의 결정을 비판하고 감독한다는 것은 처음부터 불가능한 일이다. 외부 감사인에 의한 감사도 매우 형식적으로 되어 신뢰성을 결하고 있다(정찬형, 1998).

견제와 균형이 결여된 지배 구조의 형성은 재벌 경제 체제의 발전과 밀접한 연관성을 가지고 있다. 이러한 관점에서 기업 경영의 불투명 관행은 재벌 경제 체제 발전의 부산물이라고 볼 수 있다. 우리 나라 재벌의 성장 과정을 보면 정부의 경제 정책과 산업 정책의 가이드 라인에 의하여 이루어졌다. 이 과정에서 계열사간 상호 출자가 이루어져 왔으며, 내부 거래 비중이 매우 높아지게 되었다.

재벌 소유주는 재벌 총수로 군림하고, 주력 회사로부터 계열 회사를 늘려 성장, 확대하며, 상호 지급 보증에 의하여 과다 차입 경영을 해

왔다. 재벌 소유주는 적은 주식을 소유하고 있으나, 특수 관계인, 계열
회사, 문화 재단의 소유로 실질적으로는 30~40% 정도를 소유하고 있
다. 이로써 절대적 지배권을 행사하여 계열사간의 자금 이동, 회사의
신설, 매각 등 주요 의사 결정을 마음대로 해 왔다(남상오, 1998). 최근
지속적인 지배 구조 개혁에 의해 점진적으로 개선되고 있지만, 전반적
으로는 과거의 관행이 상존해 있다.

6. 경영 투명성 제고 방안

1) CEO의 의식과 역할

경영 투명성 향상을 위해서는 기업의 CEO들의 역할과 책임이 중요
하다. 미국은 엔론 사태 이후 경영 투명성에 관한 CEO의 책임을 강화
하고 있다. 핵심 내용은 CEO는 개인적으로 기업 공시의 진실성을 보장
해야 하며, 회계 부정으로 기업 이익을 줄여 다시 공시할 때는 경영자
가 상여금을 반납해야 할 수 있도록 했다.

또 권한 남용이 드러난 경영자는 다시 중요한 직책에 오를 수 없도록
했다. 워런 버핏은 2002년 3월 4일 뉴욕에서 열린 미국증권위원회 컨
퍼런스에 참석해서 기업 투명성 제고를 위한 최고 경영자의 중요성을
역설했다. 기업의 CEO들은 회사의 재무 상태와 회계 관행 전반에 관한
궁극적인 책임을 지고 투명한 기업 공시를 위한 노력을 해야 한다고
말했다.

투명성은 회사 설립 초기 단계부터 확보되어야 한다. 한 번 불투명성
의 편법을 사용하면 일종의 경로 의존적인(path dependent) 속성 때문에
그 방향으로 지속적으로 강화되는 경향이 있게 된다. 그래서 첫 단추를
잘 끼워야 한다는 '첫 단추 가설'이 중요한 것이다. 즉 문턱 효과

(threshold effects) 때문에 투명성에서 불투명으로 가는 것은 쉽지만 한 번 불투명으로 갔다가 투명성으로 전환하는 것은 훨씬 어렵다는 것이다(한정화·배종석, 2001). 따라서 기업을 일으키려는 창업자 스스로가 처음부터 자본 조달의 방법과 주주의 구성 등에 대해 투명하게 하려는 노력이 요구된다.

CEO는 투명 경영을 실천하는 방법에 대해 잘 알고 있어야 한다. 우선 벤처 기업 최고 경영자들이 투명성에 대한 의식이 전환될 필요가 있으며, 이를 위한 홍보와 교육이 요구된다. 실제로 벤처 창업자들이 엔지니어 출신이어서 경영 및 조직 관리에 대한 지식이 없이 창업하는 경우가 많다. 초기에 회계나 세무를 정확하게 하지 않거나, 외부에 위탁하는 경우 절세나 탈세의 방법을 사용하게 되어 불투명으로 가는 경우가 많다. 이를 해소하기 위해서는 창업 교육이나 자문 과정에 투명 경영의 중요성을 인식시키고, 이를 실천할 수 있는 방법론을 제시해야한다. 또한 투명 경영의 성공 사례를 개발하여 창업자의 인식을 제고해야 한다.

휴맥스의 변대규 사장은 현금 흐름의 내용을 담은 '자금일보'라는 것을 매일 발간하여 일정 지분을 보유하고 있는 핵심 인력이 원할 때는 언제든지 공유하고 있다고 한다. PSIA의 박상일 사장도 자발적으로 3개월에 한 번씩 주요 경영상의 변화와 재무제표를 이사회와 벤처 캐피탈에 보고하고 있다. 이들 경우는 CEO가 주도적으로 적극적 투명성을 추구하는 사례라고 보아진다(한정화·배종석, 1999). 이들 CEO는 투명 경영이 핵심 이해 관계자 관리의 결정적인 요소이며, 이는 곧 벤처 기업 경쟁력의 원천이라는 확신을 가지고 있다.

2) 경영 감시 기능의 강화
기업 내부에서 경영진의 행위를 감시할 수 있는 체제를 확립하여야 한다(김일섭, 1998). 감사의 전문성과 독립성 확보가 필요하며 감사 업무가 실질적으로 수행되어야 한다. 또한 외부 감사인 선임위원회와 같이 외부 감사인의 선임과 해임을 결정할 수 있는 독립위원회가 실질적으로 역할을 할 수 있어야 한다. 기타 경영진의 인사, 보상위원회, 투자심의위원회 등 소위원회의 구성도 필요하고 이와 더불어 사외 이사를 포함한 이사진의 법적 책임도 대폭 강화되어야 한다.

실질적인 이사회 기능을 회복하기 위해서는 장기적으로 일정 규모 이상의 대기업은 사외 이사의 수를 늘려서 경영 감시 기능을 하도록 해야 한다. 이를 통하여 업무 집행 기관의 전문화와 민주화가 이루어져야 한다. 다음으로 이러한 업무 집행 기관에 대한 철저하고 실효성 있는 감독 내지 감사가 있어야 할 것이다.

회계와 자금의 실무 책임자에 대한 업무상 독립성 부여와 함께 법적 책임을 강화해야 한다. 이들의 역할이 지배 대주주의 사금고 지기에 그치지 않기 위해서는 이들에 대한 책임을 강화하는 동시에 이들의 지위를 보호해 주어야 한다. 엄격한 윤리 규범과 함께 내부자 제보에 대한 법적인 보호 장치가 필요하다.

벤처 기업은 대기업에 비해 상대적으로 지배 구조에 관한 법적인 요구가 많지 않다. 또한 투자자의 감시 기능도 제대로 되지 않기 때문에 창업가의 경영 방침이나 의사 결정에 대한 견제와 균형을 유지할 수 있는 제도적 장치가 부족하다. 우리 나라의 경우 벤처 캐피탈도 투자 이후 모니터링 기능을 적절히 수행하지 못하는 경우가 많다. 해외의 벤처 캐피탈은 투자 후 사후 관리에 철저하다. 기업에 투자하면 모든 경영은 대표 이사가 하도록 전권을 주고 있지만 경리 담당 이사나 몇몇 사외 이사를 자기들이 임명한다는 조건을 투자 계약에 포함시켜 투자 금액을 목적 외에 사용되지 못하게 하고 투명하게 관리되도록 하고 있다.

대기업은 소유와 경영이 분리된 전문 책임 경영제가 확산되어야 한다. 혈연 중심의 가족 지배를 벗어나서 실질적인 전문 경영인 제도가 정착되어야 한다. 소유 경영이 장기적 전략을 성취할 수 있다는 측면에서 장점이 있다는 것은 인정하지만, 도덕적 해이와 같은 집단 이기주의 때문에 변화에 저항하는 행위는 기업의 발전을 저해한다는 사실을 인지할 필요가 있다. 견제와 균형이 효과적으로 작동하는 지배 구조가 형성되어야 한다.

3) 회계 제도의 지속적 개선

회계, 자금과 관련된 부정, 비리, 범죄에 대한 법적 장치를 강화해야 한다(김일섭, 1998). 우리 기업에 팽배한 비자금, 이중 장부, 허위 서류와 증빙, 가짜 영수증, 허위 계약, 허위 거래, 재무제표 분식을 포함한 허위 정보 공시 등은 기업 환경의 개혁 없이 일시에 없어질 수는 없겠지만 이들 행위 자체를 중대한 범죄 행위로 보는 시각이 관련 제도와 법률에 반영되어야 한다.

기업 회계의 투명성을 외부에서 감시하는 역할이 맡겨져 있는 외부 감사인들이 독립적, 전문가적으로 업무를 수행할 수 있도록 업무 환경과 구조가 구축되어야 한다. 여기에는 직업 윤리 규정, 직업 윤리 교육, 감사인의 자체 품질 관리 시스템 및 한국공인회계사회의 직업 윤리 준수 감시화 활동의 강화 등이 포함된다. 또한 외부 감사인이 선임 과정에서 경영진의 영향력이나 외부의 압력이 행사될 수 없도록 하는 장치가 필요하고, 자신의 업무에 충실하게 수행하는 감사인들이 감사인 선임이나 변경에 있어서 불이익을 받지 않도록 하는 제도적 장치가 요구된다.

감사인이 이사의 직무 수행에 관하여 부정 행위 또는 법령이나 정관에 위반하는 중대한 사실을 발견할 때나 회사가 회계 처리 등에 관하여 회계 처리 기준을 위반한 사실을 발견한 때에는 통보만을 할 것이 아니라 상호 협조하여 진실을 정확하게 밝혀 필요한 조치를 강구하도록 하여야 할 것이다.

회계, 자금의 투명성이 결여된 기업에 대하여 불이익이 돌아가고 기업에 대한 평가가 달라질 수 있는 시장 압력이 존재하여야 한다. 손해 배상 소송의 증가, 소액 주주의 활동 강화, 채권자와 금융 기관의 신용 조사와 평가 기능 강화, 기관 투자자들의 투자 기준 강화 및 사법부의 판결 기준의 변화 등은 회계나 재무 정보의 생산 주체인 기업들에게 투명한 정보 제공과 투명한 자금 관리를 선택할 분명한 동기를 부여하게 된다.

4) 투명 경영에 대한 인센티브 부여

대다수의 기업들이 투명성을 확보하는 비용을 높게 인식하는 것이 나타나고 있으므로 '혼자 손해보는 느낌'을 줄이도록 제도적 장치를 마련해 가야 할 것이다(한정화·배종석, 2001). 개별 기업은 투명성을 향상시키고 싶으나 사회 분위기와 관행상 그렇지 못한 경우가 있으므로 사회 전반적인 의식 전환과 제도적 변화가 지속적으로 추진해야 한다.

'죄수의 곤경' 상태를 벗어날 수 있으려면, 제도적 환경과 사회 관행이 개선되어야 한다. 기업의 경영 성과와 관계없이 전년 대비 일정 이상의 납부 세액의 증가나 일정 금액 이상의 납세액을 무조건 강조하는 과세 당국, 손실이 나면 무조건 대출을 회수하거나 신규 여신을 중단하려는 금융 기관, 기업에 대하여 무작정 헌금을 강요하는 정치권, 학계, 각종 단체 등의 의식에 변혁이 있지 않고는 투명하지 않는 자금에 대한 기업 자체의 수요를 없앨 수 없다. 기업 경영에 영향을 크게 미칠 수 있는 집단으로부터의 자금 수요가 존재하는 한 기업은 불투명한 자금을 공급할 수밖에 없기 때문이다.

7. 결론 및 제언

외환 위기 이후 회계 투명성과 국제적 기준에 맞는 회계 기준의 확립이 강조돼 왔으며, 기업 지배 구조와 관련하여 상당 부문 제도적 개선이 이루어져 온 것은 사실이다. 이에 따라 일부 기업이 도산하는 과정에서 투자자들이 해당 기업의 분식 회계를 문제삼아 법정에서 책임을 묻는 사례도 나타나고 있다. 이러한 관점에서는 경영 투명성이 향상되는 방향으로 변화되고 있다는 평가도 가능하다. 그러나 현장에서 인식하고 있는 투명성의 수준은 아직 미흡하다.

투명 경영의 필요성에 대한 사회적 인식과 기대에 비해 변화의 속도가 늦기 때문이라고 볼 수 있다. 아직은 제도적 환경이나 관행상 불투명성이 상존하고 있어서 혼란과 어려움이 있다. 경영 투명성은 개별 기업 차원에서 의지적 노력만으로 이루어지는 것은 아니다. 투명 경영을 저해하는 사회 환경과 맞물려 있기 때문이다. 경영의 투명성을 향상시키기 위해서는 무엇보다도 부정 부패의 관행을 근절하고자 하는 정치 사회 개혁이 지속적으로 추진되어야 한다.

참고 문헌

LG주간경제(2002), 투명 경영 부각 배경, LG경제연구소
LG주간경제(2002), 기업 투명성과 시장 반응, LG경제연구소
LG주간경제(1999), 성과주의 시대의 Win—Win 전략, LG경제연구소
LG주간경제(2002), 회계 부실의 7가지 유혹, LG경제연구소
김성은(2002), "투명성, 새로운 제안".
김성주(200), "나는 한국의 아름다운 왕따이고 싶다", 중앙 M&B.
김일섭(1998), 기업 경영의 투명성 개선 방안, 기업 경영의 공정성과 투명성, 서울
    대학교 경영연구소 심포지움.
남상오(1998), 기업 경영의 투명성 제고 방안, 기업 경영의 공정성과 투명성, 서울
    대학교 경영연구소 심포지움.
박종규(2000), 손해를 보더라도 원칙은 지킨다, 비봉출판사.
서두칠 외(2001), 우리는 아무도 기적이라 말하지 않는다, 김영사.
정문술(1998), 왜 벌써 절망합니까, 청아출판사.
정찬형(1998), 기업 경영의 투명성 제고를 위한 주식회사 지배 구조의 개선, 상사
    법연구 17권 1호.
한정화(1999), 경영 혁신의 과정과 성공 요인, 대한상공회의소, 경제연구총서 327.
한정화(2001), 투명성, 빛과 소금.
한정화·배종석(1999), "벤처 기업 투명성의 개념과 결정 요인에 대한 탐색적 연
    구", 한국경영학회 통합학술대회 발표 논문.
한정화, 배종석(2001), "벤처 기업 경영 투명성 수준의 영향 요인에 관한 실증 연
    구", 경영학연구 30권 4호, 한국경영학회.

David Bunnell, Adam Brate(2000), *Making the Cisco Connection : The Story
    Behind the Real Internet Superpower*, 물푸레.

경제정의기업상의 의의와 역할

경제정의기업상
10년의 역사와 평가

전병화

경제정의연구소 기업연구실장

1. 머리말 : 걸어온 10년

사회적인 책임을 다하는 '존경받는 기업', '바람직한 기업'을 찾아내는 일은 매우 어려운 일이다. 수많은 객관적인 자료들을 찾아 분석하고, 기업들의 실제적인 업적들을 검증하는 매우 까다로운 작업들을 거쳐야 한다. 그럼에도 불구하고 사회적 공헌도가 높은 기업을 끊임없이 발굴하여 칭찬해 주고 널리 홍보하는 것은 매우 값진 일이다. 많은 기업들은 어려운 경제 환경의 변화에 따라 존립 그 자체를 유지하기조차 어려울 때가 많고 더욱이 투명한 경영과 윤리적 경영을 앞세우기란 갑절의 힘이 든다는 것을 지난 외환 위기를 통하여 경험했다.

기업 윤리에 대한 평가를 말하기 이전에 다음과 같은 경우를 생각해 보자. 학교에서 수많은 학생들 중 몇 사람의 장학생을 선발해야 한다면 대부분 학업 성적 우수자 위주로 뽑게 된다. 정작 부모님에게 효도하고 선량한 일을 하는 모범생이자 성적도 우수한 학생을 뽑기란 쉽지 않다. 이제 기업도 수익성, 성장성, 위험성, 활동성 등 재무적 성과 위주의 평가에서부터 주주 관계, 공정 거래 관계, 사회 공헌과 환경 보호 및 종업원 관계 등 종합적인 사회적 성과에 이르기까지 평가되어야 하는 시대가 되었다.

최근 기업들은 투명 경영(clean business)과 공정 경영(fair business) 및 책임 경영(responsible business)에 대한 관심도가 더욱 고조되고 있다. 정경 유착에 따른 비자금 문제, 부실 기업의 발생과 공적 자금 투입으로 인한 도덕적 해이 등 과거 우리 나라 기업들의 윤리 문제는 한때 미국을 포함한 선진국으로부터 많은 비판을 받아 왔었다.

이제는 미국 대형 기업들의 분식 회계에 따른 비윤리성 사례들로 인하여 또 다른 국면을 맞고 있다. 한때 '미국式 경영'을 대상으로 기업 경영 모형을 탐구하던 학문적 접근과 현실적 제도 도입에는 위기 의식이 제기되고 있고, 근본적인 재론이나 재검토의 목소리까지 높아지고 있는 가운데, 윤리 경영의 훌륭한 지표를 보여 주고 평가하는 것은 시대적 사명감처럼 보람된 일이다.

역대 경제정의기업상을 수상한 기업은 지금부터 세계 정상에 도전하는 한국을 대표하는 모범 기업이 되어야 할 것이며, 윤리 경영·정도 경영으로 언제나 신뢰받는 기업으로 존립하여야 한다. 지난 10년의 기업 평가는 또 다른 10년을 준비하게끔 한다. 인터넷 등으로 인하여 패러다임의 전환과 경쟁력이 더욱 요구되는 수준이 되었고, 여기 저기에서 윤리 경영에 대한 목청이 높아지고 있다.

기업의 사회적 책임은 공동체적 정신과 기업 윤리 정신의 실천 과정 중에 잘 나타나며, 기업 윤리가 곧 경쟁력의 밑거름이 되는 시대가 도래하였다. 과거 기업 경쟁력은 거대한 초우량적 기업의 모습으로 성장 위주의 사업 확장을 우선시하였다면 이제는 기업의 윤리 경쟁력을 강

화하고 고객 만족, 친환경 경영 등 윤리 실천 시스템으로 모범적 경영
을 보여 주어야 하는 21세기형 경쟁력을 가져야 한다.

이제 기업 활동의 결과와 함께 그 과정의 정당성에 대한 사회적 평가
는 당연한 의미를 가지며, 이러한 사회적 평가 시스템은 기업 활동에
대한 사회적 감사 기능(social auditing)으로서의 역할을 가능케 한다.
실제로 선진국에서는 기업의 사회적 역할을 측정, 감시, 통제하는 사회
적 시스템이 다양하게 존재하고 있다.

2. 경제정의지수에 의한 기업평가 모형의 개발

다변화된 사회 속에서 기업의 역할과 중요성이 커짐에 따라 기업에
대한 사회적 요구가 증대되었으나 가치관이 혼돈된 우리 사회의 총체
적 난국 속에서 기업도 예외일 수가 없었다. 우리 나라 기업들은 경제
성장의 주역이 된 동시에 이해 관계자와의 내·외부 문제들을 발생시
키기도 했다. 1950~1960년대의 가난한 보릿고개에서 벗어나고자 경
제 개발 5개년 계획과 새마을 운동이 한창일 때 기업들은 성장을 일구
어 낸 주인공들이기도 하였지만, 족벌 경영을 통한 경제력 집중이나
정경 유착을 통하여 비자금 조성 등 비윤리적 행태가 사회적 악영향을
끼치기도 하였다.

결국 기업은 사회 계약 내에서 존립함으로 사적 이익 부분과 사회적
효익 부분의 양면성을 갖고 있었다. 이제 기업의 영향력은 막강해졌고
사회 전체의 삶의 질은 기업들에 의해 좌우된다고 해도 과언이 아니다.
그런데도 사회의 기업이 윤리를 통한 사회적 책임 부문을 소홀히 하고
경제적 효율성 중심으로 성장해 온 것이 사실이다.

1987년 민주화 운동 이후 급변하는 사회 이슈 중 부동산 경기와 주식

시장의 과열에 따른 개혁적 외침은 새로운 무엇인가를 갈망하는 듯
했다. 급기야 1989년에 경제정의실천시민연합(이하 경실련)은 권력에
대한 저항이자 경제·사회에 대한 비판과 더불어 합리적 대안 제시로
변화의 물결 중심에 서서 새로운 시민 운동의 서곡을 열었다.

경제정의연구소는 지난 1990년에 경제의 균형 성장과 공정 분배를
표방하고 각 대학의 경영·경제·사회·법률학 등 교수들과 변호사·회계
사 등 50여 명으로 발족하였다. 처음에 격월간 《경제정의》지 등을 통
해 정책 대안을 제시하여 홍보하고 정부에 대해서도 토지 공개념, 금융
실명제 등 다양한 주제로 정책 건의를 주도해 왔었다.

1990년 3월초 경제정의연구소에서 초대 사무국장으로 일하게 된 김
홍권 前 부소장의 제안으로 경제정의지수에 의한 경제정의기업상을
위한 연구 사업이 채택하게 되었다.

기업은 무엇보다도 사회 구성원들의 삶의 질을 높이는 데 기여하고,
소득 수준이 높아지면서 이해 관계자를 포함한 사회 구성원들의 삶의
질에 이르기까지 향상을 위해 더 강한 욕구들이 생긴다.

이러한 욕구는 기존의 기업들이 이윤 극대화 추구에서 사회 공동체
로의 공공선 극대화에 연결로 볼 수 있다. 그러던 중에 기업의 사회적
성과 평가 시스템의 개발과 더불어 좋은 잣대를 통하여 평가를 함으로
써 사회의 공동체의 질 제고와 홍보 극대화라는 새로운 의미를 담게
되었다.

다시 말해서, 우리 사회에서 가장 신뢰받는 기업을 선정하여 시상함
으로서, 수상 기업의 경영자는 물론 전 임직원에게 긍지를 심어 주고
아울러 전 국민에 대한 홍보를 통하여 기업의 사회적 책임을 부각시켜
궁극적으로 정의로운 사회를 구현하고자 제정·운영하자는 것이 상
(賞)의 개발 동기이다.

1991년도에 경제정의연구소(KEJI)에서는 변화된 기업 환경에 부응하여 기업의 사회적 책임 수행 정도를 종합적으로 볼 수 있는 '존경받을 수 있는 기업 평가 모형'을 창출하여 편의상 연구소의 이름에 맞춰 '경제정의지수(KEJI Index)'로 명명(1991년 9월)하여 이것을 기업의 윤리 지수 또는 사회적 책임 지수로 보는 것이다.[59)]

이 경제정의지수 모형의 정신은 한국 자본주의의 건전한 발전을 위하여 국민으로부터 사랑과 존경을 받는 기업상을 정립하고자 하는 것으로 요약될 수 있다. 한국 경제가 발전하고 21세기에 선진국으로 발돋움하기 위해서는 국민으로부터 존경받는 정의로운 기업이 많아져야 한다는 신념에 그 기초를 두고 있다.

아울러 국내에서 평가받고 뿌리를 내린 국민적 기업이 세계적으로도 평가받고 성공할 수 있다고 확신하였다. 국민의 존경을 받고 정의로운 기업이 되기 위해서는 사적 이윤을 추구함과 동시에 사회적 공헌도도 높아야 한다고 보았다.

사회적 공헌도란 먼저 재무적으로 건전하고, 기업 활동이 법적으로 정당하게 법의 테두리 안에서 이루어지며, 건전·공정하고 국가 경제 발전에 기여할 뿐 아니라 종업원 만족·기술 혁신·환경 오염 예방과 소비자를 포함한 사회 복지 부문의 기여도를 높이는 것을 말한다.

이 평가 모형은 어떻게 하면 사회적 책임을 다하며 발전하는 국민적 기업이 될 수 있는가를 형상화하려는 노력의 하나이다. 그렇게 함으로써 그 동안 기업에 대한 사회 일반의 부정적 시각을 바로잡고 기업과 근로자·소비자로 구성되는 사회 공동체의 신뢰와 활력, 그리고 무한한 발전을 도모하고자 하는 데 그 목적이 있다.

---

59) 김홍권, "사회적 기업 평가 시스템과 그 필요성", 《나라 경제》, 1993년 5월호.

처음에 국민으로부터 존경받는 기업 또는 바람직한 기업을 위한 경제정의기업상의 개발은 상당히 고무적인 지표의 개발로 사회적 주의 환기를 불러일으키기에 충분했다. 이 상(賞)은 위에서 말한 제정 취지에 따라 열 가지 정신에서 출발하였다.

---

1. 창조적인 기업가 정신으로 기술 혁신을 강화하는 기업
2. 산업 재해 예방과 노사 공동체 의식을 강화하는 기업
3. 좋은 제품을 싼값으로 소비자에게 공급하는 기업
4. 부의 세습과 소유의 집중을 억제하고 사회 환원에 힘쓰는 기업
5. 환경 오염과 산업 공해를 예방하는 기업
6. 법과 기업 윤리 안에서 이익을 창출하고
   기업 정보를 성실히 공개하는 기업
7. 빚(은행)으로 계열 기업을 문어발식으로 늘리지 않는 기업
8. 기업과 경영의 전문화와 계열화를 실천하는 기업
9. 재테크와 정경 유착의 관행을 극복하는 기업
10. 사회 복지 및 문화 부문에 투자를 아끼지 않는 기업

초기 경제정의기업상 제도가 추구하는 바람직한 기업상(像)의 10가지 정신으로 위와 같은 조건을 충족시킬 수 있는 기업이 우리 사회에서 존경받을 수 있는 바람직한 기업像이라는 판단아래 상장 제조업 중에서 이러한 모습에 가장 가깝다고 볼 수 있는 기업을 선정하고 수여하였다. 이러한 것은 이후 기업가가 건전한 기업관, 사회관과 국가관을 갖는다는 전제하에 좀더 포괄적인 10가지 선정 기준으로 발전하여 적용하였다.

1991년도부터 기업 윤리와 사회적 책임을 강조하기 위하여 「KEJI 경제정의지수 모형」을 기초로 다음의 10가지 기준에 의거하여 '경제정의기업상' 수상 기업을 선정한다.

기업가가 건전한 기업관, 사회관과 국가관을 갖고,

1. 기업주의 소유 집중을 완화하고 경영을 전문화하는 기업
2. 공정 거래 질서와 기업 관련 법규를 성실히 지키는 기업
3. 생산성 향상을 도모하며 재무 구조를 건전하게 유지하는 기업
4. 창의와 기업가 정신으로 기술 혁신을 강화하는 기업
5. 종업원 능력 개발, 복지 증진과 산재를 방지하며
   노사 화합을 이루는 기업
6. 산업 공해 예방과 환경 오염을 개선하는 기업
7. 재테크와 불건전 지출을 지양하며 본업에 충실하는 기업
8. 효율적 고용 증대와 세계화로 경제 발전에 기여하는 기업
9. 기업 정보를 성실히 공개하며 고객 만족에 힘쓰는 기업
10. 사회 복지·문화·지역 사회 발전 등 사회 공동체 역할을
    성실히 수행하는 기업

경제정의연구소에서 평가한 발표 결과는 선험적으로 기업의 사회 공동체에 대한 공헌 활동과 기업 내부의 종업원 복지, 기업의 환경 보호 활동 및 협력 업체와의 공정 거래 등이 평가되면서 선도하는 것은 곧 기업의 분배 정의이고, 기업의 사회적 책임의 선구자적 역할이 된다. 미국의 경제최우선협의회(CEP)가 20년 먼저 시행한 것에 비하면 늦은 감은 있었지만, 아시아에서는 처음으로 시행하여 종합적인 경제 정의지수의 평가는 이후 일본 아사히재단의 평가 등에서 최근에는 각 양각색의 기업 가치 문화와 부분별 기업 윤리 성격의 평가들이 생겨나고 있다.

첫해 1990년 봄부터 시작하여 1991년 12월 제1회 시상식을 가졌을 때, 국민으로부터 존경받는 기업 또는 바람직한 기업을 위한 경제정의 지수에 의한 경제정의기업상의 개발은 상당히 의미 있는 지표 개발로 사회적 주의 환기를 불러일으키기에 충분했고, 사설(제목 : '경실련의 기업 평가와 한국적 기업상')[60]을 포함한 여러 언론들이 앞다투어 보도되기도 하였다.

> "경실련 부설 경제정의연구소가 발표한 한국 기업의 경제 정의 평가 모형 결과는 최근의 한국 기업이 사회로부터 받고 있는 전환기적인 시선을 반영하는 색다른 내용을 담고 있다. 이는 그 동안 경실련이 사회 운동에 주력했던 것에서 진일보한 노력이다. (중략)
> 바람직한 한국의 기업상(企業像)은 기업에 대한 비난만으로는 해결될 일이 아니다. 인정하든 안 하든 오늘의 현실에 있어 기업은 한국 사회에서 가장 많은 인적·물적 자원을 보유하고 있는 수많은 사람이 공동으로 생활하는 사회적 기구다. 기업 자체의 변화 노력과 사회의 변화 요구가 같이 맞아떨어져야 한다. 사회에서 유리된 기업이 점점 생존하기 어려운 시절이 오고 있다. 정부가 이제 무작정 기업을 보호할 처지가 못된다. 우리 사회는 소유권·경영권·노동권의 합리적인 조화방법을 찾아야 한다. 이를 위해 경실련뿐 아니라 보다 많은 학자가 연구해야 할 것이다."

기업 평가 방법은 먼저 정부의 기업 관련 정보와 감사 보고서 언론 등의 공적 자료를 이용하여 정량적(quantitative)으로 분석을 하고, 평가 대상은 건설업을 포함하여 우선 경제 개발의 견인차인 중요한 위치의 제조업으로 하되 작업의 한계상 역시 상장 회사로 한정하였다. 이렇게 해서 처음 시도한 평가 결과는 언론 등 각계로부터 신선한 반응과 지지를 얻을 수 있었다. 처음 세 번의 세미나와 다양한 소그룹 공청회 및

---

60) 중앙경제신문, 1991년 11월 10일자 4면.

각 부문의 전문가·조언자 그룹을 통하여 평가 모형을 체계적으로 발전시키고 있다. 정량적(quantitative) 방법을 근간으로 하고 거기에 다양한 전문가 그룹에 대한 설문 조사의 정성적(qualitative) 분석 방법을 추가하여 평가의 질을 개선해 공신력을 더욱 향상시킨 것이다.

3. 한국 기업의 사회적 성과 평가의 특징과 변화들

1) 역대 평가 항목의 특징과 변화

1991년도에 기초적인 기업 평가 모형을 만들어 학계·언론계·정부·기업·노동계·소비자 단체·문화계 공·사립연구소 등 각계의 다양한 의견을 수렴하여 평가 모형을 창출하여 계속 3회 이상의 공청회 등 부분적인 수정을 통해서 조금 더 합리적인 접근을 위하여 개발하였다. 역대 경제정의지수에 의한 평가 모형에 대한 특징을 보면 다음과 같다.

1회의 경제정의지수 모형은 3대 평가 항목 〔기업 건전성(46.1) + 복지 환경(30.8) + 고용 기여도(23.1) × 1.5 - 고려 항목〕으로 구성되었다. 이것은 기업의 3대 성과 영역으로 경영 경제적 성과(이익), 사회 공동체적 성과(사회적 책임) 및 경영 공동체적 성과(종업원 복지)에 대한 성과 지표를 측정하도록 구성된 것이다. 다시 말해서 경제정의지수 기업 평가 모형은 이상의 경영 경제적 성과와 사회적 성과를 포함한 종합적인 기업 평가 모형이나, 사회적 성과를 강조한 경제정의지수와 여기에 기존의 경영 경제적 성과와 기술 혁신 기여도 등을 포함한 경제정의지수로 구성됨으로써 경제적 가치 창출을 평가하는 기존의 제한적인 틀(framework)에서 벗어나 사회 공동체적 가치 창출이라는 면을 강조한 평가 모형이라고 할 수 있다.[61)

2회는 5대 평가 항목 [(종업원 기여도(20), 기술 혁신 기여도(20), 환경 기여도(10), 기업 활동의 공정성·건전성(40), 사회 복지 기여도(10)] 등을 반영한 54개 지표를 기준으로 국민으로부터 존경받는 기업像을 모형화하였다.

3회 이후 7대 평가 항목[기업 활동의 건전성(20), 기업 활동의 공정성(10), 사회 봉사 기여도(10), 환경 기여도(10), 고객 만족 기여도(7), 종업원 기여도(15), 경제 발전 기여도(28)] 64개 평가 지표로 구성하게 되었다. 이때 자료원의 신뢰성, 중요성, 타당성, 일반성 개념을 구성하여 지표에 대한 질적 특성(High, Medium, Low)을 반영하였으며, 환경 기여도와 고객 만족 기여도는 업종별 상대 평가하는 것을 처음 시도한 것이 의미가 있었다. 추가 7개 고려 항목을 포함한 64개 지표는 33개의 법적 지표, 21개 윤리적 지표, 10개 임의적 지표 등의 성분으로 되어 있었다.

이것은 5년 간 7대 평가 항목의 골격을 그대로 유지시켜 오다가 IMF 구제 금융 등 기업 환경의 변화로 8회부터 6대 평가 항목(사회 봉사 기여도와 소비자 보호 기여도 통합)으로 조정되어 평가하였다. 꾸준히 지표의 변별력과 신뢰성을 강조하였고, 초기 28개의 평가 지표에서 7회는 62개의 평가 지표들이 9회와 10회는 45개 평가 지표로 평가되기도 하였다. 11회 평가 모형에서는 다시 7대 평가 항목(46개 평가 지표, 6개 고려 지표)으로 복귀되었고 정량 평가와 정성 평가를 구분하여 단계적으로 평가하였다.

그 평가의 성과들은 경제 정의 평가 모형 존재 자체가 기업들로 하여금 건전하고 정의로운 활동을 하도록 선도하는 역할이 있으며, 경제정

61) 이신형, "KEJI모형으로 본 우리 기업의 사회적 성과조사", 경제정의 92년 1·2월호, p 83.

의기업상을 통해 정의로운 기업을 홍보·확산시키고자 함은 물론 일반 시민들의 기업에 대한 부정적 고정 관념을 개선하는데 기여하는 성과가 있다. 각종 정부 자료를 개발·정비·공개하도록 하는 한편 그 질을 향상시키는 계기를 마련하고, 여러 시민 사회 단체들로 하여금 보다 객관적이고 과학적인 자료를 바탕으로 한 합리적인 시민 운동을 전개할 수 있도록 하는 데 그 또한 성과가 있는 평가 지표들이 되도록 노력하였다.

2) 대상(大賞) 수상 기업의 특징과 변화

경제정의기업상 10년의 역사를 넘기면서 처음 한국유리공업, 삼성전자(주), 포항종합제철(주), (주)제일엔지니어링, 대덕전자(주), 한일시멘트공업(주), (주)유한양행, 한미약품공업(주), (주)퍼시스, (주)태평양 등의 기업들이 대상의 영예를 차지하였다. 대덕전자(주)는 5회와 9회 두 번의 대상을 수상하는 등 전기 전자 업종이 제일 많은 대상을 받았으며, 다음은 포항종합제철(주)를 포함한 1차 금속 및 비금속 광물 업종이고, 제약 업종 두 회, 화학 업종, 자동차 및 기타 제조 업종은 각각 1회씩 대상에 올랐었다.

역대 대상 수상 기업의 점수 추이를 보면, 1회 한국유리 48.31점, 2회 삼성전자 54.19점, 3회 포항제철 66.26점, 4회 (주)제일엔지니어링 71.16점, 5회 대덕전자(주) 73.59점, 6회 한일시멘트 74.24점, 7회 유한양행 74.99점, 8회 한미약품공업 74.30점, 9회 대덕전자(주) 71.63점, 10회 (주)퍼시스 67.28점, 11회 (주)태평양 66.32점을 획득하였다. 최우수 대상 기업의 평점은 7년 동안 70점 대 이상까지 높아졌고 최근에는 약간 주춤하고 있음을 알 수 있다.

이에 비해 몇 년 간의 하위 평가 결과 중 한 개의 기업이 인상깊었다. IMF 구제 금융 직전 1997년 초 비자금 문제로 한보철강공업은 당시

3년 간 사회적 평가에서 최하위를 기록하였다. 결국 한보철강공업은 1997년 1월 부도 사태로 인해 국민적 관심의 대상이 되어 왔었고, 매년 평가·발표하고 있는 경제정의지수로 본 기업 평가에서 3년 연속 평균 최하위를 기록으로 부도 사태가 우연히 발생한 사태가 아니라 구조적인 문제점을 안고 있었음을 단적으로 보여 주었다(1회 경제정의지수 평가에서 441社 중 362위, 2회 240社 중 208위, 3회 409社 중 373위 등 전반적으로 하위권에 머물러 급격히 하락). 4회에서 5회, 6회 평가에서 최하위권에 머물러 근본적인 사회적 책임에 대한 문제를 안고 있었던 기업이었다. 4회(1993년 458사 대상 성과, 전체 대상 기업의 평균 점수 60.94점)에서 458사 중 최하위 458등(점수 50.79)이였고, 5회(94년 461사 성과, 전체 대상 기업의 평균 점수 63.23점)에서는 453위(최하위 10사 이내)로 기업 활동의 공정성과 경제 발전 기여도 평가 항목에서 좋지 않았던 특징이 있었다.

3) 전체 기업의 평균 추이

경제정의기업상 평가 결과에 대한 전체 대상 기업의 평점 값의 평균 점수 추세를 보면, 5년 간 계속적으로 사회적 성과 평가 결과들이 증가하다가 세계화와 국제적 IMF 경제 위기를 겪으면서 사회적 책임에 대한 관심도가 조금 떨어지는 것을 볼 수 있다.

> 1회 34.60점 → 2회 40.70점 → 3회 53.97점 → 4회 60.94점 →
> 5회 63.23점 → 6회 62.73점 → 7회 62.00점 → 8회 62.37점 →
> 9회 58.47점 → 10회 57.39점 → 11회 55.27점 (만점 100점)

특히, 5회의 전체 기업 평균 점수는 100점 만점 중 63.23점으로 우리 나라 기업들의 사회적 책임과 기업 윤리에 대한 관심도가 아직 만족스러운 상태에는 이르고 있다고 할 수 없으나 1회 34.60점, 2회 40.70점, 3회 53.97점 및 4회의 60.94점에 비교해 볼 때 상당히 빠른 속도로 개선되고 있는 것으로 보았다. 또 6회에서 8회까지 62점 대를 유지하던 평균 득점은 9회 때 가서 크게 낮아졌는데 9회와 평가 대상 년도(1999년)의 경제 여건인 IMF 상황을 극복하기 위하여, 각 기업이 재무 구조의 안정, 구조 조정, 수익성 창출 노력 등으로 기업의 사회적 책임에 대한 여력과 관심도가 상대적으로 낮아진 것으로 평가된다.

10회의 전체 기업의 평균 득점이 57.39점으로 9회 58.55점과 비슷하다가 11회에 가서 2점 이상 떨어졌다. 10회와 11회는 평가 지표 및 평가 방법이 어느 정도 변경되어 단순 비교는 힘들겠지만, 1차 정량 평가(75점)를 100점 만점으로 환산하여 전년과 비교해 보면, 전체 기업의 평균 득점이 100점 만점에 55.27점으로 전년도(제10회) 57.39점에 비해 약간 낮은 것으로 평가되었다. 6회에서 8회까지 62점 대를 유지하던 평균 득점에 비하면 크게 낮아진 것인데, 이는 9회부터 11회까지 IMF 상황을 극복하기 위하여, 각 기업이 재무 구조의 안정, 구조 조정, 수익성 창출 노력 등으로 기업의 사회적 책임에 대한 여력과 관심도가 상대적으로 낮아진 것으로 평가된다.

4) 역대 업종의 특징과 변화

역대 경제정의기업상을 수상한 업종별 평균 점수를 보면 제약업종에서 강세를 보여 왔다. 먼저, 1회 '경제정의연구소 경제정의지수' 상위 1백대 기업의 업종별 특징을 살펴보면, 전기 전자가 24개 사로 가장 많았고, 이어 화학 13개 사, 식료품 및 제약이 각각 9개 사씩 분포되어 있다. 이밖에 섬유와 음료품이 7개씩, 비금속광물 및 기계가 6개 사씩 올랐다. 그래서 초기에 전기 전자 업종이 강세를 보인다.

4회 성장기의 첫회의 업종별 특징을 보았을 때, 그 평균 점수는 제약업(31사)이 평균 63.85로 가장 높고, 화학(62.31점), 전기 전자(62.29점)순이고 음식료품(44개) 평균 점수 58.92점과 함께 건설업(38사) 57.94점으로 제일 저조하였다. 또 5회 총 11개 업종 평균 점수는 음식료품(62.483), 섬유·의복 및 피혁 제품(63.468), 종이·제지(63.319), 화학(63.655) 제약(66.069), 1차 금속 및 비금속 광물(61.876), 조립 금속 및 기계 장비(64.230), 전기·전자(63.638), 자동차 및 운송 장비(63.026), 시계·정밀 및 기타 제조업(62.650), 건설(61.327) 등으로 제약 업종의 평균 점수가 가장 높았고, 그 다음이 조립 금속 및 기계 장비 업종이다. 4회 때 이어 건설업이 평균 점수가 가장 낮았고 음식료품 업종과 비금속 광물은 체질 개선이 시급히 요망되었다.

또 10회와 11회의 업종별 평균 득점을 보면, 2년 연속 제약 업종이 제일 높게 나타났고, 1차 금속 및 비금속 광물 업종이 제일 낮게 나타났다. 제약 업종과 1차 금속 및 비금속 광물 업종의 이 같은 결과는 종업원 만족도와 경제 발전 기여도 항목에서 원인을 찾을 수 있다. 제약 업종은 이 두 항목에서 타 업종에 비해 월등히 높은 반면, 1차 금속 및 비금속 광물 업종은 상당히 낮은 것으로 나타났다. 기업의 종업원 만족도와 경영 성과를 나타내는 경제 발전 기여도 항목간에는 관계성이 있다고 풀이할 수 있다.

5) 설문 조사를 통한 특징과 변화

1999년도 11월에서 12월까지 상장 제조 업체의 평가 대상 기업들의 설문 조사 결과(회수율 : 기업측 35.86%, 노조측 35.32%), 전년도에 비해 회사 경영의 급격한 변화로 기업 윤리와 사회적 책임의 시상에 대한 관심도는 좀 떨어졌지만, 응답한 기업들의 경영자들은 경제정의기업상에 대한 관심(83.3%)이 상당히 높아진 것으로 나타났고, 기업의 사회적 성과에 대한 노력이 향후 기업 경영에 많이 반영될 것으로 예측된다. 6대 평가 항목 중 중요도 측면에서 1순위는 '기업 활동의 건전성' 항목(61.6%), 2순위는 공정성(13.6%)순으로 응답한 것은 기업 발전 단계가 아직까지 선진국 수준으로 향상되지 못한 것을 반증하는 것으로 볼 수 있다.

4. 기간별 특징 분석

10년이란 세월은 강산이 한 번 바뀐다고들 한다. 기업의 사회적 성과 평가에 대한 '경제정의기업상'도 10년 이상의 역사성을 가지고 그 기간은 짧지만은 않은 세월이다. 1990년 20세기의 말에서 21세기에 걸친 기업 평가의 과정은 대체로 3단계로 나누어 기간별 특징과 의미를 분석하고자 한다.

(1) 1단계 : 초창기(1회~3회)

초창기 경제정의기업상을 준비하기 위한 과정을 살펴보면, 1991년 3월 경실련 경제정의연구소에서 연구 사업으로 채택하고, 1991년 9월 평가 지수를 작성하여 연구소 명칭을 따서 경제정의지수로 명명한 후 경제 정의의 관점에서 본 한국 기업의 사회적 성과 분석 사업을 추진하는 경제정의연구소 평가모형발전 소위원회를 구성하였다. 이후 세 차례의 세미나를 통하여 발전적인 합의를 모았다.

먼저, 1991년 12월 11일에 '사회적 생산성에서 본 우량 기업의 조건'이라는 주제(최종태, 서울대 경영학교수)의 제1회 세미나를 가졌고, 1993년 3월 4일에는 '경제 정의 기업 평가의 개념적 틀'이라는 주제로

(곽수근, 서울대 경영학 교수) 제2회 세미나를 개최하였다. 또한 제3회 세미나로 1994년 2월 3일 '기업의 사회적 성과와 경쟁력 강화'(신유근, 서울대 경영학 교수)와 '기업의 사회적 성과 모델'(한정화, 한양대 경영학 교수) 주제로 성황리에 열었다. 이것은 사회적 성과 평가의 사업 방향과 구체적인 시상 제도에 도움이 되도록 노력했다.

회 차 \ 분 류	1회	2회	3회
시상 년월일	1991년 12/10	1993년 3/4	1994년 2/3
대 상 연 도	1990년도 성과	1991년도 성과	1992년도 성과
대상기업 수	441개 사	240개 사	409개 사
평가 항목과 지표의 수	3개 항목 28개 지표	5개 항목 54개 지표	7개 항목 64개 지표
고려 사항의 수	11개	2개	7개
총기업의 평균 점수(100점만점)	34.60점	40.70점	53.97점
大賞 기업	한국유리	삼성전자(주)	포항종합제철
大賞기업의 점 수	48.31점	54.19점	66.26점
특 징	순수사회성과	재무성과 절반 대상	금융실명제 이후 업종별 시상 확대

▷제1회 경제정의기업상 : KEJI 경제 정의 성과로 본 기업 평가
  (1991. 2 ~ 1991. 12)
   : 1991년 12월 11일 세미나 및 시상식 - 한국유리공업 大賞 수상

우리 나라에서 처음으로 기업 윤리와 기업의 사회적 책임에 대한 성과 평가를 위해 1년 이상의 준비 기간을 가졌으며, 100여 명의 전문

가 그룹 의견과 설문 조사 및 세미나를 통하여 경제정의지수에 의한 사회적 성과 평가를 하였다. 조사·분석한 결과 한국유리공업이 기업의 건전성 36.46점, 복지 환경 19.78점, 고용 기여도 15.23점으로 전 부문에서 고르게 고득점을 얻어 1위를 차지했었다. 한국유리공업은 지난 40여 년 동안 유리한 업종에만 전념하여 세계 10대 메이커로 성장한 유리 전문 기업으로 고려 항목에서 독과점 업체로 지정되어 2점이 감점되었으나 '유산 안 남기기 운동'에 서명하는 등 올바른 기업상 정립에 기여한 것이 3점이 가점되기도 하였다.

이어 남한제지가 기업 건전성에서 강세를 보이며 71.93점으로 2위에 올랐고, 3위에는 국내 유일의 라이신 가공업체인 미원식품이 기업 건전성(35.54점), 복지 환경(21.23점), 고용 기여도(12.23점)등 경제정의지수 69.00점을 기록하였다. 또한 아남산업은 세계 최대의 반도체 조립업체라는 확고한 기반에 힘입어 경제 정의 지수 68점으로 4위에 차지하고 있으며, 5위에는 오디오 제품을 특화 생산하여 78.4%를 수출하는 해태전자가 경제정의지수 66.39점으로 올랐다.

당시 기업 진단별 분석으로 30대 재벌 그룹에 속하는 계열 기업 85개 사의 순위 분포를 알아보면, 50위 안에 전체의 17.16%인 총 15개 사(16.5%), 201~300위에는 13개 사(15.3%), 301~400위에는 23개 사(27.1%), 401위 이하도 12개 사(14.1%)가 속해 있었다. 재벌그룹별 KEJI 지수 평균은 삼성그룹(8개 계열사 평균)이 기업 건전성(20.9점), 복지 환경(19.9점)등으로 53.4점이었으며, 현대그룹(7개 사)이 기업 건전성(23.4점), 복지 환경(19.4점), 고용 기여도(19.4점)로 52.2점을 기록하였다. 반면, 럭키금성그룹(9개 사)은 건전성(20.0점), 복지 환경(19.3점), 고용 기여도(12.2점)로 49.2점이었으며, 대우그룹(5개 사)은 건전성(20.2점), 복지 환경(20.0점), 고용 기여도(12.9점) 등을 기록하여 51.6점이었다. 쌍용그룹(6개 사)은 건전성(21.5점), 복지 환경(20.5점), 고용 기여도(13.0점)으로 53.7점이었다.

▷ **제2회 경제정의기업상 : KEJI 경제 정의 성과로 본 기업 평가**
(1992. 1 ~ 1993. 3)
 : 1993년 3월 4일 세미나 및 시상식 - 삼성전자 大賞 수상

1회에 비해 **KEJI** 평가 모형이 좀더 발전하여 사회 공동체적 성과를 반영하는 기업의 종업원 기여도, 기술 혁신 기여도, 환경 기여도, 기업 활동의 공정성 및 건전성, 사회 복지 기여도 등 5개 부문 54개 평가 지표에 대해 1991년 말 회계년도 결산에 따른 사회적 성과 평가로 100점 만점 평점화 점수를 내었다. 그 결과 大賞 수상 기업에 전기 전자 업종인 '삼성전자'가 수상하였으며, 대체로 기업들의 경제정의지수가 저조하게 나타났다.

평가 과정에서 재무적 성과의 12개 평가 지수에 따라 평점을 내어 상장 제조 업체 중 일정한 재무 평점 이하를 버리고 평가해 들어가는 특징이 있었다. 대상 기업 241개로 규모는 매출액 또는 총 자산 2000억 원과 700억 원을 기점으로 구분(대형 그룹은 매출액 또는 총 자산 2000억 원 이상으로 89개 사, 중형 그룹은 매출액 또는 총 자산 700억 원 이상 2000억 원 미만으로 65개 사, 소형 그룹은 매출액 또는 총 자산 700억 원 미만 87개 사 이상)하고 산업별 8개[음식료품(16개), 섬유 의복(36개), 종이 제지(13개), 화학(40개), 제약(15개), 비금속, 1차 금속, 조립 금속(16개), 전기 전자(43개), 조립 금속. 기계. 자동차(37개)]로 나누어 평가하였다. 이때 업종별 시상을 이루어지지 않았고, 중형 회사 규모 부문에서 일양약품(주), 소형 회사 규모 부문에 코오롱유화(주)가 차지했었다.

1992년 12월초에서 중순에 거쳐 241개 조사 대상 상장 기업에 설문

지를 발송하여 104개 기업으로부터 설문 회수 43% 높은 회수율을 보였다. 2회 설문 결과 기업 활동의 공정성 및 건전성 측면을 높게 평가하였다. 기업의 자체적인 사회적 역할 평가 수준과 공적 자료에 의한 경제정의지수간의 관련성이 높은 것으로 나타났다.

▷제3회 경제정의기업상 : KEJI 경제 정의 성과로 본 기업 평가 (1993. 4 ~ 1994. 2)

: 1994년 2월 3일 세미나 및 시상식 – 포항종합제철 大賞 수상

3회 경제정의기업상 409개 사 상장 제조업을 대상으로 3개 규모(매출액과 총 자산 500억 원, 1400억 원 기준 구분) 및 9개 업종별로 구분하였다. 재무적 성과에 대해 사회적 성과 평가에 반영하지는 아니하되 사전적 평가로 적용하였다. 처음으로 업종별 시상이 있었고(2회까지 인증서 전달), 총 11개 회사가 수상하였다. 전체 大賞 기업은 '포항종합제철(주)'로 선정되었으며, 이에 대한 7대 평가 항목 중 경제 발전 기여도(28점)를 제외한 순수 사회적 성과 평가 측면을 고려하여 72점 만점으로 재평가하기도 하였다. 변동된 순위에서도 '포항종합제철(주)'은 고르게 상위 득점을 하였기에 그대로 1위를 차지하기도 하였다.

(2) 2단계 : 성장기(4회~7회)

1994년 3월부터 제4회 경제정의기업상을 준비하면서 보다 발전된 기업의 사회적 책임에 대한 성장기로 접어들었다. 경제 민주화로 진입하는 변혁기를 맞아 국내외적인 기업 환경은 그간 고도 경제 성장 과정의 형태에 익숙했던 기업들에게 일대 자기 혁신을 요구하였다. 그러나 아직도 기업들의 적응 노력은 미흡하고, 윤리적 측면에서 기업을 보는

국민의 시각은 부정적인 면이 많이 남아 있던 시기였다.

한때 전직 대통령의 비리 사건에 대부분의 대기업들이 연루된 것을 계기로 사회적으로 기업 윤리가 크게 문제시되기도 했다. 그래서 전경 련은 1996년 2월 기업 윤리 강령 초안을 다시 제정하고, 각 기업도 기업 윤리 강령을 서둘러 만들던 기억도 있다. 미국 정부는 1995년부터 '윤 리 라운드(Ethic Round) 협상' 준비를 하며, 1996년 3월 당시 미국무역 대표부 캔터 대표는 "거래 부패를 척결하기 위해 해외 부패 방지법을 강화하여 슈퍼301조를 적용하겠다."고 발표하기도 하였다.

우리 나라도 총체적 구조 조정 과정에서 예외일 수는 없었다. 이 시 기의 전반적인 성과를 보면 다음과 같다.

첫째, 기업 정의 평가 모형이 존재한다는 사실 자체가 기업들로 하여 금 건전하고 정의로운 활동을 하도록 유도하는 선도적 역할을 하였다.

둘째, 우수 기업에 대한 시상을 통해 정의로운 기업을 홍보함으로써 사회 문제와 관련하여 일반시민들이 막연하게 가지고 있는 나쁜 인식 을 고쳐 나가도록 하는 데 기여하였다.

셋째, 정부의 각종 자료를 개발·정비·공개하도록 하는 한편 그 질 (質)을 제고하도록 하는 계기를 제공하였다.

넷째, 환경 보호, 소비자 보호, 및 노동 조합 등 각종 시민 사회 단체 들로 하여금 보다 객관적이고 과학적인 자료를 바탕으로 한 합리적인 시민 운동을 전개할 수 있도록 하였다.

▷**제4회 경제정의기업상 : KEJI 경제 정의 성과로 본 기업 평가 (1994. 3 ~ 1995. 1)**

: 1995년 1월 17일 시상식 — 제일엔지니어링 大賞 수상

7대 평가 항목·66개 평가 지수(6개 가감 고려 지표: 사치품 수입,

분 류 \ 회 차	4회	5회	6회	7회
시상 년월일	1995년 1/27	1996년 2/15	1997년 3/11	1998년 4/15
대 상 연 도	1993년도 성과	1994년도 성과	1995년도 성과	1996년도 성과
대상기업 수	458개 사	461개 사	472개 사	488개 사
평가항목과 지표의 수	7개 항목 66개 지표	7개 항목 58개 지표	7개 항목 60개 지표	7개 항목 62개 지표
고려사항의 수	6개	8개	9개	9개
총기업의 평균 점수(100점 만점)	60.94점	63.23점	62.73점	62.00점
大賞 기 업	(주)제일 엔지니어링	대덕전자(주)	한일시멘트 공업(주)	(주)유한양행
大賞기업의 점 수	71.16점	73.59점	74.24점	74.99점
특 징	건설업 추가, 11개업종 확대	비자금사건 고려	한보그룹 부도	한겨레신문사와 첫 공동사업

탈세, 지역 사회 지원, 환경 모범 업체, 부당 노동 행위 및 부당 해고, 노조 유무 등), 1993년 상장 제조 업체 458개 회사를 대상으로 평가한 결과, (주)제일엔지니어링이 1백점 만점에 71.16점으로 소형 규모의 기업이 전체 최우수 기업으로 선정되었다. 4회부터 10개 업종에서 건설업이 추가되어 11개 업종별 평가하였다. 4회 전체 기업 평균 점수는 60.94점으로 우리 나라 기업들이 사회적 책임과 기업 윤리에 대한 관심도가 만족할 수준은 아니나 다소 높아지고 있었다.

재벌 계열 상장 제조업(104사)과 비재벌 상장 제조업(354사)의 평균 점수를 비교—재벌 평균 60.32점, 비재벌 61.28점으로 비재벌 상장 제조업이 사회적 성과에 더 높은 것으로 나왔었다. 하지만 평가 항목 중 하회 봉사 기여도와 경제 발전 기여도에서 재벌 계열사들이 더 사회적 책임을 잘 하는 것으로 나왔었다.

▷ **제5회 경제정의기업상 : KEJI 경제 정의 성과로 본 기업 평가**
(1995. 2 ~ 1996. 1)
: 1996년 2월 15일 시상식 – 대덕전자(주) 大賞 수상

5회의 경제정의기업상은 그 동안 중형 규모에서 우수한 기업으로 뽑힌 바 있던 대덕전자(주)가 대상(大賞)에 오르는 영광을 안았다. 1백점 만점에 73.59점으로 경제정의기업상 종합 1위를 차지했다.

규모별로 보면 대형 규모(168社)에 (주)녹십자가 72.455점, 중형 규모(156社)에 대덕전자(주)가 73.593점, 소형 규모(137社)에 홍창물산(주)이 69.309점을 차지했다. 또 업종별 수상 기업을 보면, 음식료품 업종은 (주)세원, 섬유・의복 및 피혁 제품 업종에 (주)신원, 종이・제지 및 출판・인쇄 업종은 수상 기업이 없고, 화학 업종은 이수화학공업(주), 제약 업종에 (주)녹십자, 1차 금속 및 비금속 광물 업종에 한일시멘트공업(주), 조립 금속 및 기계 장비 업종에 동양기전(주), 전기, 전자 업종에 대덕전자(주), 자동차 및 운송 장비 업종에 만도기계(주), 시계・정밀 및 기타 제조 업종에 오리엔트시계공업(주) 및 건설 업종은 (주)기산이 받았다.

5회 경제정의지수에는 예년에는 고려하지 못하였던 '비자금 사건'과 관련된 사항이 하나의 고려 사항으로 포함되었으나 우수 기업 선정에는 거의 영향을 미치지 않았다. 5회의 재벌 계열 상장 제조업(99社)과

비재벌 상장 제조업(362社)의 평균 점수 비교를 볼 때, 재벌 계열 상장 제조업의 평균 점수 약 61.2점, 비재벌 상장 제조업 약 63.8점(2.6점 차이)으로 비재벌 상장 제조업이 더 높아 사회적 성과의 효율성 면에서도 비재벌 상장 제조업이 다소 높다는 것을 확인할 수 있었다.

▷제6회 경제정의기업상 : KEJI 경제 정의 성과로 본 기업 평가 (1996. 3 ~ 1997. 1)

: 97년 3월 11일 시상식 – 한일시멘트공업(주) 大賞 수상

7대 평가 항목에 따른 60개 평가 지표의 성격을 보면, 재무 성과 지표가 15개 지표(25%)이고 사회 성과 지표는 45개 지표(75%)로 상장 제조업체 472개를 대상으로 평가를 한 결과, 한일시멘트공업(주)이 전체 최우수 기업으로 선정되었다.

6회 기업상에서 100위 내 기업들의 평균 점수는 68.180점이고, 100위 내 분포는 대형 규모 39%, 중형 규모 40%, 소형 규모 21%로 중형 규모가 약간 높다. 재벌 계열사가 20개 기업이 들어 있으며 삼성그룹 계열사가 5개, 대우그룹 계열사가 4개를 차지했다.

전체 기업의 평균 점수는 62.73점으로 기업들의 사회적 책임과 기업 윤리에 대한 관심도가 아직 만족스러운 상태는 아니며 6회에서 약간 더 둔화되고 있는 것으로 나타났었다. 총 10개 업종별 평균 점수를 볼 때, 제약 업종이 가장 높은 것으로 나타났으며 64.84점이었다. 종이 제지 업종의 평균 점수(61.095)가 가장 낮게 나타났었다. 재벌 계열사 91개의 평균 점수는 62.43점이고, 비재벌사 381개 평균 점수는 62.80점으로 비재벌이 기업의 사회적 책임에 대한 관심도가 높은 것으로 나타났었다.

<상장 제조업 대상 기업의 업종별 4회~7회 추이>

업종 코드	업 종	업종 내용	4회	5회	6회	7회
10	음식료품	식료품, 음료수	44	42	46	43
20	섬유, 의류	섬유, 의복, 피혁	62	62	68	65
30	종이, 제지	종이, 나무	26	24	25	25
40	화학	일반 화학, 타이어, 석유 제품	62	62	65	70
50	제약	제약	31	30	31	31
60	1차 금속, 비금속	1차 금속, 비금속 광물	56	58	58	59
70	조립 금속, 기계 장비	조립 금속, 기계 장비, 사무 계산 회계용 기계	43	41	38	43
80	전기, 전자	전기 기계, 전자 제품, 컴퓨터, 통신 장비	64	68	65	66
90	기타제조업	의료,시계 정밀, 가구, 악기, 운송 장비 등	32*	33*	38	44
95	건설업	건설업	38	41	38	42

* 기타 제조업 중 4회 자동차 및 운송장비 19개 사 분리, 5회 23개 사 분리했음.

<평가 대상 기업의 규모별 분포>

규 모	기 준	4회	5회	6회	7회
대형 규모	매출액 또는 총 자산 3000억 원 이상 (4회 2000억 원 이상)	157사	168사	147사	153사
중형 규모	매출액 또는 총 자산 1000억 원 이상 ~3000억 원 미만 (4회 700억~2,000억 원 미만)	144사	156사	166사	172사
소형 규모	매출액 또는 총자산 1000억 원 미만 (4회 700억 원 미만)	157사	137사	159사	163사
총 기업수		458사	461사	472사	488사

▷**제7회 경제정의기업상 : KEJI 경제 정의 성과로 본 기업 평가**
(1997. 3 ∼ 1998. 1)
: 1998년 4월 15일 시상식 - 유한양행 大賞 수상

상장 제조 업체 488개 1996년을 대상으로 7대 평가 항목을 가지고 기업 윤리와 사회적 책임에 대한 성과 평가를 한 결과, 제약 회사인 유한양행이 전체 최우수 기업으로 선정되었다. 6회 때 전체 4위, 제약 업종에서 1위를 차지한 바 있었고, 평소 기업의 사회적 책임 수행과 공헌이 높이 평가되었으며 종업원 만족도 1위, 여타 항목에서 고른 평점을 받았었다.

전체 기업의 평균 점수는 62.00점으로 기업들의 사회적 책임과 기업 윤리에 대한 관심도가 6회에 비해 떨어졌었다. 재벌 계열사 107개의 평균 점수는 62.14점, 비재벌사 381개 평균 점수는 61.96점으로 이전에 비해 재벌이 기업의 사회적 책임에 대한 관심도가 높은 것으로 나타났다.

(3) 3단계 : 10년의 분수령을 넘는 과도기(8회∼11회)

1998년 김대중 정부 들어 정부 수립 50주년을 기념하는 8 · 15경축사에서 제2건국을 표방하며 경제적 시장주의와 사회적 민주주의를 추진을 발표하기도 하였다. 이때 '기업 윤리와 사회적 책임 수행'은 그 동안 기업에서 경제적 측면에만 치우쳤던 한계를 극복하고 사회적 측면의 평가 기준을 제시함으로써 전체적이고 균형된 관점을 획득해 진정한 세계화와 선진화를 이룩하기 위한 것이라는 점에서 정부의 그러한 관점 전환과 맥을 같이 하였다.

분류＼회차	8회	9회	10회	11회
시상 년월일	1999년 4/21	2000년 2/15	2001년 4/19	2002년 2/21
대상 연도	1997년도 성과	1998년도 성과	1999년도 성과	2000년도 성과
대상기업 수	420개 사	368개 사	244개 사	296개 사
평가항목과 지표의 수	6개 항목 45개 지표	6개 항목 45개 지표	6개 항목 45개 지표	7개 항목 46개 지표
고려사항의 수	9개	9개	7개	6개
총 기업의 평균 점수 (100점 만점)	62.37점	58.55점	57.39점	55.27점
大賞기업	한미약품 공업 (주)	대덕전자 (주)	(주) 퍼시스	(주) 태평양
大賞기업의 점수	73.30점	71.63점	67.28점	66.32점
특징	기업 활동의 건전성과 경제 발전 기여도 평가항목 강조, 13개 부문 중 10개사 선정	1998년 정량적 결과에 1998년 이후 최근까지 정성적 결과 반영	IMF 이후 평가 대상 기업 선정 원칙에 이자 보상 비율 1.0 미만 제외	평가 모형에 정량 75%, 정성 25% 단계별 평가, 특별추천부문 상 첫 도입

1997년도 상장 제조 업체의 재무적 성과에 대한 평가를 조사하면서 제8회 경제정의기업상 시상과 더불어 현재까지 진행되고 있는 시기는 10년의 역사를 넘는 분수령으로 과도기에 해당한다. 그 과정에는 1997 년 말 우리 나라는 외환 위기로 인한 IMF 시대라는 절대 절명의 경제 위기를 맞게 되는 시기도 있었다. 외환 위기에 대한 책임론에 있어서 정부 정책에 따른 관료의 책임 의식, 재벌을 포함한 기업의 해외 차입 과 방만한 경영, 한국 은행 등 금융 정책 및 청와대 보고 체계 등 다양

한 문제 제기가 있었다. 그 가운데 재벌의 문어발식 사업 확장에 문제 제기와 기업 경영의 구조 조정이 이루어지게 되었으며 효율적인 경영과 윤리 의식을 더욱 강조하게 되는 계기가 되었다.

이 시기의 상장 제조 업체의 사회적 성과 평가에 대한 결과, 전체 기업의 평균 점수도 50점 대 수준으로 떨어지는 형태로 내려갔다. 이 시기에 평가 항목은 지난 5년 간 7대 평가 항목에서 6대 평가 항목 45개 평가 지표를 유지하게 되었고, 11회에서는 7대 평가 항목으로 재조정되는 과정도 있었다.

▷ **제8회 경제정의기업상 : KEJI 경제 정의 성과로 본 기업 평가**
(1998. 3 ~ 1999. 4)
 : 1999년 4월 21일 시상식 – 한미약품공업 大賞 수상

6대 평가 항목에 따라 1997년 상장 제조 업체 420개社를 가지고 분석한 결과, 한미약품공업(주)이제8회 경제정의기업 대상(1백점 만점에 74.301점)을 수상 회사로 선정되었다. 전체 기업의 평균 점수는 100점 만점 중 62.37점으로 우리 나라 기업들의 사회적 책임과 기업 윤리에 대한 관심도가 아직 만족스러운 상태에는 이르고 있다고 할 수 없으나, 7회 때(7회 62.00점)보다 조금 주춤하다가 약간은 개선의 여지가 있는 것으로 보였다. 그러나 그때까지는 IMF 이전 호황 때보다는 낮은 것으로 나타났다.

상장 제조업 대상 기업 중 재벌 계열 86개 사의 평균 점수는 62.00인데 반해 비재벌 계열 334개 사 평균 점수는 62.720으로 재벌 계열사의 평균 점수가 비재벌 계열사의 평균 점수보다 0.720점이 낮게 나타났다. 재벌의 빅딜 등 구조 조정이 계속되고 있는 가운데 재벌사의 사회적 책임과 기업 윤리 수준은 낮은 것으로 조심스럽게 해석할 수 있다.

▷제9회 경제정의기업상 : KEJI 경제 정의 성과로 본 기업 평가
(1999. 5 ~ 2000. 5)
: 2000년 5월 9일 시상식 – 대덕전자(주) 大賞 수상

6대 평가 항목 상장 제조 업체 368개의 기업을 분석한 결과, 대덕전자(주)를 대상(大賞) 등 3개 부문 수상 기업(100점 만점에 71.63점)으로 선정하였다. 또한 매출액과 총 자산이 3000억 원 이상인 대형 규모(1차 금속 및 비금속 광물 제조 업종)에서는 '한국유리공업(주)'(68.24), 중형 규모(1천억원 이상 3천억 원 미만)는 大賞과 동일하고, 소형 규모(1천억 원 미만)는 수상 기업이 없었다.

업종별로는 음식료품에 남양유업(주)(62.66), 섬유 의복에 (주)삼양사(66.02), 종이 제지 업종에 한솔제지(주)(63.07), 화학 업종은 (주)이수화학(64.82), 제약 업종은 100년의 역사를 지닌 동화약품공업(주)(67.67), 1차 금속 및 비금속 광물은 한국유리공업(주)(68.24), 조립 금속과 기계 장비는 (주)경동보일러(68.45), 전기 전자는 대덕전자(주), 자동차와 기타 제조 업종에서는 평화산업(주)(63.03)이 수상하게 된다.

전체 기업의 평점은 58.47(100점 만점)로 기업들의 사회적 성과가 급격하게 떨어진 것으로 나타났다. 5회 이후부터는 꾸준히 62점 대에서 큰 변동이 없었으며 IMF 경제 상황으로 인하여 재무 구조의 안전성과 수익성 창출 등 존립에 급급하여 기업의 사회적 책임에 대한 관심도가 상대적으로 떨어져 전체 평균 점수가 낮게 나타난 것으로 본다.

전체 기업 중 재벌 계열 80개 사의 평균 점수는 57.63인데 반해, 비재벌 계열 288개 사 평균점수는 58.70으로 재벌 계열사의 평균 점수가 비재벌 계열사의 평균 점수보다 1.08점이 낮게 나타났다. 전년도 두 집단의 평균 점수 차이가 0.72점인 것에 비교하면 재벌과 비재벌과의 격차가 커진 것을 알 수 있다. 이것은 정부의 재벌 개혁에 따른 구조

조정과 지배 구조의 변화 등 특수한 상황이 반영된 결과라고 볼 수 있다.

▷**제10회 경제정의기업상 : KEJI 경제 정의 성과로 본 기업 평가**
(2000. 6~2001. 4)
 : 2001년 4월 19일 시상식 – (주)퍼시스 大賞 수상

상장 제조 업체 244개 중 (주)퍼시스가 제10회 경제정의기업상 대상 수상 기업(67.28점, 100점 만점)으로 선정되었다. 또한 업종별로 음식 료품은 (주)동원F&B, 섬유 의복은 (주)BYC, 종이 제지 출판은 (주)웅진닷컴, 화학은 (주)태평양, 제약은 환인제약(주), 1차 금속 및 비금속 광물은 포스코, 조립 금속 및 기계 장비는 계양전기(주), 전기 전자는 삼화전자공업, 자동차 및 기타 제조 업종에서 (주)퍼시스가 선정되었다.

그 특징을 보면 다음과 같다. 평가 항목별 전문가를 영입하여 해당 평가 지표 개선 및 평가 작업에 참여시킴으로서 전문성을 제고시켰고, IMF 상황 이후 도산 기업이 사회에 미치는 파장이 큰 점을 감안하여, 3년 연속 적자 기업 제외, 자본 잠식 기업 제외 등 기존 평가 대상 기업 선정 원칙에 이자 보상 비율 1.0미만 업체를 추가로 제외하기도 하였다. 수상 기업 선정의 공정성과 객관성을 기하고자 외부 전문가로 구성된 기업평가자문단을 구성 운영하여 자문 내용을 평가에 반영하였다. 정량 평가의 미흡한 내용을 보완하기 위한 수상 후보 기업에 대한 정성 평가는 위 기업평가자문단 의견을 비롯하여 최근 3년 간 언론 보도 자료, 각종 공시 자료와 신용 평가 기관의 기업 분석 자료 등 다양한 자료를 활용하였다.

항목별로 9회 때와 평균 점수를 비교해 보면, 건전성과 환경 보호 만족도 항목은 상승한 반면 다른 항목들은 모두 하락하였다. 건전성

항목의 평가 결과가 상승한 이유는 주요 평가 내용인 주주 구성의 건전성 및 자본 조달의 건전성이 높아진 결과인 바, IMF 체제 이후 대마불사의 신화가 깨어지고 있는 상황에서 경영 세습 자제, 부채 비율 하향 조정, 관계 회사 출자 및 지급 보증의 억제 등의 자정 노력을 기울이고 있다고 평가된다.

환경 보호만족도 항목의 평가 결과가 상승한 이유는 어려운 경제 환경하에서도 각 기업들의 환경 문제 인식도가 높아지고 있는 것으로 평가되며, 이는 또한 OECD에 가입한 우리 나라 정부의 규제도 높아진 때문이기도 하나 많은 시민 단체의 지속적인 모니터링의 결과라고 풀이된다.

한편, 경실련의 경제정의기업상 평가 지수(KEJI)와 한국신용평가정보 신용 평가 지수(KIS)를 연계하여 분석한 결과, KEJI와 KIS간 통계적으로 유의한 상관 관계가 존재하는 것으로 나타났다. 이는 사회적으로 존경받을 만한 기업에서 경제적으로 믿을 만한 기업이 출현할 가능성이 높다는 것을 보여주는 결과이다.

이러한 경향은 대형이나 소형보다는 중형 기업(매출액 또는 총 자산이 1,000억 원~3,000억 원 규모인 기업) 집단에서 더욱 뚜렷하게 나타나고 있으며, KEJI의 구성 항목 중에서는 특히 건전성이 높을수록 신용 평가 지수 또한 높아지는 것으로 나타났다.

▷**제11회 경제정의기업상 : KEJI 경제 정의 성과로 본 기업 평가**
  (2001. 5 ~ 2002. 2)
  : 2002년 2월 21일 시상식 -(주)태평양 大賞 수상

상장 제조 업체 296개 중 (주)태평양이 제11회 경제정의기업상 대상(大賞) 수상 기업(66.32점, 100점 만점)으로 선정되었다. 업종별로 보면,

음식료품은 롯데칠성음료, 섬유 종이 기타 제조는 비비안, 화학은 한국 쉘석유, 제약은 대웅제약, 조립 금속 및 기계 장비는 경동보일러', 전기 전자는 미래산업을 올해의 경제정의기업상 부문별 최우수 기업으로 선정하였다. 또한 특별 추천 부문賞으로 안철수연구소를 선정하였다.

11회부터는 정량화된 **KEJI** 평가 모형의 보조 수단으로 활용되던 정성 평가를 정량 평가 지표에서 분할하고, 평가 모형을 정량 평가(75%), 정성 평가(25%)로 구분하여 단계별 평가를 실시하였다. 정의롭고 윤리적인 기업을 선정하는 데 적합한 평가 절차 및 방법을 개발하려 노력하였다.

평가 대상 기업 선정 원칙에 의해 선정된 모든 기업을 대상으로 정량·정성 평가를 했던 데 반해 11회는 1차로 정량 평가를 하고, 그 결과를 바탕으로 전체 상위 10%와 업종별 상위 20% 안에 포함된 기업(64개사)을 대상으로 정성 평가를 하여 평가의 정확성을 기하려고 노력하였다.

업종을 기존의 9개 업종에서 7개 업종으로 조정하였다. 업종별 기업 수의 심한 편차를 해소하고, 업종 수를 줄이자는 취지 하에 증권 거래소 업종 구분을 참고하여 유사한 업종을 통합하였다. 평가 항목을 기존의 6개 항목에서 7개 항목(사회 봉사 및 소비자 보호 만족도 항목 분리)으로, 45개 평가 지표, 7개 고려 지표를 46개 평가 지표, 6개 고려 지표로 조정하였다.

11회 경제정의기업상부터 처음으로 특별 추천 부문상을 도입하게 된 것은 경제정의기업상의 대상이 상장 제조업이기 때문에 기업의 규모나 업종에 있어 대상 기업 선정 단계부터 평가 대상에서 제외될 수 있는 우수한 기업이 있을 수 있다는 내·외부의 문제 인식을 바탕으로 제기되었고, 특별 추천 부문상 시상을 통해 경제정의기업상의 취지에 걸맞은 기업을 발굴하기 위한 폭을 확대함으로써 상의 위상을 높이고 윤리적 기업에 대한 사회적 인지도를 넓히고자 함이기도 하였다.

항목별로 10회와 평균 점수를 비교해 보면, 환경 보호 만족도 항목은 상승한 반면 다른 항목들은 큰 차이가 없거나 다소 하락하였다. 환경 보호 만족도 항목의 평가 결과가 상승한 이유는 어려운 경제 환경 하에서도 각 기업들의 환경 문제 인식도가 높아지고 있는 것으로 평가되며, 이는 또한 OECD에 가입한 우리 나라 정부의 규제도 높아진 때문이기도 하나 많은 시민 단체의 지속적인 모니터링의 결과로 풀이된다.

개별 지표 중에 두 해의 평가 대상 기업의 평균을 볼 때, 건전성에서 위험성(10회 37.6%, 11회 39.9%)은 다소 높아진 반면, 관계 회사 지급 보증(10회 19.32%, 11회 11.25%)은 낮아졌다. 기부금(10회 0.46%, 11회 0.58%), ISO9000(10회 0.14건, 11회 1.18건), 환경 오염 위반 건수 감소(10회 0.27%, 11회 0.22%) 등 일부 지표가 개선되었고, 1인당 교육 훈련비는 다소 높아지고(10회 21.35%, 11회 23.59%), 복지 후생은 다소 낮아진 결과였다. 경제 발전 기여도 항목은 수익성은 악화된 반면, 성장성(10회 0.20%, 11회 0.97%)은 다소 높아졌다.

전체 상위 30위 기업의 특징을 비교해 보면, 전체 평균은 10회 62.35점, 11회(정량 및 정성평가 점수 합계)는 59.60점으로 점수가 다소 낮아졌고, 상위 30위에 포함된 업종별 현황은 10회는 음식료품, 종이 제지 출판, 1차 금속 및 비금속 광물 0개, 화학업 5개, 제약업 14개로 업종별 편차가 상당히 심한 것에 반해 11회는 음식료품 3개, 섬유 종이 기타 제조 5개, 화학업 5개, 제약업 4개, 1차 금속 및 비금속 광물 4개, 조립 금속 및 기계 장비 5개, 전기 전자 4개로 상위 30위의 업종별 분포가 고르다는 것을 알 수 있다. 이는 업종별 우수 기업이 2차 평가(전체 상위 10%와 업종별 상위 20%)에서 제외되지 않도록 하기 위한 평가 방법의 변화에서 이유를 찾을 수 있다.

4. 맺으며 : 새로운 10년을 향하여

기업 경영의 활동에 대한 성과는 보는 각도에 따라 재무적 성과와 사회적 성과로 나눈다. 재무적 성과는 기업의 목적인 이윤 극대화 달성의 우량 정도로 신용을 보고, 사회적 성과는 기업 내적인 종업원 만족도와 기업외적인 주주 관계, 투명성, 환경과 소비자 보호 및 사회 환원에 따른 사회적 평판으로 나타난다. 기업들은 분리된 성과가 아닌 기업이 가야 하는 길에 공생되어야 하다는 인식과 더불어 변화된 전략을 마련하여야 한다. 이러한 성과에 따라 기업의 평가는 정량화된 재무 자료의 지표와 정성적 사회적 지표들이 있다. 지금까지 기업을 평가하면서 둘 사이의 관계는 불가분의 관계로 재무적 성과의 정량 지표에 사회적 성과의 정성적 자료들을 통계적 분석과 지침에 따라 평가하였다.

걸어온 기업의 사회적 책임에 대한 성과 평가 10년은 그리 짧은 세월은 아니다. 그 동안 69개 사(총 수상기업부문 91개, 두 번 이상 부문별 수상한 기업 17개 사)의 경제정의기업상을 수상한 기업들은 받는 순간부터 존경이라는 명성을 유지하도록 심혈을 기울여야 하고, 보다 넓은 세계 정상을 향해 도전하는 마음으로 최고의 경쟁력과 최선의 정도 경영을 위해 노력하여야 한다. 경제정의지수에 의한 사회적 성과 평가는 다른 어느 상에 비해 종합적 요소로 평가된 기업상이다. 경제정의지수에 의한 경제정의기업상은 처음부터 상장 제조 업체만을 대상으로 평가하였던 것이 11회에서는 상장 제조 업체 이외에 코스닥까지 평가하는 특별상이 제정되기도 하였고, 세계화 시대에 국내로 다국적 기업들이 많이 들어온 환경 변화에 부응하여 2001년 가을부터 '바른외국기업상' 시상도 생겼다.

이벤트성 시상만을 위한 준비가 아니라 더욱 신뢰할 만한 자료 수집과 객관적인 절차 및 매년 시계열 자료들이 비교 가능한 평가 항목과 지표들이 유지되어야 평가 결과들에 신뢰성과 타당성이 높아질 것이다. 그러기 위해서 관계 기관의 원활한 자료 협조와 기업의 사회 보고 제도의 법제화 및 자율적인 기업 윤리 헌장의 실천들이 있어야 하고, 동시에 더욱 올바른 평가에서 수상 기업의 홍보 극대화에 이르기까지 더 많은 노력이 필요하다. 그래서 학문적 제반 연구가 활발하여 지고, 경영 현장에서는 기업 윤리의 올바른 정착 등 그 밑거름들로 보다 나은 평가를 향해 끊임없이 질주하여야 한다.

기업의 사회적 책임에 대한 평가는 21세기 새로운 패러다임을 가지고 변화되는 것과 다차원적 원시 자료의 구축에서 수상 기업의 향후 관리 등 상의 위상을 더욱 견고히 하는 두 갈래 길에 서서, 이제 새로운 10년 아니 그 이상의 기업상으로 존속되어지기를 바라는 마음 간절하다.

기업의 사회적
성과 평가에 관한 국내외 동향

이충열

경제정의연구소 연구원

기업이 경제적 이익을 추구함에 있어 사회적인 책임을 다하여야 한다는 주장은 오늘날 기업과 관련을 맺고 있는 사회 구성원 대부분이 공감하고 있는 바이다. 따라서 중요한 것은 어떻게 하면 그러한 공감을 실천에 옮겨질 수 있게 하느냐 하는 문제이다.

이를 위해 수많은 개인과 조직, 그리고 기업들이 자발적으로 사회적 책임을 실천하고 감시하기 위한 노력을 기울이고 있다. 특히 우리 사회보다 기업의 역사가 길고 사회 구성원들의 사회적 책임에 대한 요구가 높은 서구 사회에서 어떻게 기업의 사회적 책임을 인식하며 요구하고 있는지를 이해하는 것은 우리 기업들의 사회적 성과를 높이기 위한 좋은 사례가 될 것이다.

이를 위해 본 글에서는 기업의 사회적 성과를 평가하고 감시하기 위한 국내외의 노력들을 평가주체별로 구분하여 살펴보고자 한다.

1. 경쟁력 제고를 목적으로 한 기업 자체의 평가

100여 년 이상의 역사를 가진 서구의 많은 기업들이 윤리 경영을 기업 이념으로 내세우거나 기업 경영의 가장 중요한 목표로 삼고 있는 것을 볼 수 있다. 물론 그 중에는 윤리 의식의 부재로 커다란 사회적 물의를 일으키거나 또는 오랜 기간 동안 형성된 좋지 못한 기업 이미지를 개선하기 위한 의도적 노력의 일환으로서 사회적 책임을 인식하고 있는 기업도 많다. 그러나 창업 초기부터 기업이 사회의 한 구성원으로서 책임을 다하고 기여해야 한다는 인식 아래 기업 경영의 모든 부문에서 윤리적 책임 의식을 반영하고 있는 기업들이 매우 많음을 알 수 있다.

1) 존슨 앤 존슨(Johnson & Johnson) : 윤리 경영의 원조

우리의 신조(Our Credo)
- '존슨 앤 존슨'은 1930년대부터 자발적으로 기업 윤리를 강조해 온 윤리 경영의 대표적 기업이다.
- R. W. Johnson은 1943년 최초의 기업 윤리 강령으로 알려진 '우리의 신조(Our Credo)'를 직접 작성하고 경영에 접목시켰다.
- 오랜 윤리 경영 실천의 역사를 바탕으로 1982년 타이레놀 독극물 투입 사건이 발발했을 때 신속하게 대응했다.

윤리 경영을 인사 정책과 연결
- '존슨 앤 존슨'에는 기업 윤리를 담당하는 별도의 조직이 없고 인사 담당 임원이 총괄하고 있다.

- 인사 정책에 있어 기업 윤리의 준수 여부가 핵심적인 판단 기준 중 하나이다.
- 의사 결정이 다소 지연되더라도 윤리적인 관점에서 대안을 충분히 검토한다.

2) 인터내셔널 페이퍼(International Paper): 윤리 경영을 통해 위험을 최소화

- 1백년이 넘는 역사를 자랑하는 세계 최대 펄프·제지업체인 'IP'는 일찍부터 윤리적인 비즈니스 관행을 통해 경영 위험을 통제하고 있다.
- 1위 기업으로서 반독점 시비와 소비자의 저항에 휘말리지 않기 위해 신중하게 사업을 전개하고 있다.
- 딜론 회장은 이사회 멤버들이 회의감을 표명했음에도 불구하고 윤리 프로그램이 장기적으로 이익을 가져다 줄 것이라고 설득했다.
- 윤리 강령을 확정함과 동시에 전세계 'IP' 임직원들이 실천할 수 있도록 다양한 실행 방안을 마련하고 있다.

내부 고발 제도(HELP LINE)가 윤리 경영 정착에 기여
- 형식적으로 운영되던 규정 준수 신고 전화를, 전세계에서 통화가 능한 명실상부한 제보 전화로 전환했다.
- 과거에 비해 익명의 제보 전화가 줄어들고 있으며 전체 문의 건수로 미국윤리임원협의회(EOA)가 제시하는 모범 수준에 근접하고 있다.

3) 노드롭 그루만(Northrop Grumman)

비리의 온상으로 인식되는 군수 사업자 이미지를 개선

- '노드롭'은 군수 사업자의 나쁜 이미지에서 벗어나기 위해 1980년 대 후반부터 윤리 경영을 본격적으로 강조한다.
- '노드롭'은 DII에 적극 참여하는 한편 군수 산업의 특성을 감안하 여 윤리적 의사 결정 가이드 라인을 제정했다.

사원 수칙이 아닌 기업 가치관으로서 윤리를 강조

- '노드롭'은 윤리 강령 제정이나 감사만으로는 임직원들의 윤리적 의사 결정이 불가능하다고 보고 가치관을 강조하고 있다.
- 윤리 경영을 전담하는 기업 윤리 사무국을 설치하여 교육과 평가 를 실시하고 내부 고발 제도 등 운영하고 있다.
- 임직원 전체를 대상으로 윤리 교육을 실시하고 있다.
- 무작위로 선정된 650명의 직원을 대상으로 하는 설문 조사를 통해 윤리 경영의 실천 현황을 평가하고, 이를 윤리 강령의 개정 자료 로 활용하고 있다.

4) 데이진

기업 윤리가 중장기 성장 전략의 6대 키워드 중 하나

- 일본의 화섬업체인 '데이진' 그룹은 1999년 4월부터 본격적인 윤 리 경영 시스템을 가동하여 일본 기업 중 윤리 경영을 선도하는 업체로 부각되고 있다.
- 경영 방침으로 '기업 윤리 추구'를 명시하고 구체적인 행동 지침 을 마련하고 있다.

· 부사장이 위원장을 맡고 각 부문의 임원 및 부장급 18명이 참여하
  는 윤리위원회를 설치하고 있다.
· 매뉴얼 작성, 경력 경로별 교육 프로그램 운영 등을 통하여 윤리
  경영을 보급하고 있다.
· 매년 11월에 윤리 주간을 설정하여 '데이진' 그룹 전체가 윤리 경
  영의 실천 상황을 점검하고 있다.

5) ABB

지속적 성장을 위한 교두보로서 기업 윤리를 강조
· 'ABB'는 지속 가능한 성장을 달성하기 위한 전략의 일환으로 윤
  리 경영을 실천하고 있다.
· 구체적 행동 기준이 되는 기업 윤리 가이드 라인을 제정했다.

전담 조직과 시상 제도를 통해 윤리 경영을 고취
· 'Sustainability Affairs 조직'에서 기업 윤리 등 사회 정책을 관장하
  고 있다.
· Sustainability Award를 제정하여 기업 윤리 준수 행위에 대해 보상
  하고 있다.

2. 공인 기관의 평가 모형에 의한 과학적 평가

  기업 자체의 평가가 기업 경쟁력을 제고하거나 내적인 경영 철학을
실현하기 위한 것이라면 공인 기관의 평가 모형에 의한 평가는 객관적
인 기준에 따라 다수 기업들의 사회적 책임을 평가하여 비교하고 개선

되고 있는지를 알기 위한 것이다.

1) Fortune지의 기업 평판 조사 모델

평가 항목은 경영진의 자질, 제품의 품질 및 서비스 수준, 혁신성, 장기 투자 가치, 재무적 건전성, 인재 흡수 및 육성, 사회적 책임, 자산의 효율성 등이다.

조사 대상은 ≪포천≫지 선정 제조업 5백대 기업 및 서비스업 5백대 기업 중 업종별로 매출액이 가장 큰 10개 사씩 뽑고 10개 사 미만인 경우에는 4개 사 이상인 업종만을 선택한다. 우량 기업 판별 척도는 8가지 항목에 대해 각 평가자가 항목별로 10점(최우수)~0점(불량)으로 평가한 것을 합계한다.

2) Ernst & Ernst의 사회적 책임 영역 조사

Ernst & Ernst 회계 법인이 1971년부터 매년 ≪포천≫지의 500대 기업, ≪포천≫지의 50대 생명 보험 회사, 일반 산업은행 50개 기말 보고를 대상으로 데이비드와 블룸스트롬이 제안한 일람표로 평가한다.

3) 미국관리회계사회의 사회적 성과 평가

미국관리회계사회가 제시한 사회적 평가 지표는 이해 관계자 관리 모델 측면에서 보면 종업원, 고객 및 공공 이해 관계자와 관련한 사회적 성과 평가 항목만을 다루고 있다.

4) 미국공인회계사회의 사회적 성과 평가

미국공인회계사회의 사회적 성과 평가 지표는 이해 관계자 중심으로 종업원, 고객, 공급자, 공공적 이해 관계자 및 경쟁자에 관한 항목을 다루고 있다. 회사 및 주주와 관련된 사회적 성과 평가 항목은 다루고 있지 않지만, 개별 지표의 특성, 구체적 정보 및 정보 원천에 대해서 상세히 언급하고 있는 것이 특색이라 할 수 있다.

5) CEP(the Council on Economic Priorities)

미국에서 1969년 '경제최우선협의회(the Council on Economic Priorities 이하 CEP)'가 설립되었을 때만 해도 기업들은 환경이나 자선 사업, 공정한 고용에 대한 그들의 책임에 무지한 상태였다. 오늘날 CEP 및 그 회원들에 의해 사회 분위기가 바뀌고, 1,000종이 넘는 간행물에서 자료를 수집하고 있으며, 그 내용은 주로 탁아 시설이나 대기 오염, 직업 안정성, 계약 보호 정책에 관한 것이다. CEP의 목표는 미국 국민에게 이러한 정보를 알리고 교육하며, 기업들이 종업원, 다른 회사들, 투자가, 소비자들을 공정하게 다루도록 권장하는 것이다.

CEP는 매년 미국의 존경받을 만한 기업상을 수여하고 있다. 과거 상을 수상한 기업들의 사장에 의해 진행되는 축제 행사는 특정 지역에 두드러진 기여를 한 기업을 기리고 공공의 이익에 해를 끼친 회사에게는 불명예스러운 언사를 퍼붓기도 한다. CEP는 개인 및 재단의 기부금과 국내 후원금으로 운영되는 비영리 독립 연구 기관이다.

6) 프랑스 기업의 사회적 대차대조표

프랑스는 1977년 7월 12일 프랑스 노동법으로 '사회적 성과 대차대조표(Bilan Social)'의 작성을 의무화하고 있다. 법조문에 따르면 'Bilan Social'이란 기업의 상황을 사회적 측면에서 조사·평가하고, 기업의 상황을 사회적 측면에서 조사하고, 해당 년도 및 앞선 2년 동안에 실행된 기업 활동들을 기록하며, 그 동안 일어난 변화들을 측정할 수 있도록 도움을 주는 주요 정보들을 수치화 하여 하나의 문서에 요약 정리하는 것이다."라고 명시하고 있다. 법에서 정의하는 사회적 측면은 고용자와 종업원간의 관계만을 고려하고 있으며, 기업의 다른 이해 관계자 관계는 고려되지 않고 있다. 즉, 기업의 전체 이해 관계자와 관련된 사회적 측면을 모두 수용하고 있지는 않다는 것이다.

7) 일본능률협회(JMA)의 21세기 혁신 기업 모델

일본능률협회 컨설팅주식회사에서는 다가올 21세기 혁신 기업의 경영과 평가 모델을 독자적으로 개발했는데, 이는 재무 비율 분석의 차원을 넘어 경영 혁신이란 기업의 중추적 요소를 7개 질적 평가 항목으로 계량화한 것이다. 평가 항목은 기술, 기업가 정신, 기업 문화, 사업의 소프트화, 마케팅, 생산, 사업의 국제화이다.

8) 일본경제신문의 우량 기업 평가 모델

NEEDS CASMA 모델은 일본경제신문사가 지난 79년 독자적으로 개발한 우량 기업 평가 시스템이다. 이 모델에서는 일본경제신문사 기업 담당 기자의 기업관과 경영 상태를 나타내는 재무 데이터를 가지고 다변량 분석으로 기업의 우량도를 종합 평가하는 방법이다.

9) 국제표준화기구(ISO)

기업의 사회적 성과 평가와 관련하여 국제표준화기구(ISO)에 의하여 제정·시행되고 있는 인증 시스템은 ISO 9000과 ISO 14000이다. ISO 9000은 기업의 이해 관계자 중에서 고객과 공급자와 관련한 사회적 성과를 다루는 것이며, ISO 14000은 기업의 이해 관계자 중에서 공공 이해 관계자 항목 중 환경 문제와 관련한 사회적 성과를 다루고 있다. 한편, ISO 18,000으로 산업 안전 보건 항목과 관련한 사회적 성과를 다룰 예정이나, 아직 시기 상조라는 판단 하에 제정이 유보되고 있다. 기업의 사회적 성과와 관련하여 국제적 표준을 만든다는 점에서는 환영할 만한 일이다. 그러나 각 규격간에 평가 항목의 차이에도 불구하고 평가 방식은 일치하고 있으므로, 사회적 성과와 관련하여 모듈별로 국제적 규격을 제정해 나가는 것보다는 이해 관계자 전체를 대상으로 한 소위 '기업의 사회적 성과 인증 시스템'으로 통합하는 것을 검토하는 것이 요구된다.

10) 한국생산성본부 한국 경영 생산성 대상

한국 경영 생산성 대상은 미국의 말콤 발드리지상(Malcolm Baldridge Award)과 일본의 경영 품질상(Japan Quality Award)을 벤치마킹하여 우리 경영 조직들이 갖춰야 할 모범적인 시스템을 제시하고자 한다. 한국 경영생산성대상은 심사 기준과 심사원의 질을 향상시켜, '측정된 경영', '평가된 경영', '체계화된 경영' 기법을 보급·전파함으로써 우리 기업들이 생산성 향상의 강력한 시스템을 갖추도록 지원하고자 한다.

한국경영생산성대상은 경영의 구체적인 발전에 기여하는 것을 그 목적으로 하여 이 상의 심사 기준은 단순히 이상(理想)을 제시하는 데 그치는 것이 아니라, 우리 기업들이 심사 기준을 통하여 경영 시스템을 어떻게 창의적으로 발전시킬 것인가에 초점을 맞추고 있는 것이다.

평가 항목은 리더십, 전략 기획, 고객과 시장 중시, 정보와 분석, 인적 자원 중시, 프로세스 관리, 사업 성과 등이다.

11) 미국의 말콤 볼드리지상

1980년대 일본과의 경쟁에서 경쟁 우위를 상실한 원인이 경영력과 생산성에 있다는 결론을 내리고, 당시 레이건 정부의 상무장관이었던 말콤 볼드리지의 제안을 받아들여 국가 품질 개선 조례가 입법되었고 국가 품질상이 창설되었다. 특히 대통령으로부터 직접 상을 받는 명예가 주어지기 때문에 급속히 기업에 확산되었다. 응모 여부에 관계없이 심사 기준 자체가 경영 전체를 평가하는 나침반으로서 미국 기업의 자체 경영 진단의 지침으로 사용되고 있다.

상무성과 전미 표준규격기술협회(NIST: National Institute of Standards and Technology)가 주최하고, 미국품질관리협회(ASQC: American Society for Quality Control)가 관리를 담당, 관민 일체로 추진되고 있다. 제품과 제조 공정의 품질 개선이 중점이 아닌, 기업 경영 전체의 테두리를 정해서 전략에서부터 실천에 이르는 방법론을 세워 놓고 경영 전체의 품질을 개선하는 전체 시스템을 생각하는 방식이다.

12) 유럽 품질상

미국 기업이 말콤 볼드리지 국가 품질상 제정을 계기로 세계 시장에서 경쟁력을 향상시키자 EU를 중심으로 한 14개 국가가 1988년에 유럽품질경영재단(EFQM: The European Foundation for Quality Management)을 설립하고 세계 시장에서 유럽 기업 및 조직의 경쟁력을 향상시킬 목적으로 1991년에 유럽 품질상(EQA : European Quality Award)을 제정했다. EQA 의 시작은 미국의 말콤 볼드리지에서 유래되었기 때문에 형태는 유사하나, 유럽 기업에 맞게 평가 체제를 재정리하여 EFQM Excellence Model을 제시했다.

13) 일본의 경영 품질 수상 제도

일본 제품이 세계 시장에서 높은 경쟁력을 유지하였지만 버블 경제로 인해 빅뱅이 이루어지고 있는 동안 미국 경제는 부활하고, 아시아 국가의 경제 비약이 진행되는 위기감 속에 이를 타파하기 위해 일본사회경제생산성본부가 주관(민간 중심)하는 경영 품질 수상 제도를 1996년에 도입했다.

미국이 일본의 데밍상을 연구하여 말콤 볼드리지 수상 제도를 도입한 것을 이번에는 일본이 말콤 볼드리지 체계를 거꾸로 벤치마킹하여 도입했다. 수상 기업 선정은 일본사회경제생산성본부에 있는 사무국과 경영품질협의회라는 독립된 협의회가 담당하고 있다. 경영품질협의회에서는 일본 기업 경영의 질을 높이기 위해 월별 심사기준연구회, 베스트 프렉티스연구회, 수상 기업 보고회, 심사 기준 내용 설명회, 경영 품질 리포트, 말콤 볼드리지 국가 품질상 조사단 파견, 자체 평가회 등을 갖는 등 일본 기업 전체에 확산되도록 보급 활동을 기획 · 추진하고 있다.

14) 한국능률협회 한국 인재 경영 대상

한국 인재 경영 대상은 체계적이고 전략적인 인재 개발 노력을 통해 시대가 요구하는 인재상 구현에 모범을 보이고 창의 · 연구적인 자세로 인재 개발 부문의 발전에 기여한 기업과 기관을 선정 · 시상함으로써, 기업 경영 전반에 활력을 불어넣고, 이 시대 인재 경영 · 산업 교육 부분이 지향해 나갈 바의 귀감으로 삼고자 함이다.

15) 산업자원부 기업시민대상

산업자원부는 기업의 사회적 공헌도가 높은 '존경받는 기업'으로 발전하기 위해 기업의 윤리 경쟁력 강화 활동을 경제 단체 및 선도 대기업 등과 함께 본격적으로 추진한다. 우선, 기업 윤리 경영 체제의 핵심 요소인 윤리 강령 및 실천 매뉴얼의 표준안을 개발하여 하반기(2002년)부터 보급하고 순회 교육을 실시한다. 둘째, 기업 윤리 경영 평가 모델을 개발하여 중립적 연구 기관을 주관으로 대기업을 대상으로 기업의 윤리 경영 성과를 평가한다. 셋째, 2002년 말에 경제 단체 · NGO 등의 공동 주관으로 윤리 경영 우수 기업 시상 제도인 '기업시민대상'을 도입한다. 이는 미국 상무성의 말콤 볼드리지상과 민간 단체의 기업 윤리 시상 제도, 그리고 영국 상무성과 파이낸셜타임즈가 지원하는 '우수 지역기업상' 등을 참고할 계획이다. 전경련 등 경제 단체는 2004년까지 기업 윤리 경영 촉진 사업이 지속되도록 하기 위해 추진 체제도 대폭 강화한다.

16) 노동부 신노사 문화 우수 기업

신노사 문화 우수 기업 시상은 열린 경영, 참여 경영 등 상생의 노사 문화를 실천하는 우수 기업을 선정 · 지원하여 참여와 협력의 노사 문화를 산업 현장에 정착시키고 근로자의 권익 신장과 기업의 경쟁력을 제고시키는 것을 목적으로 하고 있다.

주요 심사 대상은 신노사 문화 주요 추진 정책에 부합하도록 노사 관계, 신노사 문화 실천 사항, 근로자 만족 및 경영 상태 등을 평가한다.

17) SAI : SA8000 관련

· 1990년대 중반 이후 종업원 관련 경영 시스템이 제정되기 시작했다.

· 1997년 미국 SAI(Social Accoutability International)가 종업원 관련 경영시 스템(아동 노동, 강제 노동, 산업 안전 보건, 노사 관계, 고용 차별, 징계, 근로 시간, 보상)인 SA8000을 제정했다.

· 1999년 세계 13개 컨설팅 기관들이 참여해 안전 보건 경영 시스템 인 OHSAS18001 제정했다.

· 1999년 영국의 ISEA(Institute of Social and Ethical Accountability)가 기업의 사회적, 윤리적 성과에 대한 측정 · 감사 · 보고를 통합한 AA1000을 제정 : 종업원 관련 사회적 성과 경영 시스템은 새로운 경영 흐름으로서 선진 기업에 급속도로 확산되었다.

· 한국 내에는 종업원 관련 경영 시스템 중에서 안전 보건 경영 시스

템이 받아들여졌으며, 2000년에 한국산업안전공단이 KOSHA2000 프로그램을 작성하여 여러 기업이 인증을 받고 있다.

· SA8000과 AA1000은 극히 소수 기업에게만 알려져 있고, 인증을 획득한 기업들도 극히 드물다. 고용 문제나 윤리 경영 등이 대두되면서 기업의 사회적 성과에 대한 관심이 점증하고 있으므로 SA8000과 AA1000도 국가 규격으로 제정되어 인증을 획득하는 기업이 확대되어야 할 것이다.

· SA8000과 AA1000이 국가 규격으로 도입되면 인증 기관에서는 품질, 환경 및 안전 보건에 SA8000 및 AA1000을 통합한 경영 시스템을 구축하도록 권장하는 것이 바람직할 것이다.

3. 시민 단체를 중심으로 한 감시 활동

기업은 기본적으로 이윤 극대화를 추구하는 집단이지만 그에 상응하는 사회적 책임이 따른다고 할 수 있다. 자본주의 경제가 산업화 과정을 거치면서 기업들이 사회에 대한 기여도 크지만 그에 못지 않은 폐해, 즉 이익의 극대화라는 눈앞의 목표만을 추구하면서 뇌물, 탈세, 불공정 거래 등 불법 행위를 자행하여 왔으며, 노동 착취와 노동권 탄압, 소비자 권익 무시, 환경 오염, 공해 유발, 주가 조작과 부당 상속, 불법 대출과 외자 유출 등 반사회적이면서 반윤리적인 행위가 끊임없이 벌어지고 있는 것이 오늘의 현실이다. 이러한 냉혹한 현실에서 기업이 자체적으로 정화되길, 혹은 공인 기관에서 기업의 사회적 성과를 평가하고 시상하는 방식으로 윤리적 책임을 기업에게 권고하는 우회적인 방법보다는, 시민 단체를 중심으로 지속적인 모니터를 통한 직접적인 제재 조치를 취할 수 있는 캠페인 활동이 전개되고 있다.

1) 함께하는 시민 행동

'좋은 기업 만들기의 극과 극 운동'은 책임질 줄 아는 기업 문화를 만들어 가는 시민 운동이다. '시민 행동'은 사회적 책임을 다하는 기업 경영이 장기적으로, 또한 현실적으로도 기업의 성장과 발전을 가져온 다는 경영 의식과 시민 의식을 고양시켜 나가고 있다. 온갖 반사회적이고 불법 부당한 방법으로 외형만을 키워 나가는 기업 경영을 지양하고 사회와 공존 공영하는 경영 문화를 진작시켜 나가고 있다. 시민들 또한 이러한 기업에 박수를 보내며 그 기업의 상품을 구매하거나 그 기업에 투자하는 성숙한 소비와 투자 행동을 할 수 있는 시민 의식을 고양시켜 나가고 있다.

2) 국제민주연대 다국적기업 감시위원회

국제민주연대는 수많은 다국적 기업에서 만드는 제품들이 우리 몸에 해(害)는 없는지, 또 환경을 파괴하지는 않는지, 만드는 과정에서 노동자들은 인간다운 대우를 받는지, 소비자가 주인으로 대접받고 있는지 등의 문제에 주목하고 있다. 또한 세계화의 바람을 타고 해외에 투자한 수많은 한국 기업들이 그 나라의 문화와 노동 인권을 존중하면서 정당한 이윤을 얻고 있는지에 대한 감시 활동도 하고 있다.

이제 기업과 자본이 국경을 넘어 이윤을 추구하는 것처럼 국제민주연대의 이 같은 관심과 감시를 위한 연대 활동 또한 국가의 경계를 넘어서고 있다. 국제민주연대 다국적기업감시위원회에서는 국내외 다국적 기업을 감시하고 또 바람직한 대안은 어떤 것인지를 국내외 시민들과 함께 찾고 있다.

3) 참여연대 경제개혁센터

경제민주화위원회는 경영의 투명성과 책임성을 추구하는 소액 주주 운동을 중심으로 재벌 개혁 운동을 벌이고 있다.

- 기업 감시는 삼성전자, 현대중공업, SK 텔레콤 등 핵심 재벌 계열 사에 대한 감시와 소수 주주권 행사에 역점을 두고 있다.
- 공익 소송 및 시민 행동은 재벌 총수와 경영진의 불법 행위에 대해 공익 소송 제기, 불매 운동 등 직접적인 시민 행동 전개하고 있다.
- 재벌 개혁 모니터는 정부의 재벌 정책과 구조 조정 진행 상황을 모니터하고 시민 의견을 폭넓게 제시하고 있다.
- 기업 지배 구조 개선은 총수의 전횡을 방지하고 경영진의 책임성 을 높이기 위해 기업 지배 구조 관련 법·제도 개선에 노력하고 있다.

4) The Institute of Business Ethics

IBE는 부의 생성에 필수적인 윤리적인 특성을 강조하고, 기업체의 행위에 대한 최고의 기준을 제시하며, 최상의 윤리적 실행을 공식화하 는 것을 그 설립 목적으로 한다.

IBE는 상담, 세미나 개최, 연구 조사, 출판, 기업체가 채택할 수 있는 효과적인 조치 제안 등의 활동을 한다. 또한 언론 매체와 각종 토론회 를 통해 책임감 있는 사업에 대한 주장을 펴기도 한다.

IBE는 기업 윤리와 기업의 사회적 책임성에 대한 통찰과 함께 국제 기구와의 협력 관계도 유지하고 있다. 이것은 IBE가 폭 넓은 기술과 지식을 이용할 수 있고 미래의 발전 가능성도 잠재되어 있다는 것을 의미한다.

IBE는 CRT(Caux Round Table)의 영국 파트너이며 EBEN(European Business Ethics Network), CSRE(Corporate Social Responsibility Europe) 과도 협력하고 있다.

5) Bankwatch Network

부다페스트에 본부를 둔 환경 압력 단체 컨소시엄이다. 국제적 재정
기관의 행위를 감시하는 동유럽 NGO들의 네트워크이다.

6) Students for Responsible Business

SRB는 최근 Net Impact로 이름을 바꾸었다. Net Impact는 좀더 좋은
세상을 만들기 위해 기업의 힘을 이용하고 있는 젊은 기업가들의 네트
워크 모임이다.

7) The Sustainable Business Network

환경적으로, 사회적으로 책임 있는 기업 경영을 촉구하기 위해 1996
년에 설립된 단체. 이런 기업이 세계 경제에서 탁월한 힘을 발휘할 수
있도록 여러 가지 정보와 도구들을 제공하고 있다.

8) The Australian Consumers' Association

CHOICE라는 온라인 잡지를 발행하고 있는 단체이다. 소비자들이
관심을 가지는 사안에 대해서 연구하고 행동한다.

9) National Consumer League

소비자와 노동자들의 경제적, 사회적 이익에 위해 일하는 조직. 소비
자를 대표하는 개인들과 비영리 조직들의 연합체적 성격을 지니고 있
다. 100년 전에 NCL은 미국에서의 소비자 운동을 개척했다고 밝히고
있듯이 미국 내에서 가장 오래된 소비자 조직이다.

10) Global Exchange

비영리 연구, 교육 단체이자, 전 세계 사람과 사람 사이의 관계를

긍정적으로 개선시키기 위한 행동 그룹이다. 1988년 설립되었고, 인권과 지속가능한 사회의 추구, 공정 무역의 촉진 등을 위한 프로그램이다.

11) Clean Clothes Campaign

1990년 네덜란드에서 시작된 운동으로 스웨트샵(노동 착취 공장)에서 만드는 옷을 입지 말자는 취지의 운동이다. 독일과 영국 등 10개 국가에서 진행하고 있는 캠페인으로서 의류 산업에서의 노동 조건을 개선하기 위한 일을 하고 있다.

깨끗한 옷 입기 운동(Clean Clothes Campaign or the CCC)은 의류 산업의 근무 환경을 개선하고 노동 착취를 감시하는 활동을 벌이고 있다. CCC는 소비자 단체, 노동 조합, 인권 단체, 여성 단체, 조사 기구, 연대 기구 등과 연합하여 활동한다. 일년에 두 번 각국 CCC의 대표자들끼리 모여 정보를 교환하기도 하고, 국제 연대가 요구되는 활동을 펼치기도 한다.

CCC가 적극적으로 벌이고 있는 캠페인에는 Triumph action, Clean clothes communities, Supports for homeworkers 등이 있다.

12) Campaign for Labor Right

CLR은 미국 내에서의 sweatshop과 어린이 노동을 없애기 위한 풀뿌리 시민 행동이다.

13) Sweatshop Watch

Sweatshop Watch는 저임금 착취 공장에 대한 감시 운동을 하고 있는 미국의 대표적 시민 단체이다. 그들은 '저임금 공장에서 발생하고 있는 착취를 제거하기 위한 노동, 공동체, 시민 권리와 이민자 권리의 대변인, 여성 조직, 그리고 변호사들의 연합'이라고 말한다. 또한 그들은 노동자들이 안전하고 건전한 작업 환경 속에서 일해야 하며, 저임금으로 노동자들을 착취하는 것에 대해서 기업주는 해명할 의무가 있다고 주장하고 있다.

이들은 특히 의류 산업에 대해서 집중적인 감시 활동을 전개하고 있다. 의류 산업은 대표적인 노동집약형 산업으로 미국의 경우 여성 이민자들이 대부분 취업하고 있는 곳이며 저임금 노동, 건전하지 못한 작업 환경으로 대표되는 산업이다. 이들은 이러한 여성 이민자들의 권리 찾기 운동을 도와주고 있다.

14) The International Labor Rights Fund(ILRF)

전세계 노동자 권리의 힘을 증가시키기 위해 새롭고, 창조적인 수단들을 이용하는 비영리 조직. 스웨트샵에서의 여성 노동자들, 열악한 노동 조건 하에서의 장시간 일하는 어린이들, 임금을 받지 못한 채 강제로 일하는 사람들, 그리고 작업장에서의 산재 노동자들을 위해 일한다.

15) Labour and Society International

LSI는 공공적 문제에 대한 조사를 진행함과 동시에 전세계 노농 소합과 다른 시민 사회 단체와의 관계 개선에 초점을 맞추고 있다. 직접 민주주의와 지도력 교육에 관한 특별한 기술들을 제공하고 있으며 영국 노동 운동의 발전을 위한 교육 프로그램을 개발한다.

16) 보이콧/안티 운동

국내의 대표적인 안티 운동은 안티 포스코, 안티 조선, 안티 기아 등이 있고, 국외는 Boycott Daimler－Chrysler, Boycott Microsoft, Boycott Nike 등이 있다.

17) Corporate Watch

다국적 기업을 감시하는 잡지이다.

18) Economic Justice Now

Economic Justice Now는 경제 정의와 세계화에 초점을 맞춘 풀뿌리 단체로서, 사회적 형평성과 생태적 지속성을 촉진시키는 경제 정책과 시스템을 마련한다. 또한, 구조 조정 프로그램과 신자유주의 경제 정책으로 촉발된 불평등에 관해 정책 결정자들과 여론 주도층보다 앞서 주장하고 대중을 선도하며 평등적이고 안정적인 대안을 주장하기 위해 노력한다.

EJN은 지역, 세계 경제 문제에 관한 획기적인 방안을 마련하고자 Bay Area의 지역 단체와 일반 대중들과 함께 노력하고 있다. 또한, 노동권, 이주권, 환경 정의, 납세 정의, 차별철폐주의, 복지권, 인권, 여권, 죄수권 등에 대해 다양한 캠페인을 벌이는 단체들과 연합해 진행하기도 한다. EJN이 주력하고 있는 캠페인들은 모두 자원 봉사자들로 구성되어 진행된다.

19) Public Citizen's Global Trade Watch

미국의 네이더(Ralph Nader)가 창설한 Public Citizen의 6가지 분과의 하나다. Global Trade Watch는 미국 시민들에게 국제 무역과 경제적 세계화가 일반인들의 직업, 환경, 공공 복리와 안전, 그리고 민주적 책임감에 미치는 영향에 대해 교육하는 역할을 하고 있다.

20) International Forum on Globalization(IFG)

1994년 60명 이상의 활동가, 학자, 경제학자, 연구가, 그리고 작가 등에 의해 창설된 비영리 동맹이다.

21) Third World Network

경제, 사회, 환경 이슈에 관한 연구를 수행하고 세미나를 조직하고 참여하며 남쪽 국가들 이익을 대표할 수 있는 강령을 제공하는 것을 목표로 한다.

22) Mobilization Against Corporate Globalization

시민들의 건강과 안정, 노동자의 권리와 임금, 환경과 자연 유산, 그리고 민주적이고 책임감 있는 정치에 대한 WTO의 규칙과 법률 체계의 효과를 분석하는 것을 제안하고 있다.

23) People for Fair Trade

People for Fair Trade는 시애틀에 기반을 둔 시민 네트워크로서, 공정 무역을 지지하고 WTO에는 반대한다. 거대 기업들이 정부와 시민의 권리를 짓밟을 수 없다는 사실을 WTO의 지도자들에게 알려주는 것이 목적이다.

24) Peoples' Global Action(PGA)

PGA는 자유 무역과 WTO에 반대하는 시민 운동과 조직들의 국제적인 모임이다. 최근에는 각국으로부터 온 노동자, 농부, 어부, 시민 운동가 등으로 이루어진 국제적 여행자단을 위한 계획을 시도하고 있다.

25) Reclaim The Streets

6월 18일, 자유 무역과 WTO에 반대하는 전 세계인들이 거리로 뛰쳐나와 자본의 세계화에 항의해야 한다고 주장하는 사이트이다.

26) Assembly of the Poor

빈민, 농민, 환경 운동체들이 함께 모여 구성한 IMF에 대항하는 연대체로서, 태국 농민운동 세력이 주도적인 역할을 하고 있다.

27) Computer Professionals for Social Responsibility(CPSR)

CPSR은 사회적 책임을 생각하는 컴퓨터 전문가들의 모임으로써, '기술 중심이 아닌 인간중심으로'를 목표로 한다. 근거 없는 시스템의 효율성 문제에 대중의 관심을 집중시켜 레이건 정부의 우주 방위 전략을 무력화시킨 것은 데이빗 파나스 등 CPSR(Computer Professionals for Social Responsibility) 멤버들이었다.

정보 통신 기술의 발달에 의하여 급속한 사회 변화가 이루어지고 있는 지금, 기술 중심의 편리성, 효율성을 강조하여 이것이 오히려 인간의 권리를 침해하고 있는 것이 아닌지 돌아볼 필요가 있다. 기술이 사회를 만들어 가는 것이 아니라 인간이 기술을 만들고, 사회를 만들어 가기에 기술은 인간을 위해 존재해야 할 것이다.

CPSR이 추구하는 다섯 가지 원칙은 그들의 모든 활동의 근간이 되는데, 이는 다음과 같다.

첫째, 사회적으로 컴퓨터 사용에 관한 중요한 결정에 있어서 공공의 토론과 공공의 책임을 지원하고 키워 나간다.

둘째, 기술적 시스템의 절대 오류성에 대한 대중적 통념을 없애기 위해 활동한다.

셋째, 기술만이 정치적. 사회적인 문제를 풀 수 있다는 가정에 도전한다.

넷째, 국내적으로나 국제적으로, 컴퓨터 관련 직업 분야의 사회적, 기술적 이슈를 비판적으로 고찰한다.

다섯째, 삶의 질을 향상시키기 위한 정보 기술의 사용을 독려한다.

4. 시민 단체와 윤리적 펀드가 결합된 사회 책임 투자 운동

사회 책임 투자 운동이란 말이 아직 우리 사회에서는 생소한 용어로서 최근에야 이에 대한 관심이 일고 있지만, 미국이나 유럽 등 선진 자본주의 국가에서는 상당히 활발한 투자 운동으로 자리잡고 있고, 이미 널리 알려진 용어이다. 우리 나라 기업들의 반사회적이면서 반윤리적인 행위가 오늘도 끊임없이 벌어지고 있다. 그런데도 우리 사회는 여기에 대해 너무 관대하다. 이제 이러한 행위를 하는 기업들은 이 땅에서 기업을 할 수 없다는 인식을 심어 주어야 하며, 오히려 이러한 기업이 건실하고 사회적으로 책임 있는 기업으로 거듭날 수 있도록 우리 사회가 압력을 가하여야 할 것이다. 최근 각종 소비자 운동을 비롯하여 소액 주주 운동 등 기업을 향한 사회적 요구가 활발해지고 있지만 보다 더 적극적인 기업에 대한 압력 수단으로 이 사회 책임 투자 운동이 보다 활발해져야 되지 않을까 생각한다.

사회적 책임 투자 운동은 개인, 법인 또는 단체가 자산을 운용함에 있어 수익성, 안정성만을 추구하는 것이 아니라 자신이 투자한 돈의 흐름을 감시하고 통제함으로써 경제 정의를 실현하고자 하는 운동이다. 미국의 경우 사회적 책임 투자 운동의 효시는 1969년 미군이 캄보디아에 침략하자, 이 전쟁에 무기를 제조·공급하는 기업의 주식과 채권에 투자했던 일부 투자자들이 자신의 신앙이나 윤리적 가치 기준과는 다르게 결과적으로 이 부당한 전쟁을 도왔다는 반성에서 출발했다. 또한 1970년 첫 '지구의 날'을 맞아 일부 환경 운동가들 중심으로 기업의 환경 관련 성과들을 면밀히 따지려는 움직임이 있었는데 이러한 기업의 감시 활동이 이 같은 운동으로 확산되는 계기가 되었다. 사회적 책임 투자 운동의 투자 기준은 노동자와 소비자의 권익을 존중하고 환경을 보호하고자 노력하는 기업에 투자하고자 하는 반면, 그렇지 않은 기업에 대해서는 투자 대상에서 배제하게 된다. 투자 형태도 윤리 투자, 주주 권리 운동, 대안적 투자, 연대성 예금 등 다양하게 발전하고 있다.

1) ECCR
(The Ecumenical Council for Corporate Responsibility)

ECCR은 범종교적 기관이며 회원은 주류를 이루는 기독교, 교회의 기업 책임 부서, 수도 단체와 개인들로 이루어졌다. ECCR의 목표는 이렇다.

첫째, ECCR은 교회의 경제 생활과 좀더 큰 공동체인 사회의 경제 생활을 통해 기업의 책임감을 부양시키도록 한다.

둘째, ECCR은 초국적 기업들로 인해 생성되는 문제점들(Issues)에 대해 교육하고 연구하며 해석하고, 이와 비슷한 일에 종사하는 기관과 연대한다. 특별히 영국에 본사를 둔 초국적 기업들에 투자한 투자자들, 즉 종교 기관이 행하는 캠페인을 후원하며 대변한다.

셋째, ECCR은 사회 정책 및 참가 단체들과의 접촉를 촉진시키며 사회 책임 투자를 함으로써 더욱더 효율적인 투자가 이루어질 수 있도록 협력을 아끼지 않을 것이다.

넷째, ECCR에서는 연대 책임 운동에 국제적인 협력을 발전시킬 것이며 그리고 각 교회들과 수도 단체 그리고 타종교 집단과 초국적 기업과 이 기업에 투자하는 모든 투자자들이 서로 연대를 맺을 수 있도록 권장한다.

ECCR은 국제적인 파트너 단체들 무엇보다 우선 미국의 ICCR과 캐나다의 TCCR과 협력 관계를 맺고 있으며 이에 이어 세계 22개 나라와 연대를 맺고 있다. 이와 같은 연계는 ECCR에서 1995년에 처음 개발하여 1998년도에 한층 upgrade된 Principles for Global Corporate Responsibility: Bench marks for Measuring Business Performance를 통하여 관계를 맺게 된 것이다.

2) ICCR
(Interfaith Community on Corporate Responsibility)

ICCR은 275개의 기독교, 카톨릭 그리로 유대교 등과 연대하여 각종 기관과 수도 단체, 연금 펀드, 병원과 교구와 출판 업계들이 회원이 되어 30년 동안 연대 조직으로서 ICCR의 회원들은 해마다 백여 개가 넘는 기업들에게 사회와 환경에 책임을 갖은 경영으로 발전되도록 압력을 가해 오고 있다. ICCR의 회원과 투자가들이 이룩한 대표적 업적에는 다음과 같은 사례가 있다.

▷ 신발 제조 회사인 나이키와 리복이 인도네시아, 베트남 그리고 중국 등 아시아권 공장에서 행하고 있는 노동 착취 문제를 확인하기 위하여 현지의 NGO들과 공동으로 현장 조사를 실시하여 해당 기업에 시정을 촉구했다.

▷ 기업의 인종 차별적인 Logo와 광고를 금하게 하는 데 큰 성과를 거두었다. 특히 일본과 남아프리카 공화국에서 방영되는 인종 차별 색채가 강한 Good year, Procter and Gamble, Pepsico 등의 TV 광고를 금하게 하였다.

▷ 버어마에서는 민주주의 운동을 저지하고 독재 정권과 정경 유착에 빠져 있던 아트란틱 리치필드 회사를 ICCR 회원들의 압력으로 버어마를 떠나게 했으며 계속적으로 버어마에 주제하고 있는 미국 가스 회사 등에도 압력을 가하고 있다.

▷ ICCR 회원들은 Baxter International 회사에 PVC 생산을 금하도록

했다. 이 화학 물질은 지구상에서 가장 치명적인 독성분이 있으며 비닐을 부드럽게 하기 위하여 사용되며 주로 환자용 튜부나 링겔 주사 튜브에서 검출된다.

3) TCCR
(About Taskforce on the Churches and Corporate Responsibility)

TCCR은 연구와 운동을 병행하는 캐나다의 대표적인 범 종교 기관이 함께 연대하여 창설한 전 기독교적인(ecumenical) 단체로서 캐나다 기업과 금융 기관들이 사회와 환경 면에서 책임 있는 정책을 만들어 의식 있는 경영을 하도록 권장하기 위한 목적으로 1975년에 세워졌다.

TCCR이 창립되면서 여러 가지 일에 노력을 기울였는데 그 중에 하나는 가입된 교회 기관 주주들이 영향력을 행사하여 캐나다 은행들이 인종 차별이 이루어지는 남아프리카 제도권에 돈을 대부해 주는 것을 멈추게 하는 일이었다.

TCCR의 전략은 먼저 이와 같은 대부 사실을 파낸 다음 은행의 고위급 간부들과의 회의를 제의하고 그 회의에서 남아프리카에 돈을 빌려주는 것을 반대하게 하는 것이었다. 은행들이 주로 고객과 은행의 기밀을 공개할 수 없다는 이유로 대부에 대한 건을 논의하기를 거절 할 때, TCCR에서 교회 가입 주주들을 은행의 정기 총회에 참석하게 하여 인종 차별하는 권력 구조에 은행이 연루되어 있는 사실과 그 심각성을 공개 포럼을 통해 표명할 수 있게끔 주선하였다.

이 운동은 그 범위를 은행과 대부 문제에만 제한하지 않았다. 예를 들면, 1982년 교회 주주들은 캐나다 회사인 알칸(Alcan)사(군사 물품 제조하여 남아프리카의 인종 차별 국가에게 지원하던 회사)를 상대로 고소할 것을 제기했다. 알칸사가 정식으로 남아프리카에서 떠난다는 공식적인 발표가 있기 전까지 세 번에 걸쳐 매해 그 회사의 이사회 정기 총회를 참석하였으며 이 운동의 간사인 레넷 프랫트를 포함하여 캐나다 대표가 남아프리카를 방문하고서야 그 성과를 보게 된 것이다.

Codes of Practice(경영 방침)

어떤 구체적인 정책 결정에 영향을 주는 일 이외에도 TCCR은 캐나다의 금융 기관과 기업들이 경영 방침에 사회 책임성 기준을 채택하도록 여러 해를 거쳐 주장해 왔다. 여기서 가장 초기 단계에서 얻게 된 성과로는 은행들이 인권 문제와 사회 책임을 고려한 기업 경영 정책을 설정하도록 지속적으로 유도해 나갔다.

80년 중, 후반기에 들면서 TCCR에서는 캐나다의 산림 회사들에게 환경 경영 정책을 도입하도록 설득하였다. 그리고 1989년에는 '산림 경영의 환경 친화 방침 모델'(Model code of environmental Practice for Forest land Management)을 발간하게 되었다. 그 다음 해에는 노란다 회사에 산림 조성 정책 실시 승낙과 정기적인 보고서 제출과 이 정책의 실행 과정에 관하여 분기별로 독립적인 감사를 시행할 것을 청구했다.

Corporate Governance(법인 운영 체제)

선임대의 공헌 중 하나는 교회 연대 쪽에서 합심하여 그들이 먼저 책임 있는 주주가 될 것을 표명하였다는 것이다. TCCR의 정책위원회는 주주들이 그들의 권리를 행사하고 그들의 책임을 발휘하여 기업들의 정책상 또 운영에 영향을 미칠 수 있도록 협조하는 것이다.

가장 최근에 주주 청원서는 교회와 기업의 책임이라는 주제로 열린 2000년 정기 총회에서 선임위원회의 주재로 있었던 탈리스만(Talisman Energy) 회사에 대한 것이다. 이 청원서에서는 아프리카 수단에서 사업하는 탈리스만 회사에게 국제인권회의 기준을 준수하여 스스로 실증하고 비판의 소리에 응답하라는 것이다.

환경 이슈(Environmental Issues)

TCCR 선임위원회에서는 여러 해를 거쳐 환경과 생태계에 대한 이슈에 관심을 기울여 왔다. 초기에 얻어진 이 분야에 대한 성과로서 1984년도에 'Soft energy Futures'라는 세미나를 개최하였고, 정부에게 캐나다가 에너지 보존과 재사용이 가능한 형태의 에너지를 사용하도록 촉구하기 시작하였다. 이 일이 있기 2년 전에도 TCCR에서 원자력 에너지위원회에 높은 핵 폐기물에 관한 이슈를 보고한 적이 있다. 이것은 TCCR에서 80년대에 시리즈로 다뤘던 캐나다의 핵 에너지와 관련한 일의 단편적인 일에 불과하다.

TCCR의 환경에 관한 일을 할 때는 원주민들의 권익에 위협을 가하는 사건들을 접하게 되기도 하였으며 이런 경우엔 원주민권익협회와 가깝게 연대하여 일하였다. Lubicon Lake Band in Northern Albert에서 정부가 이 땅을 승인하기 이전에 탄광 산업과 산림 산업 회사들이 자원을 빼돌리는 것을 막는데 힘을 다하였으며, Cree and Inuit 원주민들이 퀘백의 수력 회사의 제임스 베이 수력 발전 계획에 대하여 환경 문제를 제기하는 데 있어 함께 응하였다. 1995년쯤에 와서는, 선임대에서 환경 부분을 위해 특별한 단일 그룹을 만들었는데 지금 기후 변화, 탄광과 산림 문제 그리고 새로운 생명 기술 과학 부분의 문제점에도 관여하며 성장되어 가는, 생태계를 위한 초교회위원회(Inter Church Committee on Ecology(ICCE))가 바로 그것이다.

4) CBIS(Christian Brothers Investment Services)

크리스천 브라더즈는 미국의 카톨릭 남자 수도 단체로 주로 교육 사업에 종사하고, 1981년에 CBIS라는 이름 하에 투자 서비스 기관을 마련하여 신앙과 금융의 통합이라는 면에서 올바르고 윤리적인 투자를 권장하며, 그들이 추구하는 교육 사업의 일환으로 세계에 펼쳐 나아가려 한다. 현재로는 미국과 남미에서 카톨릭 남녀 수도 단체와 카톨릭 교육 기관의 투자가들을 대상으로 사업이 이루어지고 있다. CBIS의 주주들은 미국 6개 지역의 크리스천 브라더즈가 갖고 있으며 각 지역에서 대표들이 이사로(the board of Director) 되어 있다. CBIS는 영리(A for-profit) 법인이다. 1999년 9월 30일자로 CBIS는 대략 2조 2천억 원의 자산이 세계에 있는 1,100개가 넘는 카톨릭 재단을 위해 관리 운영되고 있다.

CBIS 는 은행이나 중개업을 선택하는 데 있어 자유로우며, CBIS의 요구에 응하며 긍정적인 변화를 시도하려는 회사와 자선 사업에 기여하거나 고용의 공정한 기회를 부여하며 책임직이나 노동력의 다양성 그리고 다른 사회적인 문제들에 상응하는 일에 종사하는 회사들을 투자 대상으로 한다.

CBIS의 이익의 일부는 비영리 법인인 FSC foundation이라는 세계적으로 가난한 이들을 위한 교육 사업 기관에 지원한다. CBIS는 윤리와 종교적 가치에 어긋나는 상품을 제조하는 회사들에는 투자하지 않는다.

5) 사회 책임 투자 운동

사회 책임 투자 운동는 다양한 단체와 개인들이 각자의 윤리적 가치와 종교적 신념에 따라 사회적으로 책임 있는 방법으로 자산을 운용하고 관리하는 데 필요한 각종 정보와 자료 제공, 투자 자문 등의 활동을 통해 건전한 기업 윤리와 경제 문화를 정착시키는 데 이바지하고자 함을 그 목적으로 한다. 현재 우리 나라에서 사회 책임 투자 운동 시험 단계 중의 하나인 여성 고용 펀드가 준비 중에 있다.

여성 고용 펀드는 우리 나라의 인구 구조상 신규 노동력의 유입이 감소하고 있기 때문에 여성 인력의 활용이 확대되어야 할 상황이며, 여성의 인권 확보 차원에서도 고용 확대는 필요하다. 따라서 기업이 적극적으로 여성 고용을 촉진할 수 있도록 하기 위해 사회 차원에서 인센티브를 주는 정책적 접근이 필요하다는 문제 의식에서 출발했다. '여성고용펀드'는 기업의 사회적 성과 중에서 우선적으로 여성 고용과 관련된 사회적 성과를 측정·평가하며, 여성 고용 관련 사회적 성과가 우수한 기업을 선정하여 투자함으로써 여성 고용에 대한 인센티브를 제공하기 위한 것이다.

6) Citizens Fund

사회적 책임을 다하는 기업에만 투자하는 회사인 시민 펀드의 홈페이지이다.

7) Social Investment Forum

사회적으로, 환경적으로 책임 있는 투자를 촉진시키기 위한 연구 활동과 직·간접적인 투자 활동을 하고 있는 단체이다.

8) Greenpaycheck Program

사회적으로, 환경적으로 책임 있는 투자를 촉진시키기 위한 환경 단체의 프로그램. 투자를 가치 있게 만드는 방법, 현명한 투자자가 되는 방법, 일반 시민으로서 기업에 압력을 행사하는 방법 등을 제시한다.

9) Investor Responsible Research Center

1972년 설립된 투자자 책임 연구 센터이다. 1972년은 베트남 전쟁을 반대하기 위한 주주들의 최초의 주주 제안 행위가 이루어진 시기이고, 이런 사회적 여론에 자극 받은 기관 투자자들을 자극하여 최초에는 전쟁 산업에 중점을 두고 활동을 했지만 지금은 여러 노동, 사회적 이슈들과 환경적 이슈들을 관심 있게 지켜보고, 이들 산업에 대한 투자 연구 활동을 진행하고 있다.

10) Greenmoney Online

사회적으로 환경적으로 책임 있는 기업 경영과 투자, 그리고 소비를 신장시키기 위한 활동. 개인과 기업들에게 그들의 사업과 재정의 원칙에 있어서 사회적으로 의미 있는 폭넓은 정보를 가질 수 있도록 교육하고자 한다.

11) As You Sow

As You Sow는 기업의 사회적 책임감을 촉진시킬 것을 목적으로 하는 비영리 단체이다. 기업이 소비자, 노동자, 그리고 환경에 대한 적절한 책임을 다할 수 있도록 감시하고 문제를 제기하는 것을 주요 임무로 삼고 있다.

현재 진행 중인 주주 운동은 환경적 관점에서 발의해 시작된 것들이 많고 이 외에도 다국적 기업들의 스웨트샵 노동을 근절하고 제3세계 노동자들을 비롯한 노동자의 권익을 보호하기 위해서도 활동하고 있다.

크게 나누면 유전자 변형 식품과 관련해 듀퐁, 허시, 켈로그, 세이프웨이, 시스코 등에 대한 주주 운동을 벌이고 있다. 이들은 유전자 변형 식품의 장기적 안전성이 검증되기 전까지는 대량 판매와 생산이 불가능해야 한다고 주장하고 있으며, 관련 기업들이 이를 지켜 줄 것을 촉구하고 있다. 또 다른 환경 관련 문제는 코카콜라에 대해 벌이고 있는 재생 캔과 재생 병 관련 이슈다. 코카콜라의 주주들과 연대하여 이들이 플라스틱 병에 대한 재활용 한도를 정하고 엄수하도록 주장한다. 그리고 코카콜라가 재활용에 관한 규제 법안에 대한 반대 로비 활동을 멈출

것을 원한다. 이 외에도 댐 건설로 인한 환경 파괴에 관련된 기업들에
대한 주주 운동과 숲 보존과 오래된 목재 자원을 단계적으로 금지하기
위한 활동도 벌이고 있다.

5. 총평

기업 사회적 성과 평가에 대한 국내외 동향은 뚜렷한 차이를 보이고
있다. 국내의 경우, 기관 및 단체의 성격에 따라 기업 윤리를 보는 시각
도 다르고, 평가의 틀도 상당히 다양하다. 대부분 기업 윤리의 특정
부문에 국한하여 (집중적으로) 평가하고 있으며, 직접적인 제재 조치
나 대응을 하기보다는 모니터링에 머물러 있는 실정이다.

예를 들면, 한국생산성본부에서는 '측정된 경영', '체계화된 경영' 기
법을 전파하기 위해, 한국능률협회는 창의적인 인재 개발을 위해, 노동
부는 상생의 노사 문화 실천을 목적으로 시상을 하고 있다. 위의 영역
들은 전문성에서 차이를 보일 수 있겠으나, 대부분은 '경제정의기업상'
에서 다루고 있는 영역과 분야들이다.

이미 해외에서는 기업의 사회적 성과를 평가하기 위한 평가 지표
개발은 물론이고 그 평가 결과를 바탕으로 하여 직접적인 제재를 가하
기 위해 사회 책임 투자 운동을 활발하게 진행하고 있다. ICCR, TCCR,
ECCR 등의 단체에서도 기업의 사회적 책임에 대한 국제적 감시 운동
에서 사회 책임 투자 운동으로 운동 영역을 확대하고 있다. 현재 국내
에서도 기업의 사회적 성과 평가의 새로운 방식인 사회 책임 투자 운동
이 서서히 일어나고 있으나, 아직 초기 단계에 지나지 않는다.

나아가 타 단체의 평가 체계와 경제정의기업상의 평가 모델의 차이
점을 보자면, 타 단체의 평가는 핵심적인 한두 개의 영역에서 평가를

하는 반면, 경제정의기업상은 가능한 한 기업이 사회에 미치는 전반적인 영향에 대해서 평가를 하기 위해 노력하고 있다. 경제정의기업상을 수상하기 위해서는 특정 분야에서 높은 점수가 최종 평가까지 이어지지 않는다. 즉, 기업 활동의 건전성, 공정성, 환경 보호, 종업원 만족도 등 모든 평가 항목에서 고루 높은 점수를 받아야 수상 기업으로 선정될 수 있는 것이다.

경제정의기업상은 상당히 많은 평가 지표로 이루어져 있어, 자료 수집과 입력, 평가 작업이 다른 기관보다 많은 시간이 소요된다. 따라서 다른 기관보다 포괄적이고, 종합적으로 평가할 수 있는 장점이 있는 반면, 각 지표별 심도 깊은 연구가 어렵고 기업에 사회적 책임을 강하게 요구할 수 있는 지점을 찾기가 힘들다.

올해로 12회 째를 맞는 경제정의기업상은 첫 시상부터 지금까지 시민 사회에 기업의 사회적 책임을 부각시키기 위해 매진해 왔다. 평가를 통해 기업의 사회적 책임을 높이기 위해서는 과학적이고 합리적인 평가가 선행되어야 하며, 이러한 평가가 이루어지기 위해서는 개별 기업에 대한 정보가 일반에 투명하게 공개되어 있어야 한다. 그러나 현실적으로 각 기업은 물론이고 정부 차원에서도 기업의 이익에 심대한 손해를 줄 수 있다는 말로 정보를 공개하는 데 매우 부정적인 태도를 보이고 있다. 이와 같은 이유로 유사한 평가를 하는 많은 시민 단체에서는 지금까지 필요한 정보를 적절한 시기에 획득할 수 없는 현실적 어려움이 있고, 이는 곧바로 시민의 알 권리와 질 높은 사회로 가는 장애물이 된다.

이러한 이유로 기업의 사회 보고 제도 법제화는 절실하다. 프랑스에서는 기업의 사회 보고 제도가 입법화되어 있고, 미국, 영국 등 대부분의 선진국에서는 기업 내부에서 투명한 정보 제공, 즉 윤리적인 기업 경영이 궁극적으로는 기업의 발전으로 연결된다고 믿고 있어 법제화가 필요 없는 상황이다. 사회 보고 제도 법제화를 바탕으로 개인·기업의 윤리적 가치관에 상응하는 자산 운용과, 기업의 공익성 평가, 사회적 성과 평가에 기초한 투자를 통해 기업으로 하여금 사회에 대한 책임을 의식하는 기업 활동을 유도함으로써 사회 전반의 질적 변화에 기여할 수 있는 사회 책임 투자 운동으로 확대 발전해야 할 것이다.

기업경영과 사회적 성과

한국 기업의 사회적 평판의 현황과 문제점[62]

노부호

서강대학교 경영학 교수

1. 서론

지난 수십 년 동안 우리 나라 기업들은 매출과 외형을 확장하는 데 모든 노력을 기울여 왔다. 그러나 1997년 말에 야기된 경제 위기로 인하여 촉발되어 가속화되고 있는 구조 조정의 바람은 지금까지의 패러다임(paradigm)을 근본적으로 전환시키는 변화를 불러일으키고 있다. 30대 재벌에 속한 기업들이 하루 아침에 추풍낙엽처럼 떨어져 나가고 있는 것이다. "규모가 크면 망하지 않는다."는 '대마불사론(大馬不死論)'은 더 이상 통용되지 않게 되었다.

이와 같은 기업 환경의 변화에 따라 우리 나라 기업의 경영 목표와

본 논문은 "한국기업의 평판과 경영전략에 관한 조사연구"(노부호, 임채운, 황국재 공저), 한국경영학회 춘계학술 발표회, 2001. 2)를 축약한 것임.

경영 방식도 당연히 새롭게 변화될 수밖에 없다. 특히 무엇보다도 좋은 '사회적 평판(social reputation)'을 유지하는 것이 중요한 과제로 등장하였다.

선진국에서는 기업의 평판이 기업에 대한 사회적 정당성과 지지를 확보하는 중요한 요소로 오랫동안 인정되어 왔다. 하지만 우리 나라에서는 이와 같은 평판 조사가 지금까지 전무한 실정이다. 물론 개별 기업들이 경쟁사와 비교한 자사의 이미지를 조사하는 실무적 조사는 다수 수행되어져 왔다. 또한 최근 일부 조사 기관이나 언론 기관에서 고객 만족도 등과 같은 요인에 대하여 국내 기업들 대상으로 대규모 조사를 수행하는 연구도 진행되어지고 있다. 그러나 보다 광범위한 개념인 기업의 평판에 초점을 맞춰 국내 기업들을 상대적으로 비교하고 기업 평판에 영향을 미치는 경영 전략 요소는 무엇인지를 규명하는 연구는 시도된 적이 없다.

이에 본 연구에서는 국내 기업들 대상으로 평판 조사를 이행하고 그 결과를 토대로 기업들의 전반적인 평판 수준을 파악하고, 기업 평판에 있어서 차이를 야기하는 요인에는 무엇이 있는가를 규명하고자 한다.

2. 기업 평판의 개념 및 측정

1) 기업 평판의 개념

기업의 평판은 특정 기업이 사회 구성원들로부터 얻는 '명성(reputation)' 또는 '칭송(admirability)'을 뜻한다. 이러한 측면에서 기업의 평판은 다양한 이해 관계자들의 기대를 성공적으로 충족시킴으로써 얻어지는 것이다(reputations reflect firms' relative success in fulfilling the expectations of multiple stakeholders)(Fombrun & Shanley, 1990).

평판의 개념을 이해하는 데 있어서 어려운 점 중의 하나는 연관된 유사한 다른 개념들, 가령 이미지(image)나 재무 성과(financial performance) 등과 어떻게 구분하느냐 하는 것이다.

이미지와 평판의 관계에서 이미지는 어떤 대상에 대하여 생각할 때 연상되는 표현이라고 정의될 수 있다. 반면에 평판은 보다 포괄적인 개념으로 기업 경영의 전반적인 측면을 평가하여 형성된다고 보여진다. 또한 평판은 단순한 기업 자체의 특성보다도 기업과 사회와의 연관 관계에 더 초점이 맞추어져 있다는 차이점을 가질 수 있다.

재무 성과와 평판간의 관계에서는 재무 성과를 평판과 연관되는 별개의 변수로 볼 것인지 아니면 구성 요소로 볼 것인지 대하여 상이한 관점이 제기되어 왔다.

<Asian Business>(1998)는 "좋은 평판은 재무 성과에 영향을 준다."라고 하여 재무 성과를 평판에 의하여 영향을 받는 결과 변수로 간주하고 있고, Fortune(1998)의 경우에는 "우수한 재무 성과만으로는 우수한 명성을 얻기에는 충분하지 못하며, 따라서 시장 가치와 같은 재무 성과 지표(market value, ten-year total return to shareholders)는 평판을 얻기 위한 필요 조건이지 충분 조건은 아니다."라고 주장하고 있다.

재무 성과만으로는 평판을 얻기에 충분하지 않지만 재무 성과는 평판을 구성하는 중요한 요소임에는 틀림없다. 특히 이윤 창출을 통하여 사회적 부를 증대해야 하는 역할을 담당하는 기업의 경우 재무 성과를 소홀히 하면 결코 좋은 평판을 얻을 수 없다. 또한 재무 성과는 평판을 구성하는 요소인 동시에 평판에 의하여 상당한 영향을 받는 결과 변수로도 간주할 수 있다. 기업 평판은 기업의 사회적 지위(social status)를 제고함으로써 기업 활동의 정당성(legitimacy)과 성과(performance)에 긍정적인 영향을 미치는 중요한 무형 자산으로 작용하는 것이다(Rao, 1994).

2) 기업 평판의 구성 요소 및 측정 항목

기업 평판의 구성 개념(construct)이 단일 차원인지 아니면 다차원인
지에 대하여 상당한 논쟁이 있어 왔다. 과거에는 평판이란 단일 차원으
로 간주되었지만 최근에는 다양한 요인으로 구성되는 다차원의 개념
으로 인식되고 있다(fombrun & shanley, 1990).

기업 평판과 관련되는 선행 연구에서 사용되어진 조사 항목들은 아
래의 표 1과 같이 정리될 수 있다.

표 1. 기존의 평판 조사에 사용된 조사 항목

Fortune(1997)	Fortune(1998)	Asian Business	ORC Int'l	H經프리즘
① 혁신성	① 전반적 평판	① 전반적 평판	ⓐ 고객에 대한	−정량적 자료
② 경영의 질	② 혁신성	② 경영의 질	책임감	① 자기 자본 이익률
③ 장기 투자 가치	③ 경영의 질	③ 제품, 서비스의	ⓑ 가격 대비 가치	② 경상 이익
④ 공동체와 환경에	④ 장기 투자 가치	품질 우수성	ⓒ 경쟁사와 차별성	③ 1인당 경상 이익
대한 책임감	⑤ 공동체와 환경	④ 지역 경제에	ⓓ 명확한 미래 비전	④ 5년 간 경상 이익
⑤ 인재의 모집, 확보	대한 책임감	대한 기여도	ⓔ 경영진의 경영능력	성장률
⑥ 제품, 서비스의	⑥ 인재의 모집, 확보	⑤ 종업원 대우	ⓕ 견실한 재무 구조	−정성적 자료
품질 우수성	⑦ 제품, 서비스의	⑥ 성장 잠재성	ⓖ 시장 변화의 감지	ⓐ 경영자 역량
⑦ 재무적 건전성	품질 우수성	⑦ 정직성과	ⓗ 제품, 서비스 품질	ⓑ 종업원 처우
⑧ 기업 자산의	⑧ 재무적 건전성	윤리성	ⓘ 연구 개발 투자	ⓒ 사풍, 기업 풍토
현명한 활용	⑨ 기업 자산의	⑧ 미래 수익	ⓙ 혁신적 사고 조장	ⓓ 기술력, 상품
⑨ 효과적 세계 경영	현명한 활용	잠재성	ⓚ 학술 회의,	개발력
		⑨ 경제 환경	행사 지원	ⓔ 국제화, 정보화
		변화에 대한	ⓛ 다양한 공중	ⓕ 주주 이익
		적응력	집단과의 효과적	ⓖ 공정 거래
			의사 소통	ⓗ 고객, 거래선 대응
			ⓜ 기업 윤리 의식	ⓘ 사회 공헌
			ⓝ 지역 공동체 관여	ⓙ 지구 환경 문제
			ⓞ 세계 시장 경쟁력	대응
				ⓚ 위기 관리

5개 연구 대다수에 있어서 공통으로 포함되는 항목들은 다음과 같다.

① 경영의 질 : 경영자의 능력 또는 리더십(leadership).

② 제품·서비스의 우수성 : 품질, 가격 대비 가치, 기술력, 상품 개발력.

③ 재무적 건전성 : 견실한 재무 구조, 주주 이익.

④ 인재의 모집과 확보 : 종업원 대우 및 처우.

⑤ 성장성 : 장기 투자 가치, 성장 잠재성, 미래 수익 잠재성, 이익 성장률.

⑥ 혁신성 : 혁신적 사고 조장, 사풍, 기업 풍토

⑦ 기업 윤리 의식, 책임감 : 공동체와 환경에 대한 책임감, 지역 공동체에 적극 관여, 정직성, 사회 공헌, 지구 환경 문제.

⑧ 국제화, 세계 경영 : 효과적 세계 경영, 세계 시장 경쟁력, 국제화.

위와 같은 항목들은 "기업이 얼마나 경영을 잘 하는가?" 하는 기업 고유의 경영 특성과 "이해 관계자들로부터 얼마나 좋은 평가를 받는가?" 하는 이해 관계자와 관계 등의 2가지 유형으로 구분할 수 있으며, 이러한 항목들 중 국내 기업의 평판 조사에 유용하다고 판단되는 항목들은 다음과 같이 추출될 수 있다.

표 2. 국내 기업의 평판 조사에 유용한 항목

기업 고유의 경영 특성	이해 관계자와의 관계
경영의 질 제품·서비스의 우수성 재무적 건전성 성장성 혁신성 국제화·세계 경영 환경 변화 대응 능력	전반적 평판 주주에 대한 관심 종업원에 대한 처우 고객에 대한 책임감 경쟁의 공정성 거래의 공정성 환경에 대한 책임감 사회 공헌도 문화 공헌도

　국내 기업의 평판을 측정하기 위해서는 반드시 사전 조사(pretest)를 이행하여 우리 나라 상황에 적합하며, 산업간의 업종 특성에 구애받지 않고 공통적으로 적용될 수 있고, 응답자들이 쉽고 정확하게 응답할 수 있는 항목들을 찾아내야 할 것이다.

3. 조사 방법에 대한 논의

1) 분석 단위

　평판을 조사하기 위한 분석 단위로는 그룹과 개별 기업의 2가지 차원이 가능한데, 본 연구에서는 개별 기업 차원에 초점을 맞추기로 한다.
　현재 우리 나라의 기업, 특히 대기업은 그룹으로 구성되어 있으며, 최고 경영자의 자질, 공동체에 대한 기여, 환경에 대한 책임감 등의 요소들은 그룹 차원에서 평가되는 것이 더 적합하다고 보여진다. 또한 응답자들이 개별 기업보다 그룹에 대한 지식 정도가 더 높을 것으로 추정되므로 그룹 차원에 초점을 두고 질문하는 경우 보다 정확한 응답이 제시될 수 있을 것이다. 그러나 그룹을 분석 단위로 할 경우 그룹으로 구성되어 있지 않은 수많은 기업들이 조사 대상에서 제외될 것이며, 개별 기업에 해당되는 요소(예: 제품 및 서비스의 품질, 재무 구조, 기술적 우위, 경쟁력 등)를 조사하기는 어려울 것이다.
　현재 우리 나라에서 진행되고 있는 기업 구조 조정에 따라 앞으로는 그룹보다 개별 기업 위주의 경영이 확산될 것으로 전망되어 본 연구에서도 개별 기업을 분석 단위로 선택하기로 한다.

2) 조사 방법의 유형

　본 연구에서 사용할 수 있는 조사 방법으로 표 2와 같이 2가지 대안을 고려해 볼 수 있다.

두 가지 방법의 장점과 단점을 종합적으로 살펴볼 때 다음과 같은 이유로 인하여 대안 2(자유기재형 조사)가 더 바람직하다고 판단된다.

첫째, 대안 1의 경우 산업군별로 응답자 집단이 다르므로, 조사 대상 기업들간의 전체 순위를 비교 평가하기 어렵다.

따라서 산업군간의 비교(inter−industry comparison)는 하지 못하고 산업군내 비교(intra−industry comparison)만 가능하므로 조사 결과의 가치가 저하될 수 있다.

둘째, 대안 1의 산업군별로 적합한 응답자를 파악하고 접촉하는데 많은 어려움과 문제가 예상된다.

셋째, 산업군별로 별도의 응답자 집단을 조사해야 하므로 산업군내 응답자 표본 수는 제한될 수밖에 없다.

4. 실태 조사 개요

1) 조사 설문지의 구성 및 내용

평판 조사에서 사용될 설문 항목을 추출하기 위하여 1999년 6월 중 순경에 서강대학교 경영대학원에 재학중인 MBA(직장인으로 야간에 경영학 석사과정 이수) 학생 75명을 대상으로 사전 조사를 실시하였다.

우리 나라 기업의 평판을 결정하는 데 있어서 아래와 같은 13개의 기업 평판 구성 요인들이 어느 정도 중요한가를 5점 척도(① ='중요하지 않다', ③ ='보통 중요하다', ⑤ ='지극히 중요하다')로 평가하도록 하였다.

- 고위 경영진의 경영 능력
- 기업 경영의 투명성
- 재무 건전성(수익성 및 안전성)
- 미래의 성장을 위한 가능성

- 기업 이윤의 사회 환원

- 첨단 기술 개발의 선도 능력
- 종업원에 대한 대우
- 고객에 대한 최선의 자세
- 기업 경영의 국제화 정도

- 경쟁사 및 거래처에 대한
  공정성
- 제품·서비스의 품질 우수성
- 혁신적, 민주적 기업 문화
- 환경 보호에 대한 책임감

표 3. 조사 방법 대안의 비교

구분	대안1 - 산업군별 조사	대안2 - 자유기재형 조사
장점	· 조사 대상 개별 기업에 대한 순위 파악 및 정밀 분석 가능 · 산업군별 특성을 설문에 반영 가능 · 응답자의 응답 부담 경감 (단순히 평가 척도에 표시)	· 조사 대상 기업들을 사전에 제한할 필요 없음. · 응답자 집단 산업별 파악, 구분 불필요 · 기업들간의 전체 순위 파악 및 비교 평가 가능함 · 적은 예산으로 조사 가능
단점	· 산업군별 적합한 응답자를 충분히 파악하기 어려움 · 응답자가 산업별로 상이하므로 산업간 단순 비교 곤란 (전체적인 순위 파악 어려움) · 조사 대상 기업들의 사전 선정 어려움 · 조사 대상에 선정되지 않은 기업들 배제(예: 평판이 좋은 유망 중소 기업) · 분석에 필요한 응답자 표본을 확보하는 데 막대한 조사비용 소요(산업군별로 응답자가 다르므로)	· 응답한 기업의 단위가 상이할 수 있음(응답자가 그룹 또는 개별 기업을 구분하기 어려움) · 일부 대표적인 기업들에 대한 응답의 편중 가능성 · 응답자의 부담 증가(기업명 기재)로 응답의 성실성 저하 가능성 · 수집된 자료의 정교한 분석 어려움 (척도의 문제)

  기업의 평판을 알아보기 위해 전반적으로 우리 나라에서 가장 평판이 탁월한 기업과 가장 평판이 나쁜 기업을 하나씩 기재하도록 하고, 그 이유를 자유 기입식으로 응답하도록 하였다.

  기업 명을 기재하는 데 있어서 그룹보다 개별 기업을 염두에 두도록 요구하였고, 항목별 기업의 평판을 알아보기 위해 우리 나라 기업의 평판을 결정한다고 판단된 13개의 항목별로 가장 탁월한 기업과 가장 미흡한 기업을 하나씩 자유 기입식으로 응답하도록 하였다. 즉, 각 평가 항목에 있어서 최고의 기업(best)과 최악의 기업(worst)을 하나씩 선정하도록 한 것이다.

  마지막으로 응답자가 속한 조직의 유형과 소속 부서, 그리고 응답자의 역할과 직위 및 근무 기간 등을 기재하도록 하여 응답자 특성을 조사하였다.

2) 설문지의 배포 및 회수

  본 조사에 적합한 설문 응답자는 기업들의 특성과 경영 활동에 대하여 상당한 정도의 식견을 갖고 있는 전문가이어야 한다. 적합한 응답자 중 소재지를 파악할 수 있고 접근 가능한 1,000명을 추출하여 1차로 우편 조사 방법을 사용하여 설문 조사를 실시하여 수거된 설문지는 총 102부에 해당하며, 응답률은 10.2%로 매우 낮은 편이었다.

  미흡한 우편 조사 결과를 보완하기 위하여 추가적으로 대학원생을 조사원으로 활용하여 미 응답자들을 접촉하여 설문 조사를 실시한 결과 추가적으로 80부의 설문지를 수거할 수 있었다. 1999년 9월에서 10월까지의 2개월 정도에 걸쳐 우편 조사와 방문 조사가 시행되었으며, 이 기간 동안에 수거된 총 182부의 설문지를 중심으로 분석이 시행되었다.

3) 응답자 특성

설문 응답자의 조직 유형별 분포는 전체 응답자 182명 중 회계 법인과 금융 기관에 종사하는 응답자가 총 2/3가량을 차지하여 금융/회계 전문가들 매우 높은 비중을 차지하고 있음을 알 수 있다. 이들은 기업의 가치를 평가하는 업무를 담당하고 있어 본 조사에 대하여 상당히 높은 관심을 갖고 참여한 반면에 다른 유형의 응답자들은 민감한 성격의 본 조사에 상당한 거부감을 갖고 있거나, 또는 관심 정도가 낮아 응답률이 저조한 것으로 유추해 볼 수 있다. 참고로 설문 응답자의 소속 부서별 분포는 전체 응답자 182명 중 공인회계사가 24.7%, 세무/회계감사부가 11.0%, (지점)영업/마케팅부가 7.7%, 기획부가 5.5% 등 순으로 차지하였다.

표 4. 응답자의 조직 유형별 분포

조 직 유 형 별	빈 도(명)	비율(%)
정부 및 공공기관	3	1.6
금융기관	59	32.4
언론사	5	2.7
연구소	1	0.5
대학	3	1.6
컨설팅회사	10	5.5
민간기업	24	13.2
공기업	2	1.1
외국기업	1	0.5
회계법인	64	35.2
무응답	10	5.5

표 5. 기업 평판 구성 요인의 중요성의 기술 통계량

순위	항 목	중요도(평균)*	표준편차	응답자
1	제품·서비스의 품질 우수성	4.30	.74	
2	고객에 대한 최선의 자세	4.25	.84	
3	재무 건전성(수익성 및 안전성)	4.24	.78	
4	기업 경영의 투명성	4.18	.95	
5	고위 경영진의 경영 능력	4.15	.97	
6	미래의 성장을 위한 가능성	4.14	.87	
7	첨단 기술 개발의 선도 능력	4.02	.82	182
8	환경 보호에 대한 책임감	3.69	.98	
	종업원에 대한 대우	3.69	.82	
10	기업 경영의 국제화 정도	3.62	.91	
11	혁신적·민주적 기업 문화	3.52	.91	
12	기업이윤의 사회 환원	3.50	1.04	
13	경쟁사 및 거래처에 대한 공정성	3.49	1.01	
14	기타(주주에 대한 대우, 국가 경제 기여 등)**	4.16	1.05	12

* 기업 평판 구성 요인의 중요성은 5점 척도로 측정 :
   1='중요하지 않다', 3='보통 중요하다', 5='지극히 중요하다'
** 기타는 12명의 응답자만이 응답하였기 때문에 순위에서 제외시켰음.

5. 조사 결과 분석

1) 기업 평판 구성 요인의 중요성

기업 평판을 구성하는 각 항목의 중요성을 조사한 결과 아래 표 5와 같이 제품·서비스의 품질 우수성, 고객에 대한 최선의 자세, 재무 건전성 등이 상대적으로 중요한 것으로 나타났다.

기업 평판이 단일 차원인지 또는 복수 차원인지를 파악하기 위하여 설문 조사에서 사용된 13개 항목을 요인 분석(factor analysis)을 이용하

여 분석하였고, 그 결과는 표 6에 나타나 있다. 요인 분석은 기본적으로
모든 항목들은 적정 수준의 개별 상관 관계를 가지고 있어야 하는데
이러한 가정을 검정하기 위하여 KMO값과 Bartlett 검정을 실시한 결과,
전체 표본에 대한 KMO값은 0.861로 0.6을 상회하므로 적절하게 나타
났으며, Bartlett 검정도 유의한 것으로 나타남으로써 요인 분석을 위한
기본 가정은 만족되었다.[63]

표 6. 기업 평판 측정 항목의 요인 행렬표

항 목 \ 요 인		factor 1	factor 2	factor 3
이해관계자 관리	환경 보호 책임감	.844		
	종업원 대우	.743		
	거래 공정성	.728		
	기업 이윤 사회 환원	.706		
	혁신적·민주적 기업 문화	.692		
	고객에 대한 최선 자세	.623		
	기업 경영의 투명성	.545		
경쟁력/ 성과 특성	미래 성장 가능성		.826	
	재무 건전성		.724	
	첨단 기술 개발 능력		.705	
	제품·서비스 우수성		.501	
경영의 질	국제화 정도			.767
	경영진의 경영 능력			.639
eigen value (변량 %)	59.166%	3.730 (28.696)	2.468 (18.984)	1.493 (11.486)

※ 요인 적재량 ±0.4이하는 표시하지 않았음.

Kaiser−Meyer−Olkin Measure of Sampling Adequacy : .861
Bartlett's Test of Sphericity Approx. Chi−Square : 894.278, df : 78, Sig. : .000

기업 평판 구성 요인의 중요성 변수에 대한 요인 분석의 결과, 요인 별로 아이겐 값은 허용치인 1.0을 상회하고 있고, 각 요인 적재량도 적정 수준을 보이고 있으며, 분산에 의한 설명력의 정도에 있어서도 3개 요인에 총 설명 분산 비율은 약 60%로 나타났다.

분석 결과에 따르면 우리 나라 기업의 평판은 크게 3개의 하위 차원 인 이해 관계자의 관리, 경쟁력 및 성과 특성 그리고 경영의 질 등이 중요하게 작용하는 것으로 나타나 단일 차원이라기보다는 3개의 하위 차원으로 구성되는 복수 차원임을 알 수가 있다.

Fortune 자료의 분석에 있어서는 '경영의 성실성', '제품의 품질' 그 리고 '건전한 재무 상태'의 세 가지 요인이 중요한 구성 요소로 밝혀졌 는데, 이러한 요인들은 모두 기업 경영 고유의 특성을 반영하고 있는 반면에 우리 나라에서는 이러한 요인보다도 이해 관계자와의 관계가 기업 평판을 결정하는 1차적인 요인인 것으로 밝혀졌다.

아마도 미국과 같은 상황에서는 기업이 얼마나 경영을 잘해서 경쟁 력을 강화하고 재무 성과를 높이는가 하는 것이 평판에 결정적인 영향 을 미치지만, 자본주의적인 가치관이 덜 성숙한 우리 나라에서는 다양 한 이해 관계자들과의 우호적인 관계를 얼마나 잘 구축하느냐 하는 것이 더 큰 영향을 미친다고 볼 수 있는 것이다.

2) 기업의 전반적 평판에 대한 분석
가. 평판이 가장 탁월한 기업과 그 이유 분석
- 평판이 가장 탁월한 기업

평판이 가장 탁월한 기업에 대해 전체 응답자 182명 중 168명(92.3%) 이 응답하였으며, 삼성전자, 유한양행, 미래산업, 포항제철, LG전자 순 으로 평판이 탁월한 것으로 조사되었다. 조사 결과는 <표 7>과 같다.

표 7. 전반적 평판이 가장 탁월한 기업

순위	기 업(그룹)	빈도	비율(%)
1	삼성전자	52	31.0
2	유한양행	37	22.0
3	미래산업	15	8.9
4	포항제철	5	3.0
5	LG전자	4	2.4
6	LG그룹, 데이콤, SK그룹	3	1.8
7	메디슨, 삼성생명, 한글과 컴퓨터, 하나은행, 교보생명, 풀무원, 현대자동차, 프루덴셜생명보험, (주)SK, 아시아나항공, 삼양사, LG화학, 파스퇴르유업	2	1.2

- 평판이 탁월한 이유

응답자가 선정한 기업의 평판이 가장 탁월한 이유를 자유 기입식으로 조사한 내용을 분석한 결과, 첨단 기술 개발의 선도 능력, 기업 경영의 투명성, 기업 이윤의 사회 환원, 경영의 질, 제품·서비스의 품질 우수성, 종업원에 대한 대우·복지 제도 등이 전반적인 기업 평판을 결정하는 데 중요한 요인임을 알 수 있다. 이러한 조사 결과는 기업 평판을 구성하는 각 요인별 중요성을 조사한 결과인 제품·서비스의 품질 우수성, 고객에 대한 최선의 자세, 재무 건전성, 기업 경영의 투명성, 고위 경영진의 경영 능력 등의 순과 비교해 볼 때 유사한 면을 나타내기도 하지만, 기업 이윤의 사회 환원, 종업원에 대한 대우·복지 제도 등은 그 중요도에 있어 상당히 차이가 있는 것으로 나타났다. 이상의 결과를 나타내면 <표 8>과 같다.

표 8. 평판이 가장 탁월한 이유

순위	기업평판 구성요인*	기업평판 구성의 하위요인	총응답자**	총비율(%)***
1	첨단 기술 개발의 선도 능력	첨단 기술 개발의 선도 능력 세계적 기술력 과감한 연구 개발 투자 뛰어난 연구 개발 능력	52	30.95
2	기업 경영의 투명성	기업 경영의 투명성 경영자 청렴성, 기업의 정직성	44	26.19
3	기업 이윤의 사회 환원	기업 이윤의 사회 환원	35	20.83
4	경영의 질	최고 경영진의 경영 능력 전문 경영인의 경영 장기적 안목의 경영	33	19.64
5	제품·서비스의 품질 우수성	제품, 서비스의 품질 우수성	26	14.28
6	종업원에 대한 대우 복지 제도	종업원에 대한 대우, 복지 제도	19	11.30
7	재무 건전성	재무 건전성, 수익성	18	10.71
7	혁신적/민주적 기업 문화	혁신적, 민주적 기업 문화 도덕성, 자율성을 강조하는 풍토 조직 운영의 합리성 민주적 노사 문화	18	10.71
9	성장성	미래 성장을 위한 가능성 미래 교육 투자	15	8.92
10	국제화/세계 경영	세계적 우수 기업 평판 세계 제일주의, 국제적 경쟁력	11	6.55
10	고객에 대한 최선의 자세	고객에 대한 최선의 자세 고객 만족 추구	11	6.55
12	업종 전문화	전문화된 사업 활동, 업종 전문화	8	4.76
12	환경 보호에 대한 책임감	환경 보호에 대한 책임감	8	4.76
14	사회 활동	사회 활동	7	4.16
15	국가 근대화/경기 선도	국가 근대화 선도 국내 경기 선도	6	3.57
16	경쟁사, 거래처에 대한 공정성	경쟁사, 거래처에 대한 공정성	3	1.78
16	주주 배려	주주 배려	3	1.78
18	광고 효과의 탁월성	광고 효과, 기업 이미지의 탁월성	2	1.19
19	가치 경영	가치 경영	1	0.59
19	우수한 인적 자원 확보	우수한 인적 자원 확보	1	0.59

* 구성 요인 = 각 세부 항목을 대표하는 요인
** 총응답자 = 복수 응답 형식으로 세부 항목의 응답자를 모두 합함
*** 총비율 = 복수 응답자 168명

- 평판 우수 상위 3개 기업의 이유 분석

① 1위 삼성전자 분석

응답자 중 168명 중 52명(31.0%)이 평판이 가장 탁월한 것으로 평가한 삼성전자의 경우, 첨단 기술 개발의 선도 능력, 경영의 질, 재무 건전성, 국제화·세계 경영, 제품·서비스의 품질 우수성, 기업 경영의 투명성, 혁신적, 민주적 기업 문화 순으로 좋은 평가를 받는 것으로 나타났다(표 9 참조).

표 9. 삼성전자의 평판이 탁월한 이유

순위	기업 평판의 구성 요인	총응답자*
1	첨단 기술 개발의 선도 능력	30
2	경영의 질	7
	재무 건전성	7
	국제화·세계 경영	7
5	기업 경영의 투명성	6
	혁신적, 민주적 기업 문화	6
	제품·서비스의 품질 우수성	6
8	종업원에 대한 대우·복지 제도	5
	성장성	5
10	고객에 대한 최선의 자세	3
	기업 이윤의 사회 환원	3
12	국가 근대화 선도	2
	주주 배려	2
	우수한 인적 자원 확보	2
15	거래처에 대한 공정성	1
	환경 보호에 대한 책임감	1

이는 기업 평판 구성 요인의 중요성과 전반적 평가와 매우 유사한 경향을 보임을 알 수 있다. 즉, 첨단 기술 개발의 선도 능력, 경영의 질, 재무 건전성, 기업 경영의 투명성, 제품·서비스의 품질우수성 등이 공통적으로 중요한 요인으로 지적되었다는 점이다. 또한 삼성전자의 경우 특히 국제화·세계 경영, 혁신적, 민주적 기업 문화가 여타 기업과 비교할 경우 상대적으로 후한 평가를 받고 있는 것으로 나타났다.

표 10. 유한양행의 평판이 탁월한 이유

순위	기업 평판의 구성 요인	총 응답자
1	기업 이윤의 사회 환원	27
2	기업 경영의 투명성	14
3	경영의 질	6
4	환경 보호에 대한 책임감	5
5	종업원에 대한 대우·복지 제도	4
6	사회 활동	3
6	제품·서비스의 품질 우수성	3
8	첨단 기술 개발의 선도 능력	2
10	재무 건전성	2
10	업종 전문화	2
12	고객에 대한 최선의 자세	1
13	성장성	1
13	혁신적, 민주적 기업 문화	1

② 2위 유한양행 분석

응답자 182명 중 37명(22.0%)이 두 번째로 평판이 탁월한 것으로 평가한 유한양행의 경우, 기업 이윤의 사회 환원, 기업 경영의 투명성,

경영의 질, 환경 보호에 대한 책임감 순으로 좋은 평가를 받는 것으로
나타났다(표 10 참조). 이는 기업 평판 구성 요인의 중요성과 전반적
평가와는 약간은 다른 경향으로, 특히 기업의 사회적 책임과 관련된
기업 이윤의 사회 환원과 기업 경영의 투명성에서 높은 평가를 받았다
는 점이 주목된다. 이는 유한양행이 창업자 유일한 박사의 유지인 기업
이윤의 사회 환원과 전문 경영인의 경영 능력, 환경 계도 캠페인 등
다각적인 측면에서 노력을 기울인 결과 오랫동안 기업 평판에 좋은
영향을 미친 것으로 짐작된다.

표 11. 미래산업의 평판이 탁월한 이유

순위	기업 평판의 구성 요인	총응답자
1	경영의 질	7
	기업 경영의 투명성	7
3	종업원에 대한 대우·복지 제도	6
4	첨단 기술 개발의 선도 능력	5
5	혁신적, 민주적 기업 문화	4
6	성장성	3
7	재무 건전성	1
	기업 이윤의 사회 환원	1
	주주 배려	1

③ 3위 미래산업 분석

최근 정보통신산업의 벤처 기업 중에서 급부상하고 있는 미래산업
에 대해 응답자 182명 중 15명(8.9%)이 세 번째로 평판이 탁월한 것으
로 평가하였다. 그 이유로는 최고 경영진의 경영 능력, 기업 경영의
투명성, 종업원에 대한 대우·복지 제도, 첨단 기술 개발의 선도 능력

순으로 나타났다(표 11 참조).

이는 현재 우리 나라 경제의 견인차로 부상하고 있는 벤처 기업의 대표 주자인 미래산업이 사실상 평판이 우수한 기업의 공통된 특성을 골고루 반영하고 있는 것으로 응답자들이 인식하고 있음을 보여준다. 즉, 벤처 기업 성공의 가장 중요한 요소 중의 하나라고 하는 창업가의 경영 능력, 기업 경영의 투명성, 종업원에 대한 정당한 대우, 그리고 뛰어난 연구 개발 능력과 과감한 투자 등에 대해서 응답자들이 높은 평가를 하고 있음을 알 수 있다.

나. 평판이 가장 나쁜 기업과 그 이유 분석
– 평판이 가장 나쁜 기업

평판이 가장 나쁜 기업에 대해서는 전체 응답자 182명 중 139명 (76.4%)이 응답하여, 기업 평판이 탁월한 기업의 응답자와 비교할 경우 응답률이 상대적으로 저조하였다.

조사 결과, 응답자의 다수가 개별 기업이 아닌 그룹 차원에서 평판이 나쁜 기업을 평가했다는 매우 흥미로운 사실이 발견되었다. 이는 IMF사 태와 관련한 한보그룹, 기아그룹 그리고 최근의 대우그룹 부도에 이르는 잇단 대기업 그룹들의 도산에 따른 결과라 판단되어진다. 본 연구의 분 석 단위는 애초에 개별 기업으로 상정하였으나, 응답자들이 설문의 내용 을 충분히 고지할 수 없는 우편 설문을 통한 응답이라는 한계와 일련의 그룹 부도와 관련된 국가 경제의 파장이 응답자들에게 혼선을 초래한 것으로 판단되어진다. 따라서 본 연구의 취지에 크게 벗어나지 않는 방 향에서 그룹군을 분석의 대상으로 삼아 향후 분석에 이용하고자 한다.

평판이 가장 나쁜 기업(그룹)에 대한 조사 결과, 한보그룹, (주)대우, 한보철강, 대우그룹, 삼성자동차 순으로 평판이 나쁜 것으로 조사되었 다(표 12 참조).

표 12. 평판이 가장 나쁜 기업

순위	기 업(그룹)	응답자	비율(%)
1	한보그룹	19	13.7
2	(주)대우	13	9.4
3	한보철강	11	7.9
4	대우그룹	9	6.5
5	삼성자동차, 삼성그룹	8	5.8
7	삼성생명	6	4.3
8	삼성전자, 대한항공	5	3.6
10	대우전자	4	2.9
11	한국통신, 대우자동차	3	2.2
12	나산, 기아자동차, 거평, 삼부파이낸스, 아시아나항공, 삼성물산, SK텔레콤, 현대자동차, 한보건설	2	1.4

－ 평판이 가장 나쁜 이유

평판이 가장 나쁜 이유를 자유 기입식으로 조사한 결과, 재무적 비건전성(무리한 차입 경영, 열악한 재무 구조 등), 보수적, 권위적 기업 문화(최고 경영자의 독단 경영 등), 기업 경영의 불투명성(기업 경영의 불투명성 등), 사회에 미친 부정적 영향(도산으로 이한 국민 부담 가중) 등이 기업 평판을 결정하는 데 중요한 요인이라고 평가하였다. 이상의 결과를 나타내면 <표 13>과 같다.

－ 평판 열위 상위 3개 기업의 이유 분석

① 한보그룹 분석

응답자 139명 중 19명(13.7%)이 평판이 가장 나쁜 기업으로 평가한 한보그룹의 경우, 재무적 비건전성(무리한 차입 경영, 열악한 재무 구조 등), 사회 경제에 미친 악영향(도산으로 인한 국민 부담 가중), 기업 경영의 불투명성 순으로 나쁜 평가를 받는 것으로 나타났다(표 14 참조).

표 13. 평판이 가장 나쁜 이유

순위	기업 평판의 구성 요인	구성 요인의 하위 요인	응답자	총응답자
1	재무적 비건전성	무리한 차입 경영, 열악한 재무 구조	20	33
		방만한 기업 경영, 문어발식 확장	12	
		무리한 기업 인수	1	
2	기업 경영의 불투명성	기업 경영의 불투명성	14	30
		최고 경영자의 비도덕성	10	
		기업의 비도덕성	6	
	보수적/권위적 기업 문화	최고 경영자의 독단 경영	17	30
		관료주의	6	
		2세 경영진의 전횡	3	
		비민주적 기업 문화	2	
		내부 결속력 부재	2	
4	사회의 부정적 기여	도산으로 인한 국민 부담 가중	14	29
		기업의 사회적 책임 회피	9	
		대형 안전 사고	6	
5	정경 유착/탈법 행위	정경 유착, 뇌물	10	16
		법률의 합법적 범위내 악용	3	
		탈세	2	
		정치에의 지나친, 부적절한 관심·행동	1	
6	거래의 불공정성	독점 기업의 횡포	7	15
		거래처에 대한 불공정 대우	6	
		부당 내부 거래	2	
7	기업이윤의 사회 환원 부족	기업 이윤의 사회 환원 부족	5	11
		최고 경영자의 지나친 이익 추구 성향	3	
		비정상적 부의 세습	3	
8	주주에 대한 배려 부족	주주에 대한 부당한 대우	1	7
		주가 폭락의 원인 제공	6	
	경영 개선 노력 부족	경영 개선 노력의 부족	3	7
		구조 조정 노력 부족	4	
	제품·서비스 우수성 취약	제품·서비스 불만족	4	7
		서비스 운영 기반 취약	3	
		신기술·제품 개발 취약	1	
11	종업원에 대한 부당한 처우	종업원에 대한 부당한 대우	6	6
	경영의 질	최고 경영자의 경영 무능력	5	6
		주인 의식 부재	1	
13	국가 신인도 저하	국가 신인도 저하	4	4
14	적대적 M&A	적대적 M&A	2	2
	고객에 대한 책임감 부재	비고객 지향성	2	2
16	언론을 이용한 기업 이미지 홍보	언론을 이용한 기업 이미지 홍보	1	1
	국내 자본의 해외 도피	국내 자본의 해외 도피	1	1

표 14. 한보그룹의 평판이 나쁜 이유

순위	기업 평판의 구성 요인	총응답자
1	재무적 비건전성	6
	사회의 부정적 기여	6
3	기업 경영의 불투명성	5
4	보수적, 권위적 기업 문화	2
5	국가 신인도 저하	1
	국내 자본의 해외 도피	1
	경영의 질	1
	정경 유착, 탈법 행위	1

② (주)대우 분석

응답자 139명 중 13명(9.4%)이 평판이 나쁜 기업으로 평가한 (주)대우의 경우, 재무 건전성(무리한 차입 경영, 열악한 재무 구조 등), 보수적, 권위적 기업 문화(최고 경영자의 독단 경영), 사회 경제에 미친 악영향(도산으로 인한 국민 부담 가중), 기업 경영의 불투명성 순으로 나쁜 평가를 받는 것으로 나타났다(표 15 참조). 이는 한보와 매우 유사하나, 응답자들은 김우중 회장의 독단 경영에 대해 상당히 냉정한 평가를 내린 것으로 나타났다.

③ 한보철강 분석

한보그룹의 계열사이며 대표 기업이라고 할 한보철강은 응답자 139명 중 11명(7.9%)이 평판이 나쁜 기업으로 평가하였다. 한보그룹의 경우와 매우 유사하게 평판 열위의 이유로는, 기업 경영의 불투명성, 재무적 비건전성(무리한 차입 경영, 열악한 재무 구조 등) 등이 꼽혔으며, 최고 경영자인 정태수 회장의 독단 경영에 대해서도 나쁜 평가를 내린 것으로 나타났다(표 16 참조).

표 15. (주)대우의 평판이 나쁜 이유

순위	기업 평판의 구성 요인	총응답자
1	재무적 비건전성	9
2	보수적, 권위적 기업 문화	8
3	사회의 부정적 기여	5
4	기업 경영의 불투명성	3
5	경영 개선 노력 부족	2
6	국가 신인도 저하	1

표 16. 한보철강의 평판이 나쁜 이유

순위	기업 평판의 구성 요인	총응답자
1	기업 경영의 불투명성	4
	보수적, 권위적 기업 문화	4
3	재무적 비건전성	3
4	정경 유착, 탈법 행위	2
5	기업 이윤의 사회 환원 부족	1
	경영의 질	1
	사회의 부정적 기여	1

다. 항목별 기업의 평판에 대한 의견

항목별 기업에 대한 평판은 응답자들이 세부 항목에 대해 선정한

상·하위 5개 사를 기준으로 분석하였다(표 17 참조).

표 17. 상·하위 5개 사의 기업 평판 비교

항 목		1	2	3	4	5
고위 경영진의 경영 능력	상위	삼성전자	주택은행	미래산업	현대증권	SK주식회사
	하위	대한항공	(주)대우	삼성자동차	대우자동차	대우그룹
기업 경영의 투명성	상위	유한양행	주택은행	삼성전자	미래산업	SK그룹
	하위	(주)대우	삼성생명	삼성전자	대우그룹	현대중공업
재무 건전성	상위	남양유업	미래산업	삼성전자	태광산업	포항제철
	하위	(주)대우	대우그룹	대우자동차	현대전자	기아자동차
미래의 성장 가능성	상위	삼성전자	SK텔레콤	미래산업	메디슨	삼성SDS
	하위	코오롱상사	한국전력	대우그룹	쌍용양회	현대자동차
기업 이윤의 사회 환원	상위	유한양행	SK그룹	삼성전자	포항제철	유한킴벌리
	하위	삼성전자	현대자동차	삼성생명	현대그룹	삼성그룹
경쟁사 및 거래처에 대한 공정성	상위	삼성전자	포항제철	LG전자	삼성그룹	유한양행
	하위	삼성전자	현대자동차	(주)대우	삼성그룹	삼성물산
첨단 기술 개발의 선도 능력	상위	삼성전자	미래산업	삼성그룹	현대전자	메디슨
	하위	대우전자	대우자동차	현대전자	현대자동차	한국통신
제품·서비스의 품질우수성	상위	삼성전자	LG전자	삼성그룹	SK텔레콤	제일제당
	하위	대우전자	대우자동차	대한항공	현대자동차	현대전자
종업원에 대한 대우	상위	미래산업	삼성전자	포항제철	삼성그룹	신도리코
	하위	대한항공	동부건설	롯데그룹	대우전자	LG그룹
혁신적, 민주적 기업 문화	상위	삼성물산	제일제당	미래산업	한글과컴퓨터	LG전자
	하위	현대건설	현대그룹	대한항공	삼성전자	삼성물산
고객의 만족을 위한 최선의 자세	상위	삼성물산	LG전자	SK그룹	신한은행	LG그룹
	하위	SK텔레콤	대한항공	포항제철	한국통신	대우전자
환경 보호 대한 책임감	상위	유한킴벌리	유한양행	두산그룹	포항제철	LG화학
	하위	두산그룹	포항제철	남해화학	현대자동차	LG화학
기업 경영의 국제화 정도	상위	삼성전자	(주)대우	대우그룹	삼성물산	대우자동차
	하위	한화그룹	담배인삼공사	현대그룹	한국전력	현대건설

6. 결론 및 시사점

본 연구는 국내에서 최초로 시도된 평판 조사의 결과를 제시하였다. 유수한 국내 기업과 금융 기관들이 부도 및 퇴출을 겪는 현재 시점에서 단순히 재무 구조에 기초한 신용도를 넘어서 경영의 질, 경영의 투명성, 제품의 우수성, 사회적 책임감, 기업 윤리 의식 등을 포함하는 전반적인 평판을 측정하고 조사한다는 것은 매우 의미 있고 시의적절하다고 사료된다.

우리 나라에 있어서 기업 평판은 3개의 하위 차원을 구성되는 개념을 알 수 있다. 구체적으로 고객, 주주, 종업원, 사회 등 기업의 이해 관계자 관리에 관련된 첫번째 차원, 첨단 기술 개발, 제품·서비스 우수성, 재무 건전성과 관련된 경쟁력, 성과 특성과 관련된 두 번째 차원, 그리고 경영진의 능력과 글로벌 경영과 관련된 경영의 질과 관련된 세 번째 차원으로 구성되는 것으로 나타났다.

기업 평판을 구성하는 각 요인별 중요도를 조사한 결과, 제품·서비스의 품질 우수성, 고객에 대한 최선의 자세, 재무 건전성, 기업 경영의 투명성, 고위 경영진의 경영 능력 등이 상대적으로 중요한 것으로 나타났고, 혁신적, 민주적 기업 문화, 기업 이윤의 사회 환원, 경쟁사 및 거래처에 대한 공정성 등은 상대적으로 덜 중요한 것으로 나타났다. 기업 평판의 구성 개념 중요성에서는 상당히 낮게 인식된 기업 이윤의 사회 환원이라는 항목이 전반적 평판에서는 매우 중요한 평가 기준으로 작용한다는 점이다. 그 이유는 아마도 기업 이윤의 환원은 언론에 의하여 널리 보도되기 때문에 잘 알려지게 되고 오래 기억되는 반면에, 더 중요한 다른 항목들은 널리 알려지기 어렵고 또 오래 기억되지 않기 때문이 아닌가 추정될 수 있다.

앞으로 세계화, 개방화 및 민주화 추세가 가속화될수록 기업의 평판이 갖는 중요성은 더욱 증대할 것이며, 이러한 맥락에서 본 연구의 결과는 기업 경영자들이 자신이 경영하고 있는 기업의 사회적 평판을 정확하게 평가하고 또 무엇을 어떻게 해야 좋은 평판을 획득할 수 있는가에 대한 지침을 제공해 주는 기초 자료로서 활용될 수 있을 것이다.

본 연구의 결과는 학문적으로도 상당한 가치를 가질 것으로 예견된다. 현재 국내의 경영학 분야에서는 외국 그것도 주로 미국에서 개발된 이론을 중심으로 연구와 교육이 수행되어지고 있다. 기업 환경과 체질이 우리 나라와는 상이한 외국에서 발달된 이러한 이론을 무조건적으로 수용하여 우리 나라 기업의 경영 실무에 적용하는 것은 많은 부작용을 야기할 수밖에 없다. 본 연구는 우리 나라 상황에 맞는 기업 평판의 의미와 구성 요소를 찾아내고 또 이러한 기업 평판에 영향을 미치는 요소를 분석함으로써 우리 나라의 기업 경영을 설명하고 개선할 수 있는 신토불이(身土不二) 이론을 개발하는 데 기여할 수 있을 것으로 기대된다.

본 조사의 결과를 해석하는 데 있어서 다음과 같은 한계점을 염두에 두어야 한다.

첫째, 응답자 분포가 최초에 의도했던 것과는 달랐고, 표본수가 계획했던 수보다 저조했다는 점이다. 둘째, 탐색적 조사의 성격으로 인해, 평판의 개별 항목별 우수와 열등 기업을 밝힐 수는 있었으나, 각각의 경우 그 원인에 대한 인과적 관계를 명확히 규명할 수는 없었다. 추후 심층적인 인과적 분석이 요구된다. 셋째, 응답자의 불성실 내지 설문 회수 방법상의 한계로 말미암아 조사 대상의 혼돈을 초래하였다. 애초 개별 기업을 분석 단위로 설정하였으나, 응답자들이 우편 설문인 이유로 그룹을 제시한 경우가 상당수 있었다.

참고 문헌

삼성경제연구소(1997), 일본 선진 기업 대비 그룹의 경쟁력 — 日經 프리즘 모델을 통한 분석.

Asian Business(1998), "Asia's Most Admired Companies", Vol. 34, No. 5, May, pp. 23–30.

Business Week(1998), "The Business Week Fifty: The Top Companies of the S&P 500", March 30, pp. 42–52.

Fombrun, Charles and Mark Shanley(1990), "What's in a Name? Reputation Building and Corporate Strategy," *Academy of Management Journal*, Vol. 33, No. 2, pp. 233–258.

Fortune(1997), "The World's Most Admired Companies: How Global Companies Rank within Their Industries", October 27, pp. 48–66.

Fortune(1998), "America's Most Admired Companies", March 2, pp. 38–50.
<참조: www.pathfinder.com/fortune/mostadmired>

IMD(1998), *World Competitiveness 1998 Final Results*,
<http://www/imd.ch/wcy>.

ORC International(1998), *Corporate Reputation and Branding*, ORC Internal Report.

Rao, Hayagreeva(1994), "The Social Construction of Reputation: Certification Contests, Legitimation, and The Survival of Organizations in the American Automobile Industry: 1895–1923," *Strategic Management Journal*, Vol. 15, Special Issue, Winter, pp. 29–44.

9

전환기 한국 기업의 사회적 성과 평가

김 헌

천안대학교 경영학 교수

1. 서론

한국의 경제에서 1990년대가 차지하는 위상은 거시 경제적 관점에서나 기업 경영의 관점에서 모두 커다란 전환기라고 부를 수 있겠다. 수출 주도와 양적 성장으로 특징지을 수 있는 개발 도상국의 고도 성장기가 끝나고 저속 성장기에 접어들었으며, 외형적인 경제 규모에 있어서는 상당한 수준에 이르렀지만 경제 시스템의 질과 효율성에 있어서는 잠재되었던 많은 문제점들이 드러나고 있다. 특히 1997년의 경제 위기는 그러한 전환기의 총체적인 문제점들이 일시에 드러난 결과라 하겠다. 또한 우리 경제는 여전히 높은 성장 잠재력을 가지고 있으나, 제반 경제 여건이 원활하더라도 경제 전체가 과거와 같은 고속 성장을 지속하는 것은 여러 가지 상황을 고려할 때 실현 가능성이 매우 낮은 시나리오라는 것을 예측할 수 있다. 따라서 이제는 과거에 고도 성장을 위해 희생하였던 경제 시스템의 구조적 모순과 약점을 개선하고 보완해서 지속 가능한 성장을 추구해야 할 단계에 놓여 있다고 본다.

기업 경영의 측면에서도 1990년대, 특히 1990년대 후반은 경영 환경의 변화가 극심한 기간이라는 점에서 커다란 전환기로 볼 수 있다. 규모의 경제와 저임금을 바탕으로 한 국내 기업들의 원가 중심 전략의 유효성이 종언을 고하고, 시장이 개방되면서 글로벌 기업과의 제한 없는 경쟁의 시대를 맞이하고 있다. 반면에 1997년의 경제 위기는 우리 기업들이 그러한 전환기에 잘 적응하지 못하였음을 단적으로 나타내는 결과이다. 따라서 우리 기업들은 과거와 같은 경영 방식에 의존해서는 지속적인 성장에 한계가 있으며, 기업의 내적인 자원과 역량을 낭비할 뿐이라는 점을 인식할 필요가 있다. 또한 글로벌화가 진행되면서 경영 전략이나 제품 및 서비스와 같은 경영의 내용에 관한 변화와 아울러 경영 과정에 대한 변화의 필요성도 높아져 합리적이고 투명한 경영에 대한 기업 내·외부의 요구에 직면하고 있다. 이제 더 이상(윤리적이지 못한) 기업 활동이 발전이라는 명제로 정당화될 수는 없다(박헌준, 1998).

특히 합리적이고 투명한 경영에 대한 요구는 과거 성장이라는 절대 명제 앞에서 간과되었던 만큼 그 반작용으로 필요성이 더욱 높아지고 있다. 즉, 기업은 경제적으로 높은 성과를 이루어야 할 뿐만 아니라 성과를 이루는 과정이 합리적이고 투명해야 한다는 것이다. 더구나 합리적이지 못하고 투명하지 않은 경영 방식은 경제적인 관점에서도 기업에 커다란 손실을 가져올 수 있다는 것이 증명되고 있다. 실제로 사업 구조 조정을 위한 국내 기업들의 해외 매각 시에도 투명하지 못한 경영 관행이 커다란 어려움으로 작용하고 있으며, 그 결과 평가되는 기업 가치가 크게 낮아지거나 매각 자체가 무산되는 것이 그 좋은 예라고 하겠다.

이런 점에서 볼 때, 기업 윤리나 기업의 사회적 책임이라는 개념조차 낯설었던 1990년대 초반에 시작하여 벌써 11회를 시상한 바 있는 '경제정의상'을 뒤돌아보고 그 결과를 재검토하는 작업이 필요한 시점이 되었다고 본다. 이를 위해서 본 연구에서는 경제정의상의 수상을 위한 평가 기준이 되어 온 경제정의지수에 대한 분석을 통해 전환기를 맞이하고 있는 국내 기업들의 사회적 성과를 재평가해 보고자 하며 이는 여러 가지 면에서 매우 의미 있는 고찰이라고 하겠다.

2. 연구의 배경과 목적

기업의 사회적 책임에 관한 본격적인 논의가 시작된 이래 기업의 사회적 책임의 범위가 어디까지이며 그 본질적인 개념은 어떠한 것인가에 관한 논쟁은 지속되고 있다(기업 윤리와 기업의 사회적 책임을 구분하는 학자도 많으나 본 연구에서는 그 두 가지 용어를 혼용해서 사용하였다). 초기의 연구에서는 기업이 사회적 책임을 수행해야만 하는가 또는 그렇지 않은가에 관한 근원적인 당위성의 문제에 대한 논쟁이 주류를 이루었다. 찬성론의 근거는 사회적 필요와 그에 따르는 요구이고, 반대론의 근거는 사회적 책임의 수행이 기업의 이익 극대화에 저해되며 결과적으로 개별 기업의 이익 극대화의 추구를 통해 유지되는 자본주의 체제에 위협이 될 수 있다는 주장이다. 그러나 시장 경제 체제가 발전하고 기업이 사회에 미치는 영향력이 급속하게 증가하면서 기업의 사회적 책임은 보편적인 의무로 인식되고 있다. 박동준(1994)은 그러한 변화에 대하여 기업의 목적이 자본가적 이익의 극대화에서 이해 관계자 이익의 극대화로, 그리고 다시 비경제적인 기업 목적의 추가로 기업의 사회적 책임은 불가피한 것으로 결론짓고 있다.

그러나 이러한 점진적인 인식의 변화에도 불구하고 사회적 필요성이라는 관점에서만 기업의 사회적 책임을 다루는 것은 본질적으로 시장경제 체제에서 기업 자체의 존재론에 관한 논쟁으로 이어지며 기업의경제적 이익과 사회적 책임의 수행이 상반된다는 가정 하에서는 합일점을 찾기 어려울 것으로 보여진다. 또한 연구 방법론의 관점에서도윤리는 그 특성상 주관적인 요소를 지니고 있으므로 전통적인 계량적접근으로는 연구의 한계를 지닐 수밖에 없으며 이러한 한계들은 경제적 효율성과 규범적 정당성 사이의 인식론적 갈등과 맞닿아 있다(박헌준, 1996).

표 1. 기업의 사회적 책임에 대한 찬성론과 반대론(박동준, 1994)

	찬 성 론	반 대 론
근 거	1) 사회 문화적 규범의 요구 2) 기업의 장기적 이익 보장 3) 사회적 재앙의 예방	1) 이익의 극대화에 저해 2) 기업가의 역할에 대한 위배 3) 다원 사회에 대한 위배 4) 실천 기준과 보고 의무의 문제 5) 실천 능력과 비용의 문제

반면에 최근의 연구들에서는 기업이 사회적 책임을 다하는 것이 경제적 성과와 상반되지 않을 것이라는 주장이 제기되고 있다. 즉 사회적책임을 다하는 기업이 경제적인 측면에서도 높은 성과를 거둘 수 있으리라는 주장이다. 실증적인 연구에서는 혼재된 결과가 나타나고 있으나, 양자간의 긍정적인 상관 관계는 이제 기업의 사회적 책임이 당위성의 관점에서뿐만 아니라 기업의 이윤과도 부합된다는 점에서 매우 고무적인 주장이라 하겠다. 국내 기업을 대상으로 하는 실증 연구에서도

긍정적인 연구 결과들이 발견되고 있다. 이성봉(1991)의 '종업원과 사회 일반인들이 가지는 인식'에 관한 연구에 따르면 기업의 사회적 성과의 증가 추세와 경제적 성과의 증가 추세간에 정(+)의 상관 관계가 있다는 결론이 도출되고 있다. 또한 1994년의 경제정의지수 자료를 바탕으로 한 문귀봉(1997)의 실증 연구에서도 기업의 사회적 성과와 경제적 성과간에 상관 관계가 발견되고 있다. 이처럼 사회적인 인식이 확산되고 다양한 연구 결과가 축적되면서, 기업의 사회적 책임에 관한 연구는 이제 탐색적이고 규범적인 연구 방법과 아울러 실증적인 접근 방법이 적용될 수 있는 학문적 발전 단계에 있다 하겠다.

본 연구에서는 지난 11년 간 국내 기업들이 얼마나 사회적 책임을 다하여 왔는지에 대한 기술적 분석(descriptive analysis)에 중점을 두고자 한다. 왜냐하면 기업의 사회적 책임은 이론이 아니라 실천의 문제이며, 방법이 아니라 사회적 합의에 관련된 문제이기 때문이다. 따라서 우리 기업들이 그러한 사회적 합의를 어떻게 실천하고 있는지를 살펴보는 것은 기업의 사회적 책임에 관한 많은 연구의 시작점이 될 것이다. 서구와는 문화적 토양이 상이하고 상대적으로 자본주의의 발전이 늦게 시작되었다는 변명에도 불구하고 국내 기업들이 경제 발전 이외의 부분에서 사회에 대한 기여는 크게 부족한 것이 사실이다. 그러므로 국내 기업들이 사회적 책임을 어떻게 인식하고 실천해 왔는지 그 현실을 명확히 파악하는 작업이 다른 연구 주제에 선행되어야 할 것이다. 또한 그 동안 국내 기업들의 사회적 책임에 대한 연구는 주로 경영자들의 사회적 책임에 대한 인식의 관점에서 이루어져 왔으며, 연구 주제의 미묘함으로 인하여 한정된 표본 기업에 대한 연구라는 한계점을 안고 있다. 따라서 실제로 전체 기업들을 대상으로 사회적 책임을 어떻게 실천하고 있는지에 관한 객관적 자료를 바탕으로 한 연구의 효용성이 매우 높다고 볼 수 있다. 특히 본 연구에서는 국내 기업들이 그 규모에

따라 사회적 책임의 실천 성과가 다르게 나타나고 있는지에 중점을
두고 분석하고자 한다. 우리 경제에서 대기업이 차지하고 있는 양적인
비중은 논할 것도 없이 크거니와, 질적인 측면에서도 사회에 미치는
영향이 압도적이라고 할 수 있다. 따라서 규모가 큰 기업들이 사회적
책임을 다하는 것은 대기업만의 문제가 아니라 여타 기업들이나 사회
조직에 바람직한 지향점을 제시할 수 있다는 점에서 매우 중요한 과제
이다. 정영숙(1987)의 연구에 따르면 기업은 그 규모가 클수록 개인이
나 주주의 사적 소유물이라기보다는 사회가 필요로 하는 하나의 제도
또는 기구로서의 존재 가치를 가지는 것이라고 보는 것이 타당하다.
이와 같이 기업을 사회 전체를 구성하는 하나의 부분 단위로 보기 때문
에 기업은 자신을 유지하고 발전시켜야 할 책임을 사회 전체에 대하여
지는 것이다. 그러므로 대기업들은 중소 기업과 비교하여 사회적 책임
에 대한 의무가 작지 않으며 더욱이 우리 나라의 경제 발전기에 대기업
들이 이룬 성장은 많은 정부 정책과 눈에 보이지 않는 사회적 지원에
크게 힘입은 바, 사회적 책임에 대해 보다 높은 수준의 의무를 가진다
하겠다.

규모에 따른 국내 기업의 사회적 성과에 대한 연구는 기업 내외부의
구성원들이 가진 윤리 척도의 인식에 관한 연구가 주류를 이루고 있다.
제조업 분야의 경영자를 대상으로 이루어진 장익선(1993)의 연구에 따
르면 종업원 300명 이상의 대기업들이 윤리 척도의 인식이나 실천에
있어 더 높은 수준에 이르고 있음을 알 수 있다. 반면에 송준호(1998)의
연구에서는 경영학과 학생들에 대한 설문 조사를 통해 중소 기업이
대기업보다 높은 사회적 성과를 나타낼 것이라는 연구 결과를 제시하
고 있다. 또한 김용찬(1990)의 연구에서는 기업 내부 구성원에 대한
설문 조사를 통해 종업원 복지, 인력 스카웃 등에서는 중소 기업이,
그리고 기업 재산의 사용(私用), 공정 거래에 있어서는 대기업이 더

높은 수준의 사회적 성과를 보이는 것으로 나타나고 있다. 위 연구들은 기업 내외부의 구성원들이 가진 인식의 정도를 측정하여 특정 기업의 윤리 수준을 평가했기 때문에 많은 한계점을 가지고 있으며 연구 결과도 상반되게 나타나고 있으나 본 연구에는 매우 유용한 논제를 제시하고 있다. 즉, 기업 규모에 따라 경영자들이나 구성원들이 보유한 기업윤리에 대한 인식 수준에 차이가 있다면 실제로 기업의 사회적 성과, 즉 사회적 책임의 실천에 있어서도 차이가 있겠는가 하는 점이다. 기업이 사회적 책임에 대해서 아무리 잘 인식하고 있다 하더라도 실제로 이를 실천에 옮기지 못하고 있다면 이는 무의미할 뿐이다. 따라서 본 연구에서는 기업의 사회적 성과를 분석하여 국내 기업들이 사회적 책임의 실천에 있어 얼마나 그 책임을 다하고 있는지를 평가하고자 한다.

3. 자료의 수집

1) 경제정의지수의 구성

경제정의지수는 계량적인 자료를 중심으로 기업의 사회적 성과를 측정하여 왔다. 기업의 사회적 책임에 관한 기존의 많은 연구가 설문조사, 인터뷰 등을 통해 피평가자의 주관적인 인식이나 행태를 측정하고 있으나 이는 여러 가지 문제점을 안고 있다. 특히 기업 윤리를 연구함에 있어 윤리적 문제를 다룬다는 사실을 인지한 피연구자들은 자신들이 지니는 도덕 기준과 달리 의도적으로 왜곡된 응답을 할 수 있기 때문이다(박헌준, 1998). 또한 그러한 연구 방법은 개인의 윤리적 의식을 측정하는데는 적합할지 모르나 기업이나 조직 차원의 윤리 수준을 평가하기에는 적합하지 않은 측정 방법이라는 문제점을 안고 있다. 경제정의지수는 초기의 1,2회를 제외하고는 평가의 신뢰성과 타당성의 확보를 위하여 커다란 변화 없이 외형적 틀을 유지하여 왔으며, 평가 대상 기업의 선정에도 일정한 기준을 설정하여 왔다. 경제정의지수는 건전성, 공정성, 사회 봉사, 고객 만족, 환경 보호, 종업원, 경제 발전의 7개 영역에 걸쳐 기업의 사회적 공헌도를 평가하여 왔고, 기본적인 경제적 성과를 달성하고 있는 상장 제조 기업을 대상으로 평가를 실시하고 있다.

표 2. 경제정의지수의 변화와 평가 비중

	1회*	2회*	3회	4회	5회	6회	7회	8회	9회	10회	11회
건전성	46%		20%	20%	20%	20%	20%	25%	25%	25%	25%
공정성	—	40%	10%	10%	15%	15%	15%	15%	15%	10%	10%
사회봉사	31%	10%	10%	10%	10%	10%	10%	15%	15%	15%	10%
고객만족	—		7%	10%	10%	10%	10%	15%	15%	15%	10%
환경	—	10%	10%	15%	15%	15%	15%	15%	15%	15%	15%
종업원	—	20%	15%	15%	15%	15%	15%	10%	10%	15%	15%
경제발전	23%	20%	28%	20%	15%	15%	15%	20%	20%	20%	15%

* 1회와 2회의 경우 평가 지수의 평가 항목이 3회 이후와는 상이하게 구성되어 있으나 시계열 분석을 위하여 3회~11회의 평가 항목과 가장 유사한 항목으로 구분하였다. 1회의 경우 건전성(46.1%), 복지 환경(30.8%), 고용 기여도(23.1%)로 구성되어 있어 각각 건전성, 사회 봉사, 경제 발전 기여 항목으로 구분하였다. 2회의 경우 공정성(40%), 환경 기여도(10%), 사회 복지 기여도(10%), 종업원(20%), 기술 혁신도(20%)로 구성되어 있어 이를 각각 공정성, 환경, 사회 봉사, 종업원, 경제 발전의 항목으로 구분하였다.

경제정의지수는 7개의 평가 항목과 세부적으로 60여 개의 평가 지표로 구성되어 있다. 김홍권(1993)에 따르면 기업의 사회적 책임은 반드시 지켜야 하는 소극적 윤리 개념과 기업이 하면 할수록 좋은 적극적 기업 윤리로 구분할 수 있다. 기업이나 평가 기관 모두가 적극적 기업

윤리를 목표로 하는 것이 바람직한 반면에 국내 기업들의 사회적 성과
가 아직은 낮은 수준이고, 따라서 소극적인 윤리 개념에서의 사회적
책임을 이루는데 목표를 둘 수밖에 없는 실정임을 고려하여 높은 비중
을 두고 있으나 점차 적극적인 기업 윤리를 강조하는 방향으로 개선이
이루어져야 할 것이다.

표 3. 경제정의지수의 평가 항목(11회 기준)

평가 항목	평　　가　　지　　표
건전성	주주 구성, 투자 지출, 자본 조달의 건전성
공정성	공정성, 투명성, 협력 관계
사회 봉사	소외계층 보호, 사회 복지 지원
소비자 보호	소비자 권리 보호, 품질, 광고
환경 보호	환경 개선 노력, 환경 개선 결과, 위반 및 오염 실적
종업원	산업 재해, 인적 자원 투자, 임금 및 복지 후생, 노사 관계, 남녀 고용 평등
경제 발전	연구 개발 노력, 경영 성과 및 경제 기여

2) 평가 대상 기업의 선정

경제정의지수의 평가는 상장 제조 업체를 대상으로 하며 <표 4>에
해당하는 기업은 평가에서 제외한다. 적자 기업이거나 자본 잠식 또는
이자 보상 비율 1.0 미만의 기업을 평가 대상에서 제외한 것은 기업
생존에 필요한 최소한의 재무적 성과를 이루지 못한 기업은 사회적
책임을 다할 수 없기 때문이다. 평가 대상을 상장 기업으로 한정한 이
유는 비상장 기업 또는 코스닥 등록 기업의 경우 객관적인 자료를 얻기
가 어려워 평가의 신뢰성을 확보할 수 없기 때문이다. 또한 금융, 건설,
유통 등의 비제조업 분야는 각각의 산업 특성이 상이하여 기존의 평가

항목을 그대로 적용하기 곤란하기 때문에 당분간은 평가 대상에서 제 외된다. 그러나 상장 제조 기업은 아니지만 사회적 성과가 우수한 기업 이 있을 수 있다는 인식 하에 우선 11회부터 상장된 비제조업 분야와 코스닥 등록 기업에 대하여 특별 추천 부문에 대한 시상을 하고 있다.

표 4. 평가 대상 제외 기업

평가 대상 제외 기업
1. 3년 연속 순이익 적자 기업
2. 자본 잠식 업체
3. 이자 보상 비율 1.0미만 기업
4. 합병 회사
5. 결산기 변경사
6. 신규 상장사
7. 관리 및 자료 미제출사

4. 자료의 분석 및 결과

1) 자료의 기초적 분석

경제정의지수의 산출은 4회와 7회(1000점 만점)를 제외하고는 100 점 만점으로 이루어졌다. 다만 11회부터는 정량적 평가(75점)와 정성 적 평가(25점)를 분리하였고, 정량 평가에서 일정 기준을 충족시키는 기업에 대해서만 정성 평가를 실시하였으므로 11회 자료의 경우 정량 평가에 대한 자료만 포함되었다. <표 5>는 전체 평가 기업에 대한 분석 을 위해 1회부터 11회의 경제정의지수를 각각 100점 만점으로 환산한 결과이다.

표 5. 경제정의지수의 기초 통계(100점 만점)

회	평가 대상기간	표본 기업수	평균	최대	최소	표준편차
1	1990	239	56.1	72.5	51.4	3.7
2	1991	240	40.8	54.2	32.9	4.3
3	1992	409	54.0	66.3	40.3	4.2
4	1993	458	60.8	71.2	17.3	4.3
5	1994	461	63.2	73.6	46.6	3.8
6	1995	472	62.7	74.2	50.5	3.9
7	1996	488	62.0	75.0	52.7	3.6
8	1997	420	62.4	74.3	48.0	4.3
9	1998	368	58.5	71.6	44.5	4.3
10	1999	244	57.4	67.3	47.3	3.0
11	2000	296	55.3	66.9	45.7	3.6
평균		372	56.1	72.5	51.4	3.7

경제정의지수는 평가항의 구성이 다소 상이한 1회 및 2회를 제외하면 3~8회까지는 증가하다가 다소 정체되는 모습을 보여 주고 있다. 반면에 경제 위기 이후인 9회부터 11회까지는 큰 폭으로 감소하고 있어 경제적 어려움이 국내 기업들의 사회적 성과에 직접적인 영향을 미치는 것으로 나타나고 있다. 사회적 책임이라는 추상적 가치를 측정함에 있어 사회적 필요와 여건 변화에 대응하기 위하여 경제정의지수를 구성하는 항목들의 가중치와 구성이 매년 약간의 변화를 포함하고 있어 산술적으로 평가하기는 어렵지만, 최근 들어 국내 기업들의 사회적 성과는 1990년대 초반 수준으로 후퇴하였다고 볼 수 있겠다. 즉 1997년의 경제 위기 이후 경제적인 회복과는 상반되게 우리 나라 기업들의 사회적 성과는 크게 저하되고 있어 대조를 이루고 있다. 이는 경

제 위기 이후 국내 기업들이 글로벌화 되면서 투명한 기업 경영에 노력
하고 있음에도 불구하고 그 범위는 회계 기준과 재무적인 의사 결정에
국한되고 있음을 보여주는 것이라고 할 수 있겠다.

표 6. 경제정의지수의 항목별 평균값(1.0점 만점)

회	평가대상 기간	건전성	공정성	사회봉사 (소비자)	환경보호	종업원	경제발전
1	1990	.27	—	.83	—	—	.83
2	1991	—	.44	.43	.35	.43	.34
3	1992	.56	.97	.54	.53	.60	.35
4	1993	.69	.90	.47	.47	.59	.44
5	1994	.64	.91	.57	.55	.67	.47
6	1995	.75	.91	.60	.53	.54	.41
7	1996	.65	.86	.85	.41	.70	.44
8	1997	.66	.79	.72	.46	.77	.43
9	1998	.57	.82	.70	.44	.56	.46
10	1999	.69	.77	.54	.50	.55	.43
11	2000	.70	.59	.46	.47	.50	.54
평균값		.62	.80	.61	.47	.60	.47

경제 위기 이후 기업들의 사회적 성과가 가장 크게 악화된 부분은
사회 봉사(소비자 보호 포함)와 종업원 만족도 부분이다. 또한 공정성
도 지속적으로 하락하고 있다. 반면에 건전성이나 경제 발전 기여도
부분은 1998년에 크게 하락했으나 경제 위기 이전보다 훨씬 높은 수준
으로 회복되었다. 경영의 건전성과 경제 발전 기여는 기업의 경제적
성과와 밀접한 관련이 있는 가장 낮은 단계의 사회적 책임이라고 할

수 있다. 반면에 종업원에 대한 책임과 사회에 대한 책임은 보다 높은 단계의 사회적 책임으로 구분할 수 있을 것이다. 왜냐 하면 경제에 대한 책임이란 기업이 사회적 책임을 다하고자 하는 적극적인 노력이라기보다는 경영 환경의 변화와 경제적 위기에 대응하기 위하여 비용을 줄이고 재무 구조를 개선하는 과정에서 부수적으로 얻은 성과이기 때문이다.

반면에 보다 높은 단계의 사회적 책임이라고 할 수 있는 사회 봉사(소비자 보호 포함)와 종업원 만족도는 2001년까지도 지속적으로 하락하고 있으며 공정성도 마찬가지 추세를 보이고 있다. 이처럼 경제 위기 이후 국내 기업들의 사회적 성과가 개선되는 속도에 차이가 있는 것은 우리 기업들이 기업의 사회적 책임을 사회의 한 구성원으로서 당연한 의무로 인식하지 않고 있기 때문이다. 즉 기업이 사회적 책임을 다하는 것을 여전히 기업 이윤에 배치되는 비용으로 인식하고 있음을 나타내는 것이라 할 수 있다.

그림 1. 기업의 사회적 책임의 발전 단계

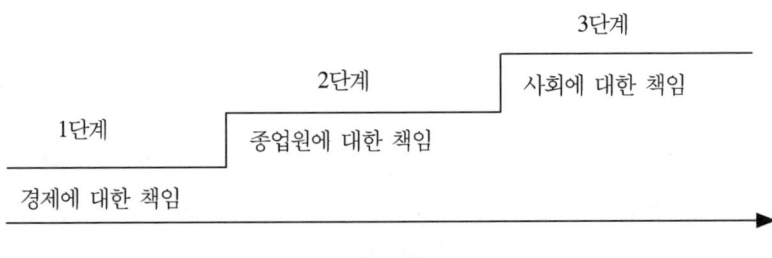

* 참조 : 한국 기업의 평가, 경실련 경제정의연구소, 1998.

2) 기업 규모별 경제정의지수의 차이 분석

1~11회의 경제정의지수 자료 중에서 표본 기업의 규모에 관한 변수를 확보할 수 없는 1회를 제외하고 나머지 10회 동안의 경제정의지수 총점에 대해 일원 분산 분석(One-way ANOVA)을 행하였다.

분석 결과 기업 규모별로 평균값이 유의적인($P \leq .05$) 차이를 보이는 경우가 총 10회 중 6회에 달하였으며, 그 중 5회에 걸쳐 대기업이 또는 대기업과 중간 규모 기업이 상대적으로 더 높은 경제정의지수 점수를 보여 주고 있다. 중간 규모의 기업이 또는 대기업과 중간 규모의 기업이 더 높은 평균 점수를 보여 주는 경우가 3회에 달하며, 소기업이 가장 높은 평균 점수를 보이는 경우는 없었다. 따라서 경제정의지수의 분석 결과에 따르면 규모가 큰 기업이 상대적으로 사회적 성과가 더 뛰어난 것으로 판단할 수 있겠다.

그렇다고 해서 규모가 작은 기업이 반드시 기업의 사회적 책임에 소홀했다고 단정짓기는 힘들다. 왜냐하면 경제정의지수의 일부 지표는 기업의 경제적 성과나 규모가 뒷받침되어야 가능한 부분이 있기 때문이다.

예를 들면 경제 발전 기여도를 평가하기 위한 연구 개발 성과(특허 건수, 장영실상)와 같은 지표는 사회적 책임을 다하려는 기업의 의지보다는 투자 여력이나 전략적 의사 결정에 따라 결정되는 속성을 지니기 때문이다.

그러므로 기업이 사회적 책임을 다하고자 하는 의지와 사회적 성과 사이에는 일치하지 않는 부분이 존재할 수 있겠다. 이를 위해 기업 규모에 따라서 세부 항목별로 사회적 성과에 어떠한 차이가 있는지를 분석해 볼 필요가 있겠다.

표 7. 기업 규모별 KEJI의 차이 분석(100점 만점)

회	기업 규모별 평균값			F	Sig.
	대(n)	중(n)	소(n)		
1	—	—	—	—	—
2	**43.1(89)**	39.4(64)	39.4(87)	26.3	.000
3	**55.3(121)**	53.8(166)	52.9(122)	10.2	.000
4	61.0(157)	61.0(144)	60.5(157)	.7	.511
5	62.8(168)	**63.9(156)**	63.0(137)	3.4	.035
6	**63.4(147)**	**63.0(166)**	61.8(159)	7.7	.000
7	**62.7(153)**	61.8(172)	61.6(163)	4.5	.011
8	62.9(119)	62.3(165)	62.0(136)	1.2	.289
9	**59.2(107)**	**58.8(129)**	57.6(132)	4.8	.009
10	56.8(63)	57.8(98)	57.4(83)	2.1	.131
11	55.9(86)	55.0(128)	55.0(82)	1.9	.152

* 굵은 글씨로 표기된 집단은 통계적으로 유의적($P \leq .05$)인 차이를 보임.

가. 기업 활동의 건전성

기업의 건전성 항목에 대한 분산 분석 결과에 따르면 제1회를 제외한 10회의 자료 중 4회에 걸쳐 통계적으로 의미 있는 차이가 발견되었다. 그 중 2회는 중간 규모의 기업과 소규모의 기업이, 그리고 나머지 2회는 중간 규모의 기업이 건전성 성과가 상대적으로 높은 것으로 나타나고 있다. 또한 통계적으로 유의적이지 못한 나머지의 경우도 대기업이 상대적으로 낮은 점수를 보이고 있다. 이처럼 전체 **KEJI** 점수에 대한 분석과 상반되는 결과는 국내 대기업들이 주주 구성의 건전성이나 투자 지출의 건전성에 있어서 바람직한 사회적 책임을 다하지 못하고 있는 것을 나타내는 것이다. 기업 활동의 건전성은 기업이 경제적 이익을 희생하지 않으면서도 추구할 수 있는 사회적 성과이며, 오히려 투명한 경영은 기업의 시장 가치를 증가시키는 긍정적인 요인으로 작

용한다. 따라서 기업이 경제적 성과를 이루기 위해 기업 활동의 건전성
을 희생한다는 논리는 적합하지 않을 것이다. 그러므로 소유와 경영의
분리가 미흡하고, 경영권의 세습이나 과다한 소비성 지출, 부동산에
대한 과다한 투자 등 기업이 적극적인 사회적 책임에 소홀했다는 비판
으로부터 자유로울 수 없을 것이다.

표 8. 기업 규모별 건전성 항목의 차이 분석(1.0점 만점)

회	기업 규모별 평균값			F	Sig.
	대	중	소		
1	—	—	—	—	—
2	—	—	—	—	—
3	.53	**.56**	**.58**	14.531	.000
4	.67	**.70**	**.71**	7.494	.001
5	.63	.65	.65	1.651	.193
6	.74	.76	.74	2.007	.136
7	.65	.65	.65	.035	.966
8	.64	**.67**	.66	2.777	.063
9	.57	**.59**	.56	2.421	.090
10	.69	.69	.67	1.655	.193
11	.71	.70	.70	.131	.878
평균	.65	.66	.66		

* 굵은 글씨로 표기된 집단은 통계적으로 유의적($P \leq .05$)인 차이를 보임.

나. 기업 활동의 공정성

기업의 공정성 항목에 대한 분산 분석 결과에 따르면 제1회를 제외
한 10회의 자료 중 모든 회에 걸쳐 통계적으로 의미 있는 차이가 발견
되었다. 건전성과 마찬가지로, 중간 규모의 기업과 소규모의 기업이
대기업에 비하여 더 높은 공정성을 보여 주고 있으며 더욱이 일관된

차이를 나타내고 있다. 분석 결과를 해석함에 있어 몇 가지 유의할 점
이 존재한다. 우선 기업 활동의 공정성을 평가하기 위한 지표가 경제력
집중 또는 시장 지배 지위의 남용 등과 같이 공정 거래와 협력 업체
관계에 초점을 두고 있으므로 대기업들이 주요 평가 대상이 되는 문제
점이 있을 수 있다. 또한 모든 기업에 대한 전수 조사가 아니라 위반
행위가 발견되어 제재를 받은 기업의 적발 건수를 기준으로 하고 있다.
따라서 매출 규모가 크고 경제 활동에서의 비중이 큰 대기업들의 불공
정한 거래 행위가 노출될 가능성이 더 높은 것이 사실이다. 그럼에도
불구하고 지속적으로 유의적인 차이를 보여 주고 있다는 것은 대기업
들이 경영 활동의 공정성에 대한 인식이 부족하고 기업 성과를 높이기
위해 사회적 책임에 소홀했다는 판단을 내릴 수밖에 없을 것이다.

표 9. 기업 규모별 공정성 항목의 차이 분석(1.0점 만점)

회	기업 규모별 평균값			F	Sig.
	대	중	소		
1	—	—	—	—	—
2	.42	**.45**	**.45**	22.846	.000
3	.94	**.98**	**.99**	30.704	.000
4	.87	**.92**	**.93**	16.709	.000
5	.85	**.93**	**.95**	109.176	.000
6	.84	**.93**	**.96**	98.180	.000
7	.83	**.87**	**.88**	36.123	.000
8	.74	**.81**	**.82**	24.575	.000
9	.76	**.84**	**.85**	26.499	.000
10	.65	**.81**	**.82**	61.030	.000
11	.58	**.60**	**.60**	3.421	.034
평균	.75	.81	.83		

* 굵은 글씨로 표기된 집단은 통계적으로 유의적(P≤.05)인 차이를 보임.

다. 사회 봉사(소비자 보호 포함)

기업의 사회 봉사 항목에 대한 분산 분석 결과에 따르면 제1회를 제외한 10회의 자료 중 8회에 걸쳐 통계적으로 의미 있는 차이가 발견되었다. 대기업이 중간 규모의 기업과 소규모 기업에 비하여 더 높은 사회 봉사 성과를 보여 주고 있다. 사회 봉사는 장애인 고용이나 기부금과 같은 사회 복지에 대한 기여와 소비자 보호를 위한 지원 활동 및 품질 인증 프로그램의 구축 등의 지표를 통해 평가한다. 따라서 사회 봉사 활동은 충분한 여유 자원을 가지고 있거나 규모가 큰 기업이 더 뛰어난 성과를 보일 개연성이 높다. 또한 소비자 보호를 위한 활동 역시 상당한 시간과 자본의 투자를 요구하므로 내적 경영 자원이 풍부한 기업이 유리하다고 볼 수 있다. 국내 대기업들의 사회 봉사 활동은 아직 세계적 기업들의 사회적 기여에 비하면 절대적인 수준은 취약하지만 지속적으로 증가하고 있다. 전경련의 '기업·기업 재단의 사회 공헌 활동 실태 보고서 (2002)'에 따르면 회원사 193개와 기업 재단 71곳에 대한 조사 결과, 이들 기업의 사회 공헌 활동 지출액은 7천 60억 6천만 원으로 기업당 평균 36억 5천 800만 원으로 조사됐다. 또한 이들 기업의 총매출액에서 사회 공헌 활동 지출액이 차지하는 비중은 0.37%로 나타나고 있다.

라. 환경 보호 만족도

기업의 사회 봉사 항목에 대한 분산 분석 결과에 따르면 제1회를 제외한 10회의 자료 중 9회에 걸쳐 통계적으로 의미 있는 차이가 발견되었다. 그 중 대기업이 7회에 걸쳐 중간 규모의 기업과 소규모 기업에 비하여 더 높은 환경 보호 만족도 성과를 보여 주고 있다. 반면에 중간 규모와 소규모 기업이 상대적으로 더 높은 성과를 보인 것은 각각 1회에 그치고 있어 대기업이 환경 보호 만족도에서 더 나은 성과를 보여 준다.

표 10. 기업 규모별 사회 봉사 항목의 차이 분석(1.0점 만점)

회	기업 규모별 평균값			F	Sig.
	대	중	소		
1	—	—	—	—	—
2	**.45**	.41	.43	2.738	.067
3	**.58**	.53	.52	19.623	.000
4	**.49**	**.47**	.46	6.773	.001
5	**.61**	**.57**	.52	54.164	.000
6	**.62**	.59	.58	16.342	.000
7	.86	.85	.85	.783	.458
8	**.77**	.71	.70	54.254	.000
9	**.70**	**.70**	.68	3.282	.039
10	.54	**.55**	.53	5.120	.007
11	**.47**	.45	.44	7.472	.001
평균	.61	.58	.57		

* 굵은 글씨로 표기된 집단은 통계적으로 유의적($P \leq .05$)인 차이를 보임.

환경 보호 만족도는 개별 기업의 환경 개선 노력과 개선(위반) 실적에 의해 평가된다. 환경 보호는 투자에 비하여 단기적인 경제적 성과를 기대하기 어려운 활동이지만 환경 보호에 소홀한 기업들이 장기적으로 부담하게 되는 손실은 매우 다양한 형태로 나타난다. 지난 1998년 미국 환경청이 환경 오염 혐의로 미국 내 7개 엔진 제조 업체에 대해 10억 달러에 달하는 벌금 및 시정 조치를 내린 것이 그 좋은 사례이다. 특히 KEJI 6개 항목 중에서 환경 보호 만족도는 가장 평균값이 낮은 것으로 나타나고 있어 국내 기업들이 환경 보호에 관한 사회적 요구 수준에 부응하지 못하는 것으로 판단된다.

표 11. 기업 규모별 환경 항목의 차이 분석(1.0점 만점)

회	기업 규모별 평균값			F	Sig.
	대	중	소		
1	—	—	—	—	—
2	**.41**	.32	.32	19.383	.000
3	.50	.52	**.56**	12.358	.000
4	**.48**	**.47**	.46	3.631	.027
5	.56	.54	.55	1.840	.160
6	**.56**	.53	.51	11.855	.000
7	**.47**	.40	.37	72.518	.000
8	**.50**	.44	.43	19.724	.000
9	**.50**	.42	.41	44.844	.000
10	**.53**	.49	.49	8.792	.000
11	**.50**	.46	.46	24.575	.000
평균	.50	.46	.46		

* 굵은 글씨로 표기된 집단은 통계적으로 유의적(P≤.05)인 차이를 보임.

마. 종업원 만족도

기업의 사회 봉사 항목에 대한 분산 분석 결과에 따르면 제1회를 제외한 10회의 자료 중 9회에 걸쳐 통계적으로 의미 있는 차이가 발견 되었다. 그 중 대기업이 5회, 중간 규모의 기업이 8회, 그리고 소규모 기업이 4회에 걸쳐 상대적으로 높은 성과를 보이는 것으로 나타났다. 흥미로운 것은 종업원 만족도가 통계적으로 유의적인 차이를 보이고 있지만 다른 KEJI 항목과는 달리 특정 규모의 기업 집단이 지속적으로 우위를 보이지 못하고 있다는 점이다. 일반적으로 대기업이 중소 기업 에 비하여 종업원에 더 높은 만족도를 제공할 것이라는 사회적 인식과 는 달리 KEJI 지표에 따르면 별다른 차이를 보이지 못하고 있다는 점

이다. 이는 1990년대 이후 종업원 만족도에 있어서 경제적인 부분에서
는 대기업이 우수한 반면에 협력적 노사 관계나 고용 평등 등에 있어서
는 그렇지 못했다는 것을 나타내는 것이다.

표 12. 기업 규모별 종업원 항목의 차이 분석(1.0점 만점)

회	기업 규모별 평균값			F	Sig.
	대	중	소		
1	—	—	—	—	—
2	**.48**	.40	.40	27.652	.000
3	**.61**	**.61**	.58	4.228	.015
4	.57	**.60**	**.61**	10.472	.000
5	.65	**.69**	**.69**	10.116	.000
6	**.57**	**.54**	.50	19.508	.000
7	.71	.69	.70	1.881	.154
8	**.78**	**.77**	.76	2.763	.064
9	**.58**	**.56**	.55	2.708	.068
10	.52	**.55**	**.58**	14.086	.000
11	.48	**.50**	**.51**	3.741	.025
평균	.60	.59	.59		

* 굵은 글씨로 표기된 집단은 통계적으로 유의적(P≤.05)인 차이를 보임.

바. 경제 발전 기여도

기업의 경제 발전 기여도에 대한 분산 분석 결과에 따르면 제1회를
제외한 10회의 자료 중 6회에 걸쳐 통계적으로 의미 있는 차이가 발견
되었다. 그 중 대기업이 5회, 그리고 대기업과 중간 규모의 기업이 1회
에 걸쳐 경제 발전 기여도가 높은 것으로 나타나고 있다. 경제 발전
기여도는 경영 성과와 성과 제고를 위한 기업의 투입 지표를 통해 평가

된다. 그러므로 경제적 성과가 높은 기업이 우수한 기업으로 평가될 가능성이 매우 높다는 점을 고려하면 당연한 결과라고 할 수 있겠다. 특이한 점은 가장 낮은 단계의 사회적 성과라 할 수 있는 경제 발전 기여도에 대한 절대적 평가치가 그다지 높지 않다는 사실이다. 지난 수십 년 간의 양적인 경제 성장에 대한 기업들의 공헌은 충분히 밝혀진 바 있다. 그럼에도 불구하고 KEJI 지수가 낮은 것은 1990년대 이후, 국내 기업들이 경제 발전에 대한 질적인 기여에 있어서는 양적인 성장에 미치지 못했다는 것을 증명하는 것이다. 즉, 경제 지표나 기업의 회계 장부에 나타나는 외형적인 규모의 증가와는 달리 수익성의 개선이나 경영 이익을 바탕으로 한 세금이나 배당을 통한 사회에의 기여는 아직까지 기대 수준에 미치지 못하고 있음을 나타내는 것이라고 할 수 있다.

표 13. 기업 규모별 경제 발전 항목의 차이 분석(1.0점 만점)

회	기업 규모별 평균값			F	Sig.
	대	중	소		
1	—	—	—	—	—
2	**.40**	.31	.30	37.597	.000
3	**.39**	**.34**	.31	18.656	.000
4	**.47**	.43	.42	10.149	.000
5	.48	.47	.46	2.070	.127
6	**.44**	.41	.40	12.315	.000
7	.43	.44	.44	.735	.480
8	.44	.42	.43	1.528	.218
9	**.49**	.46	.45	5.847	.003
10	**.46**	.43	.42	6.176	.002
11	.56	.54	.53	1.469	.232
평균	.46	.43	.42		

* 굵은 글씨로 표기된 집단은 통계적으로 유의적(P≤.05)인 차이를 보임.

5. 연구의 결론과 한계점

여러 가지 기업 외부의 환경적 요인과 경제 여건을 고려하여 판단해야 할 문제이나 자료의 분석 결과, 본 연구에서는 지난 11년 간의 경제정의지수를 분석하여 국내 기업들의 사회적 성과에 대해 통계적으로 의미가 있는 다음과 같은 사실들을 발견할 수 있었다.

첫째, 1997년의 경제 위기는 국내 기업들의 사회적 성과를 단기간에 급속하게 저하시켰다는 점이다. 이는 기업의 사회적 성과가 경제적 성과로부터 자유로울 수 없다는 점을 잘 나타내 주는 것으로서 현실적으로 기업들이 사회적 책임을 다하기 위해서는 경제적으로 충분한 성과를 거두어야 함을 제시하고 있다. 또는 국내 기업들이 여전히 이윤 추구라는 절대 명제 아래 기업의 사회적 책임을 희생하고 있다고도 볼 수 있을 것이다.

둘째, 경제 위기 이후 국내 기업들은 경제 발전 기여, 건전성 등의 사회적 성과는 곧바로 경제 위기 이전 수준 또는 그 이상으로 회복된 반면에 공정성, 사회 봉사, 종업원 등의 사회적 성과는 지속적으로 하락하고 있다. 기업의 사회적인 책임을 경제적인 책임, 종업원에 대한 책임, 사회에 대한 책임으로 구분하여 볼 때 낮은 단계의 사회적 성과는 회복이 빠른 반면 보다 높은 단계의 사회적인 성과는 쉽사리 개선되지 않고 있음을 알 수 있다. 이는 국내 기업들이 높은 단계의 사회적 책임에 대한 인식이 부족함을 잘 드러내는 것이라고 할 수 있다.

셋째, 국내 기업들은 자산 또는 매출 규모에 따라 대, 중, 소로 분류하였을 때 전체 경제정의지수는 대기업이 가장 높게 나타나고 있다. 따라서 외형적인 측면에서는 대기업들의 사회적 성과가 더 높은 것으로 평가할 수 있을 것이다. 반면에 세부적으로 보면 건전성이나 공정성 등에 있어서는 오히려 중간 규모의 기업이나 소규모 기업이 대기업에 비하여 더 나은 성과를 보여 주고 있다. 즉, 대기업들의 불공정한 경쟁 활동이나 건전하지 못한 기업 경영의 모습 등에 대한 사회 구성원들의 부정적인 인식이 부분적으로는 이들 기업의 사회적 책임의 실천에서 사실로 드러나고 있다는 점이다.

본 연구는 여러 가지 점에서 많은 한계를 가지고 있다. 첫째는 연구 자의 연구 설계에 선행하여 이미 구축된 자료에만 의존함으로서 적절 한 변수의 통제가 이루어지지 못하였다. 따라서 인과 관계를 검증하거 나 현상의 예측이 가능한 모형을 제시하지 못하고 기술적 연구에 그치 고 있다. 또한 분석에 사용된 자료가 상장된 주요 기업들에 대한 계량 적 자료에 의존하고 있어 자료의 완결성은 확보할 수 있었으나 개별 기업에 대한 깊이 있는 정보를 전달하지 못하고 있다. 둘째는 연구의 관점에 관한 문제이다. 셔머혼(Schermerhorn, Jr., 1982)에 따르면 기업 의 윤리적 경영 활동에 영향을 주는 요인은 경영자의 개인적 요인, 조 직의 요인, 외부 환경적 요인 등 세 가지로 구분할 수 있다. 특히 기업 이 사회적 책임을 수행하기 위하여 그 책임의 주체는 기업이란 추상적 실체로 볼 수 있으나, 기업 내에서 실질적 결정 권한의 중심점에 있는 최고 경영자의 제도적 권한과 개인적 사고 방식, 능력이 미치는 사회적 영향력이 대단히 크므로 최고 경영자의 사회적 책임을 수행하려는 인 식과 실천 의지력이 대단히 중요하다(이진규 & 조준학, 1997)는 점을 간과하였다. 따라서 본 연구와 같이 조직의 요인에 초점을 두어 기업의 사회적 성과를 평가하는 경우 경영자의 개인적 요인, 그리고 기업이 소속된 사회로부터의 환경적 요인을 고려한 연구가 병행되어야 할 것 이다.

한국 경제는 지난 30~40여 년 동안 세계 자본주의 역사상 유래 없이 높은 경제 성장을 이룩해 왔으나, 한국 기업들의 사회적 책임 실천과 윤리적 기업 경영에 대한 수준은 매우 우려할 정도인 것이 현실이다 (박헌준, 2000). 특히 경제 위기 이후 국내 기업들의 사회적 성과의 변화 추세를 살펴보면 기업의 사회적 책임에 대한 근본적인 인식에는 별다른 변화가 보이지 않으며 오히려 후퇴하고 있음을 알 수 있다.

자본주의 사회에서 기업은 가장 강력하고 우월한 지위를 가지고 있는 경제적 주체이다. 따라서 기업 경영이 효율적이고 투명하지 않으면 사회와 국가의 안정적인 발전을 확신할 수 없을 것이다. 사회가 기업에 대해 높은 수준의 기업 윤리를 요구하고 사회적 책임을 다하고 있는지를 묻는 것은 경쟁을 제한하고 기업 활동을 위축시키기 위한 것이 아니라 오히려 건전한 시장 경제 체제를 유지하고 기업 활동을 촉진하기 위한 것이다. 그러한 인식이 기업의 최고 경영자를 비롯한 전체 구성원들에게 광범위하게 받아들여지고 일상의 경영 활동에서 실행에 옮겨질 때 비로소 기업이 사회의 바람직한 구성원으로 자리하게 될 것이다.

참고 문헌

경실련 경제정의연구소 편(1998), 경제정의지수(KEJI INDEX)로 본 한국 기업의
　　평가, 서울.

김용구(2000), "기업의 사회적 책임과 윤리 : 사회적 반응으로서의 발전 과정과
　　기업 지배 구조의 윤리성과 정당성으로의 진화 과정", 연세경영연구 37권
　　2호, pp. 205−249.

김용찬(1990), "우리 나라 기업(企業)의 윤리 의식(倫理意識) 조사 보고", 西江
　　Harvard Business Review, 31, pp. 78−85.

문귀봉(1997), 기업의 사회적 성과와 경제적 성과와의 관계에 관한 연구, 서울대학
　　교 대학원 석사학위논문.

박동준(1994), 기업(企業)의 사회적 책임 수행(社會的 責任 遂行)을 위한 기업 윤리
　　(企業倫理)에 관한 연구(研究), 서울대학교 대학원 학위논문.

박헌준 편(2000), 한국의 기업 윤리: 현실과 과제, 서울, 박영사.

박헌준(1998), "한국 경영자의 윤리적 의사 결정과 행동", 연세경영연구 35권 2호,
　　pp. 195−226.

박헌준, 이제구(1996), "기업 윤리에 대한 연구 방법론 탐구", 경영학연구 25권 3호,
　　pp. 247−283.

송성진(1999), "기업의 사회적 책임 : 기업 윤리를 중심으로", 산연논총, 24, pp.
　　1−13.

송준호(1998), "조직 특성과 기업 윤리 단계", 社會科學硏究, 6, pp. 55−71.

이성봉(1991), 한국 기업의 사회적 성과와 경제적 성과의 관계에 관한 비교 연구,
　　서울대학교 대학원 석사학위논문.

이진규, 조 준학(1997), "경영자의 사회적 책임과 윤리 의식에 관한 실증 연구 :
　　인구 통계적 특성을 중심으로", 경영논총, 41, pp. 239−280.

장익선(1999), "경영 전략과 기업 윤리", 경영정보연구 3호, pp. 419−438.

장익선(1993), "기업 윤리의 인식과 실천에 관한 연구", 생산성논집 7권 2호, pp.
　　205−229.

정영숙(1989), 한국 기업 윤리 정립을 위한 연구(研究), 서울대학교 대학원 석사학
　　위논문.

Schermerhorn, Jr. J.R.(1982), Management for Productivity, John Wiley & Sons, NY.

기업의 사회적 성과 향상을
통한 기업 가치의 증진

홍길표

천안대학교 경영학 교수

1. 기업의 사회적 성과, 왜 중요한가?

(1) 기업의 사회적 성과의 의의

기업의 사회적 성과(corporate social performance)란 용어가 본격적으로 사용되기 이전에 이 개념은 기업의 사회적 책임이나 기업의 사회적 반응, 기업 사회 정책 등의 용어 등을 통해 연구되어져 왔다(신유근, 1994).

이러한 기업의 사회적 역할에 대한 지난 수십 년 간의 각계의 요구와 관심에도 불구하고 공공의 이해를 져버리는 기업의 이기적 행동이 아직까지도 계속되고 있고, 우리가 살고 있는 시장 경제 체제는 이를 예방할 제도적 장치를 제대로 마련하지 못하고 있으며, 더 나아가 기업의 소중한 자원 및 역량의 배분 및 활용 문제와 관련해 일부 기업가와 경영자들이 막강한 재량적 권력을 마음대로 행사하는 문제가 지속되고 있다(Sethi, 1995). 최근에 들어와서는 미국계 거대 기업들의 회계 부정 사건들이 연일 터지면서 기업은 물론 최고 경영자의 윤리적 문제까지 함께 논의되고 있는 상황이다.

우리가 살고 있는 사회에서 기업이 차지하는 역할과 기능이 중요해지면 질수록 이러한 문제들에 대한 사회적 관심과 기업에 대한 책임 있는 행동의 요구는 더욱 거세질 것이다. 예를 들어 최근 한국에서 벌어지고 있는 일부 재벌 기업의 족벌 세습 문제, 소액 주주의 권리 보호 문제, 기업 부실화와 일부 기업가의 비윤리적 행동 등이 커다란 사회적 이슈가 되고 있으며, 대기업 및 벤처 기업에 대한 사회적 비난의 여론 또한 점차 거세지고 있다. 또한 이러한 기업의 행태가 계속될 경우 야기될 사회경제적 결과에 대한 우려의 목소리와 함께 기업계 내부의 자기 반성과 자정의 움직임도 일고 있다.

그렇다면 왜 기본적으로 영리성을 추구하는 기업 스스로 사회적 성과를 책임져야 하며, 사회 역시 경제적 역할을 넘어선 기업의 사회적 성과에 주목해야만 하는가? 그 이유를 사회경제적 차원과 기업 경영 차원에서 살펴볼 수 있다.

1) 사회경제적 차원의 필요성

먼저 기업 권력의 확대에 따른 사회적 대응 규범의 필요성 때문이다. 기업 규모의 확대는 단순한 크기의 증대만을 의미하는 것이 아니라, 다양한 영역으로의 영향력 확장을 초래한다. 이에 따라 대기업은 그 규모의 거대화로 사회의 여러 부문과 밀접한 관계를 맺게 되었고, 기업 활동에 의해 파급되는 영향 효과는 경제적 차원에 그치지 않고 사회적, 문화적, 정치적, 기술적 영역에까지 확장된다. 이러한 거대 기업의 사회적 영향력은 해당 기업은 물론 사회적으로도 이득과 손실을 줄 수 있게 되었기 때문에 기업 활동은 이미 사회공공적 성격을 띠게 되었고, 이에 따라 자신의 영향력에 상응하는 사회적 정당성을 갖춘 책임 있는 행동을 수행할 것이 요청되고 있다(Carroll, 1989 ; Wood, 1990 ; 신유근, 1994).

오늘날 기업이 사회에 영향을 미칠 수 있는 능력이나 힘을 지칭하는 기업 권력과 관련된 대부분의 문제는 기업이 증대한 영향력과 권력을 어떻게 사용하느냐에 초점을 두고 있다. 대부분의 사람들은 기업 권력이 국가 전체적으로 중요하다고 여겨지는 공공의 목표와 가치, 전통을 성취하는데 사용되기를 바라고 있다. 만약 그렇게 사용되고 있다면 기업의 권력은 정당성이 있는 것으로 간주되며, 사회 일반인들은 거대한 규모를 단지 현대 기업의 정상적인 특성으로서 받아들일 것이다.

그러나 기업 권력이 사회 목표와 불일치한 방향에서 자신들의 이익 증진을 위해서 사용된다고 인식된다면, 기업 권력의 사회적 정당성을 인정하지 않을 것이다. 따라서 사회적 영향력이 큰 대기업일수록 자신들이 갖는 기업 권력을 향유하는 데에 안주하지 말고 그 사회적 영향력에 비례한 책임 있는 행동을 해야 한다는 사회적 규범이 강조된다. 이를 토대로 균형적인 다원적 사회 발전이 이룩될 수 있다.

다음으로 기업의 사회적 성과는 성숙한 자본주의의 토대를 강화하기 때문이다. 우리가 살고 있는 자유 시장 경제 체제 또는 자본주의 경제 체제는 자칫 '부익부 빈익부'의 악순환의 고리를 끊지 못하고 경쟁의 효율과 사회적 형평의 상충 관계를 구조화시키는 미성숙한 자본주의 체제로 전락할 위험성을 지니고 있다.

특히 한국과 같이 비정상적인 자본주의의 발전 경험을 지닌 국가에서는 이러한 위험성에 크게 노출되어 있다. 우리들이 기업의 사회적 성과를 강조하는 이유는 이것을 통해 건전한 성숙된 자본주의 사회의 발전을 도모할 수 있기 때문이다.

표 1. 자본주의 경제 체제의 발전 방향

	미성숙한 자본주의 사회		성숙한 자본주의 사회
효율과 형평의 관계	경쟁의 효율과 사회적 형평간 악순환의 관계	→	경쟁의 효율과 사회적 형평 간 선순환의 관계
추구가치	경제적 가치가 강조되는 사회 경제적 지대를 추구하는 사회		사회적 가치를 존중하는 사회 경제적 정의를 추구하는 사회
사회적 관계의 성격	Win−Lose Game만이 존재 개인-조직-사회의 이해 갈등		Win−Win Game을 추구 개인-조직-사회의 이해 조화
기업가 의식	양적 결과 중심의 사고 기업을 개인의 소유물로 인식		생활의 질 중심의 사고 기업을 사회적 기관으로 인식
시민의식	半 봉건주의적 의식	→	자유민주주의적 의식
유사개념	천민자본주의	→	반응자본주의

위의 표를 통해 볼 수 있듯이 성숙된 자본주의 경제 체제는 사회적 가치를 존중하고 경제적 정의를 추구하는 사회이며, 개인과 조직, 그리고 사회의 이해를 조화시키는 Win−Win 게임을 추구하는 사회이다. 이를 위해 기업은 자신의 양적 성과에만 매달리지 않고 사회 전반적인 생활의 질 향상에 이바지해야 하는 사회적 성과를 자발적으로 수행해야 한다. 이를 토대로 자본주의 경제 체제의 강점인 경쟁의 효율과 사회적 형평이 선순환의 관계를 이루는 성숙된 자본주의, 즉 반응 자본주의 사회를 만들 수 있다.

2) 기업 경영 차원의 필요성

먼저 사회적 성과를 통해 기업에 거는 사회적 기대에 부응할 수 있으며, 더 나아가 사회적 정당성을 확보할 수 있다. 기업에 대한 사회적 기대란 전체 사회 속에서 기업이라는 조직이 사회를 위해 당연히 또는 바람직한 방향에서 수행하기를 희망하는 역할을 지칭하는 것이다. 통상 현실보다 한발 앞서 가는 사회적 기대에 기업이 부응하지 못할 때 양자의 괴리는 커지게 되고, 결국 기업과 사회와의 관계를 불편하게 만드는 사회적 이슈로 발전하게 된다(신유근, 1994).

표 2. 10대 뉴스를 통해 본 한국의 기업과 사회 관계

년대	50년대	60년대	
사건명	중석불 부정불하 사건(52)	중석불 파동 충주비료공장 준공(61) 삼분폭리, 국공유지 불하사건(64) 금융특혜사건, 메사돈 파동(65)	
	산업은행 연계자금 부정 대출 물의(58)	쌀, 연탄 파동 한비 사카린 밀수(66) 독과점 폭리 규제(68)	
건수	2건	9건	
년대	70년대	80년대	90년대
사건명	와우아파트 붕괴(70) 대연각호텔 대화제(71) 군납 부정(72) 박영복 부정대출(74)	사북사태(80) 이철희,장영자 사건(82) 프로야구 원년(82) 대규모금융부정사건(83) 노사분규 확산 심화(85)	새민방 선정과 태영 의혹(90) 수서비리 의원 구속 사태 낙동강 페놀 오염 현대 정주영회장 탈세파문(91) 육해공 잇따른 대형참사(93) 성수대교 붕괴 32명 떼죽음(94)
	재벌의 부조리 척결(76) 급식빵 식중독(77) 사원용 현대아파트 　특수 분양(78) 율산파동과 은행장 구속(79)	전국서 노사분규 확산(87) KAL기 리비아 참사 현중, 대우조선 파업 라면 우지 사용 쇼크(89)	CATV 다채널 시대 개막 대구 지하철—삼풍 대참사 유조선 좌초 남해 오염(95) 불황 속 名退바람(96)
건수	8건	9건	10건

위의 표는 한국의 10대 뉴스를 통해 본 1950년대부터 1990년대까지의 비정상적 기업 활동으로 인한 사회적 문제의 예를 보여준다. 물론 10대 뉴스 중에는 나쁜 뉴스만 있는 것이 아니지만, 대다수 부정적 뉴스가 주류를 이루고 있다. 특히 80년대 말에 있었던 '라면 우지 파동'과 90년대 초에 있었던 '낙동강 페놀 유출 사건'은 해당 기업들의 고의성이 크게 없었다는 점이 밝혀졌음에도 불구하고, 기업이 사회적 문제를 야기했을 때는 책임 회피보다 문제를 해결하려는 적극적인 노력이 우선적으로 필요함을 일깨워 주었다. 이후 이러한 일련의 대형 사건들을 거치면서 한국에 있어서도 기업의 사회적 책임과 윤리 문제가 본격적으로 대두하기 시작했다.

그럼에도 불구하고 사회적 기대를 저버리는 기업 행동이 지속되고, 기업 활동으로 인해 발생한 사회 문제 해결에 등한시 할 경우, 종국적으로 기업의 사회적 정당성에 대한 강력한 반발이 초래된다. 특히 이러한 행동이 반복될 경우에는 기업 존재나 그 행동의 정당성에 대한 심각한 위협을 초래하기도 한다(Bateman & Zeithaml, 1990). 예를 들어 미국의 엔론 사태나 월드콤 사례에서 보듯 회계 부정이 자본 시장의 불신을 가져오고 곧바로 기업 파산에까지 이르는 결과를 초래한다.

또한 사회적 정당성을 침해하는 기업 행동은 결과적으로 사회적 규제나 통제를 불러온다는 점에서 각별한 주의를 요한다. 마이크로소프트사를 둘러싼 반독점 소송이 바로 특별한 사회적 문제를 일으키지 않았음에도 불구하고 지나치게 자신들의 사회경제적 기업 권력을 확장하려고 할 경우 사회적 규제를 불러온다는 점을 잘 보여 준다.

이에 비해 기업이 사회적 성과 향상을 통해 이러한 사회적 기대에 한발 앞서 대처해 나갈 수만 있다면, 정상적인 기업 활동을 저해할 수 있는 사회적 이슈의 발생을 미연에 예방할 수 있으며, 더 나아가 우호적 기업 환경을 조성할 수 있다.

　다음으로 기업의 사회적 성과는 기업에 속한 구성원들의 자긍심을 높이고, 더 나아가 기업가에 대한 사회적 존경을 불러 올 수 있다. 기업의 사회적 성과는 기업에 속한 구성원의 자긍심과 함께 애사심을 불러오는 긍정적 기능을 수행할 뿐만 아니라, 조직 시민 행동과 같은 이타적·협력적 행동을 촉진한다(한정화·홍길표 외, 1999). 또한 사회적 성과를 기반으로 한 좋은 기업 이미지와 평판은 능력 있는 인재를 확보하고 유지하는 데에 기여하는 등 관계 자산의 축적을 통해 기업 가치의 증진에 기여한다.

　한편 기업의 사회적 성과는 해당 기업의 기업가 또는 최고 경영자에 대한 사회적 존경을 가져온다. 예를 들어 우리 나라의 경우 유한양행을 창업한 유일한 씨의 사례에서 보듯, 건전한 기업 경영과 사회 봉사를 성실히 해 온 경영자들은 사회적 존경을 한 몸에 받게 된다. 반대로 자신의 이익 증대에 매달리거나, 탈법적 방법으로 사업의 확장을 꾀하거나, 가족 이기주의에 빠져 편법 재산 상속을 행하는 기업가들은 천민 자본주의의 화신이라는 사회적 멸시를 면하기 어려워진다. 사회적으로 존경받는 기업가 정신은 축적한 부의 크기에 의해 결정되는 것이 아니라, 정당한 부의 축적과 건전한 부의 활용 과정을 통해 사회적으로 인정받게 된다는 점을 알아야 한다.

(2) 기업의 사회적 성과 평가 모형

　기업의 사회적 성과의 개념이 무엇인지에 대해서는 아직까지도 합의된 명쾌한 정의가 내려지지 않고 있다. 무엇보다도 사회적 성과의 개념 자체가 다차원으로 구성된 매우 복잡한 개념이며, 또한 지난 20여 년 동안 용어를 달리해 오며 역사적으로 발전해 왔기 때문이다(Wood, 1991). 우리들이 기업의 사회적 성과가 무엇인지를 보다 알기 쉽게 이해하기 위해서는 그간 제시되어 온 각종 개념적 모형과 평가 모형을 개략적으로 비교·검토할 필요성이 있다.

기업의 사회적 성과는 본래 기업의 사회적 책임이라는 개념에서 출발해 발전한 개념이다. 기업의 사회적 책임(corporate social responsibility)이란 기업이 합법성의 확보를 전제로 스스로의 책임 하에 기업을 둘러싼 환경 주체의 제반 기대에 자발적으로 부응하고, 그에 의해 보편성을 갖춘 기업의 이상을 실현함과 아울러 사회 제도로서의 기업의 존속을 도모하는 것이라 할 수 있다(松岡 紀雄, 1992).

이러한 기업의 사회적 책임은 크게 법적 책임, 경제적 책임, 제도적 책임, 그리고 사회 공헌의 4가지 범주로 구분할 수 있다. 여기서 '법적 책임'이란 기업이 사회에서 정한 기본적인 법의 테두리 내에서 기업의 경제적 사명을 수행하는 것을, '경제적 책임'이란 기업의 고유한 책임에 해당되는 것으로 사회가 필요로 하는 재화와 서비스를 생산하고, 그것을 판매하여 이익을 획득하는 활동을, '제도적 책임'이란 사회적 제도로서의 기업이 법적 책임을 초월하여 기업 시민으로서 자발적으로 수행해야만 하는 책임으로서 이해 관계자들간에 합의도가 높은 기대에 부응하는 것을, 그리고 '재량적 책임' 또는 '사회 공헌'이란 단순히 사회의 압력에 반응하여 행하는 것이 아니라 기업의 장기적 역할을 고려하여 행동하는 것이며, 혹은 건전한 환경을 창조할 필요를 지원하기 위해 사회에 투자하고 공헌하는 활동이라는 것이다.

이러한 기업의 책임들 가운데에서 전자의 3가지 책임을 기업 고유의 책임이라 할 수 있고, 마지막의 사회 공헌을 포함한 제반 책임을 광의의 기업의 책임이라 할 수 있다(Carroll, 1989 ; 松岡 紀雄, 1992).

이후 기업의 사회적 책임은 사회적 반응, 기업 사회 정책 등의 용어를 통해 개념적 변천을 해오다 최근 기업의 사회적 성과(corporate social performance)라는 개념으로 학술적으로나 실무적으로 수렴되는 경향을 보이고 있다.

학술적 측면에서 기업의 사회적 성과의 개념은 Wartick & Cochran(1985)에 의해 개념적 통합 시도가 있은 후에, Wood(1991)에 의해 검토되고 재정립되었다. Wartick & Cochran(1985)은 그 이전까지 연구되어 온 기업의 경제적 책임과 공공적 책임, 그리고 사회적 반응의 개념을 통합한다는 차원에서 기업의 사회적 성과의 개념을 주창하였고, 여기에 대응한 사회적 이슈 관리의 필요성을 강조하였다.

이들의 연구를 비판적으로 재검토한 Wood(1991)는 기업의 사회적 성과 모형을 원칙(principles), 과정(processes), 성과(outcomes)라는 세 가지 차원에서 규정짓고 있다. 즉 첫째는 정당성이라는 제도적 원칙, 공적 책임이라는 조직적 원칙, 경영자 자율권이라는 개인적 원칙을 내포한 기업의 사회적 책임의 원칙, 둘째는 환경 평정, 이해 관계자 관리, 이슈 관리를 포괄하는 기업의 사회적 반응 과정, 셋째는 사회적 영향, 사회적 프로그램, 사회 정책을 포괄하는 기업 행동의 성과라는 세 가지 차원에서 포괄적인 사회적 성과의 개념적 모형을 제시하고 있다.

이러한 개념 정립을 둘러싼 학술적 연구가 진행되어 왔음에도 불구하고, 기업의 사회적 성과에 대한 보다 실제적인 측정 노력과 모형의 구축은 실무적인 차원에서 지속적으로 전개되어 왔다. 즉 한국의 경실련 경제정의연구소와 같은 각종 경제 사회 분야 시민 운동 단체나 경제 단체들에 의해 지속적으로 전개되어 온 기업의 사회적 성과 평가 모형의 측정 및 구축 노력이 학술적 연구에 비해 오히려 돋보이는 결과를 보이고 있다.

예를 들어 미국 CEP(The Council on Economic Priorities), KLD(Kinder, Lydenberg, Domini & Co.), Ernst & Ernst 회계법인, 미국 경제발전위원회, 미국 공인회계사회, 프랑스의 Bilian Social, 그리고 한국의 경실련 경제정의연구소 등이 이에 해당한다(경제정의연구소, 1998).

이들 기관들이 사회적 성과 모형의 개발과 평가를 통해 추구하고자 하는 당면 목표와 기업을 둘러싼 사회경제적 환경이 다르게 때문에, 사회적 성과의 구성 차원이나 세부 항목, 측정 방식이나 평점화 방법 등의 측면에서 다소 상이한 모습을 보인다. 그럼에도 불구하고 이러한 평가 노력을 통해 기업의 사회적 성과를 제고시키고 이를 토대로 보다 건전하고 바람직한 경제 체제를 만들어 나간다는 궁극적인 목적은 일 맥상통한다고 볼 수 있다. 이들 기관들의 사회적 성과의 구성 차원과 주요 항목을 살펴보면 다음의 표와 같다.

표 3. 주요 평가 기관들의 사회적 성과 구성 차원과 주요 항목

기관	CEP(미국)	Ernst & Ernst	Bilian Social(불)	KEJI(한국)
평가 항목	환경 보호 남녀 평등 인종 평등 자선 기부 복리 후생 작업장 이슈 정보 공개 동물 보호 지역 사회 사회 문제	생태계와 환경 소비자 보호 지역 사회 대정부 관계 기업 기부 소수 인종과 평등 노사 관계 주주 관계 경제적 활동	**경제적 역할** 1)이익 2)제품 **종업원 만족** 1)작업 조건 2)고용 안정 3)임금 4)훈련 등 **사회적 역할** 1)지역 사회 2)환경 개선 3)고객 만족 등	건전성 공정성 환경 보호 사회 공헌 소비자 보호 종업원 관계 경제 발전
시작	1969년	1971년	1977년	1991년

위의 표를 통해 보듯 각 기관별로 세부적인 항목의 차이를 보이고 있지만, 공통적으로 환경 문제, 종업원 문제, 지역 사회 및 사회 공헌

문제 등을 포함시키고 있으며, 기업 본연의 주주 문제나 고객 문제, 그리고 기본적 경제적 성과를 포함시키는 모형들도 상당수에 이른다. 이에 비추어 볼 때 한국의 경실련 경제정의연구소에서 실시하고 있는 경제정의지수(KEJI) 평가 모형 역시 이러한 기업의 사회적 성과를 평가하는 다른 모형들과 맥을 같이 하고 있음을 발견할 수 있다.

2. 기업은 왜 자신의 사회적 성과를 높여야 하는가?

여기서는 사회적 필요성에 입각해 기업이 자신의 사회적 성과를 높여야 한다는 규범론적 주장을 넘어서, 기업의 사회적 성과를 높이는 것이 기업 자신의 가치 증진에 기여할 수 있다는 실용론적 주장의 이론적 기반을 제시하고자 한다.

(1) 사회적 성과와 경제적 성과의 관계

만약 기업이 자신의 사회적 성과를 높일수록 기업의 경제적 성과도 함께 증대시킬 수 있다는 객관적인 연구 결과를 얻을 수만 있다면, 해당 기업들로 하여금 사회적 성과를 책임지고 높여야 한다는 사회적 압력을 가할 필요가 없을 것이다. 왜냐하면 자신의 사회적 성과가 직접적으로 경제적 성과 증진에 기여한다면, 기업들은 경제적 성과를 높이기 위해서라도 자발적으로 사회적 성과를 높이려는 노력을 행할 것이기 때문이다.

그간 기업의 사회적 성과와 경제적 성과간의 관계를 입증하려는 많은 연구 시도들이 있었음에도 불구하고 양자의 관계에 대한 확고한 증거를 얻는데 실패해 왔으며, 특히 사회적 성과가 경제적 성과의 직접적인 원인 변수라는 점을 입증하는데 실패했다(Waddock & Graves, 1997 ; Aupperle, Carroll & Hatfield, 1995). 즉 기업의 사회적 성과와 경제적 성과간의 관계에 대해서는 이론적으로나 실증적으로 정(正, +)의 관계를 주장하는 입장, 무(無) 관계를 주장하는 입장, 부(負, −)의 관계를 주장하는 입장으로 나뉘어져 아직 확실한 결론을 내리지 못하고 있다.

이와 같이 기업의 사회적 성과와 경제적 성과간의 관계에 대한 일관된 연구 결과를 얻지 못하는 이유를 일부 연구자들은 자료 원천의 상이성, 횡단 연구와 종단 연구의 차이, 측정 지표상의 차이 등의 연구 방법론상의 문제점에서 찾고 있다(Ullmann, 1985). 한편 양자의 관련성에 대해서도 사회적 성과가 선행 변인이라는 주장과 오히려 경제적 성과가 사회적 성과의 선행 변인이라는 주장이 맞서고 있는 상태이다(Waddock & Graves, 1997).

이 문제와 관련해 규범론적 입장에서 기업의 사회적 성과가 경제적 성과의 선행 변인이며, 또한 양자의 관련성은 정(+)의 관계임이 입증되는 것이 바람직하겠지만, 이러한 주장 자체에 상당한 문제점이 내포되어 있음을 인정하는 것이 필요하다. 즉 기업의 사회적 성과와 달리 매출액 증가율, 순이익 증가율, 투자 대비 수익률(ROI) 등의 경제적 성과는 시장 경쟁 상황이나 산업 전반적인 경제 상황에 의해 상당 부분 좌우되는 변동성을 지니고 있다. 따라서 다른 변인들에 의해 상당한 영향을 받는 경제적 성과의 증감분을 당해연도 사회적 성과 향상의 증감분으로 설명하려는 시도 자체가 이론적으로나 실증적으로 많은 문제점을 내포할 수 있다.

이러한 문제점을 극복하기 위해서는 Waddock & Graves(1997)의 연구처럼 치밀하고 정교한 종단적 연구 설계가 필요하며, 이론적 보강도 요청된다.

(2) 사회적 성과와 무형 자산, 기업 가치와의 관계

매출액 증가율, 투자 대비 수익률과 같은 경제적 성과에 비해 경제적 부가 가치나 신용 평점 등과 같이 기업 가치를 보여주는 지표는 사회적 성과와 유사하게 단기적 변동성이 상대적으로 낮다.

그렇다고 기업의 사회적 성과가 기업의 경제적 성과에 직접적으로 영향을 미칠 것이라는 주장처럼 기업의 사회적 성과가 기업 가치에 직접적으로 반영될 것이라는 주장은 이론적으로나 경험적으로 쉽게 납득되기 어렵다. 이에 본 연구에서는 기업의 사회적 성과와 기업 가치와의 관계를 매개하는 설명적 개념으로서 무형 자산(invisible assets)의 개념을 통해 양자의 관련성을 탐색해 보고자 한다.

1) 무형 자산의 의의

재무적인 평가 지표가 경영 지표로서 유효성이 의심받기 시작한 1980년대부터 비재무적인 평가 지표의 필요성이 구미 기업들을 중심으로 제기되었고, 이후 기업의 무형 자산에 대한 연구들이 매우 활성화되고 있다. 여기서는 무형 자산의 분류와 측정에 대한 기존 연구들을 우선 살펴보도록 한다.

먼저 대표적인 지적 자산의 평가 방식의 하나가 바로 스칸디아(Scandia) 모형이다. 금융 그룹인 스칸디아사는 1991년부터 그룹 내부의 지적 자산에 대한 평가 지표를 개발하여 하나의 모형으로 체계화하고 있다.

이 모형의 특징은 가치 평가에 그치지 않고 진로 설정에도 초점을 맞추고 있다는 특징을 지닌다. 모형은 크게 5개 주요 지표로 구성되며, 각 지표에는 최소 11개 항목의 평가 항목이 포함된다. 이들 지표를 간략하게 살펴보면 다음과 같다(류재헌, 1999).

- 재무적 지표(직접 수익률 수 등 15 개)
- 고객 지표(고객 내사 회수 등 15개)
- 과정 지표(무오류 완결 계약수 등 11개)
- 쇄신과 개발 지표(직원 만족 지수 등 13개)
- 인간 지표(동기 유발 지수 등 12개)

　한편 Earnst & Young(2000)은 기업의 가치를 증대시키는 동인으로
작동하는 핵심 요인으로 무형 자산으로 구성된 가치 창출 지표 모형을
제시하고 있다. 동사는 상장 기업을 대상으로 한 조사 결과 제조 분야
에서는 혁신, 종업원, 경영진, 제휴, 브랜드, 기술, 고객의 순으로 시장
가치의 동인으로 작동하고 있음을, 비제조 분야에서는 혁신, 경영진,
종업원, 품질, 브랜드, 기술, 고객의 군으로 가치 동인으로 작동하고
있다는 점을 밝히고 있다.

그림 1. 무형 자산으로서의 가치 창출 지표의 체계

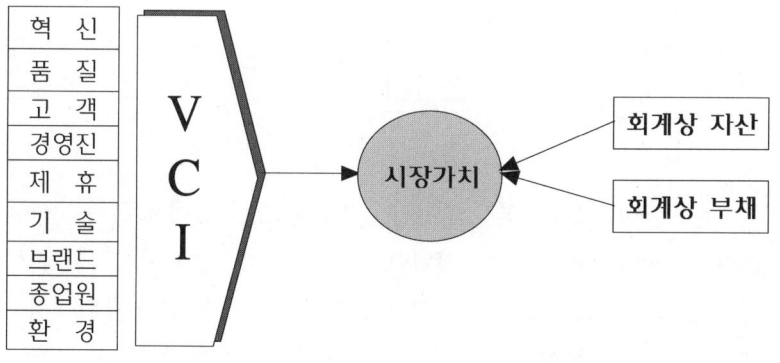

　또한 Brooking(1996)은 지적 자본(intellectual capital)이라는 개념에 기

초해 무형 자산의 중요성을 강조하고 그 구성 체계를 제시하고 있다. 그에 따르면 21세기 핵심 자산으로서 지식 자산은 시장 자산, 지적 소유 자산, 인간 중심 자산, 인프라 자산의 4가지로 구성되어 있다는 것이다. 그의 구성 체계 및 주요 자산 목록을 제시하면 다음의 <그림 2>와 같다.

그림 2. 지식 자본의 구성 체계와 자산 목록

지 적 자 본 (intellectual Capital)			
시 장 자 산	지적소유 자산	인간중심 자산	인프라 자산
서비스 브랜드 제품 브랜드 기업 브랜드 협조 고객 실제 고객 선정 고객 고객 충실도 고정 거래 회사명 수주 잔고 유통 경로 합작 및 제휴 특혜 계약	특허 저작권 소프트웨어 디자인권 영업 비밀 상표권 서비스 상품	교육 자격제도 업무 수행 지식 업무 수행능력	경영철학 기업문화 경영체계 정보효과 정보시스템 네트워킹 시스템 금융관계 업무수준

그는 이러한 지적 자본을 관리하는 것이 중요한데, 마치 유형 자산에 대한 감사(auditing)가 있는 것처럼, 지식 자본에 대한 체계적인 지식 자본 감사가 필요하다는 점을 역설하고 있다. 이러한 감사를 위해서는 고객 조사, 판매 분석, 원가 분석, 시장 조사, 투자 수익 분석, 경쟁 분석, 계약 이행 검사, 노하우 조사, 보유 기술 조사, 고객 면담 조사, 부가 가치 평가, 자산 평가, 구성원 인터뷰, 구성원 자기 평가, 경영자 평가

등 매우 다양한 방법이 시행되어야 한다고 강조하고 있다. 이러한 감사 결과를 바탕으로 지식 경영 차원에서 지식 자본을 창출하고, 공유하고, 관리하는 활동이 벌어질 때, 기업의 경쟁력이 강화된다는 것이다.

오늘날 중장기적 기업 가치의 동인으로서의 무형 자산의 중요성이 증대하고 있음에도 불구하고, 아직까지도 유형 자산이나 재무적 정보 위주의 재무적 성과를 선호되는 이유는 무엇보다도 객관적인 무형 자산의 가치 측정 방식이 결여되어 있기 때문이다(윤보윤, 2001).

현재까지 제시된 다양한 평가 방법들은 무형 자산 가치를 포함하고 있다는 점에서 기존의 재무적 평가법에 비해 우월성을 보이고 있지만, 객관적으로 기업간 비교를 위한 지표로서는 여전히 개선의 여지가 많다. 특히 기존의 경제적 지표는 비재무적인 무형 자산에 비해 대외적인 비교 평가 지표로서는 강점을 보이고 있다.

2) 매개 변인으로서의 무형 자산

사회적 성과는 기업의 무형 자산과 직·간접적인 관련성을 지닌다. 많은 연구자들이 기업의 사회적 성과가 무형 자산의 형성과 축적에 기여하고 있음을 주장하고 있다. 즉 사회적 성과가 높은 기업에서는 기업 이미지와 제품 이미지 향상, 우수 인재의 유입과 이직 예방, 구성원의 애사심과 동기 부여 강화, 경영 비전과 철학에 대한 공감대 확산, 공동체적 기업 문화 정착, 조직 시민 행동과 자원 봉사 촉진, 투자자에 대한 긍정적 정보 제공, 우호적 기업 환경의 조성 등과 같은 무형 자산 축적 효과를 기대할 수 있다(신유근, 1998; 笹川平和財團, 1990; Murray & Montanari, 1986).

한편 무형 자산은 중장기적으로 기업의 경쟁력 강화와 기업 가치의 향상에 직·간접적으로 기여할 수 있다. 오늘날 재무적으로 쉽게 파악되는 유형 자산보다 무형 자산이 기업 가치의 중장기적 동인으로 더욱 중요해지는 이유는 기업을 둘러싼 환경 변화에서 그 원인을 찾을 수 있다. 즉 환경의 변화 속도가 빨라지고 글로벌 차원에서 시장이 확장되고 있으며, 인터넷 등의 정보 기술의 발전을 토대로 기업 활동의 기민성이 더욱 중시됨에 따라 현재 가지고 있는 유형 자산의 크기보다는 끊임없이 혁신할 수 있는 능력이 더욱 중요한 경쟁 우위 요인으로 작용하게 되었다. 문제는 이러한 혁신 능력이 조직 내 무형 자산을 축적하고 이를 적극적으로 활용함으로써 얻어진다는 점에 있다(윤보윤, 2001). 따라서 혁신 능력을 좌우하는 중장기적 기업 가치의 동인으로써 무형 자산의 중요성이 오늘날 증대하고 있다.

대표적인 컨설팅 회사의 하나인 Earnst & Young사는 전통적인 재무적 성과 지표를 대신한 무형 자산의 일종인 가치 창출 지표가 기업의 시장 가치를 더욱 잘 설명하고 있다고 주장한다(Earnst & Young, 2000). 이들에 따른다면 경제적 성과와 견줄 정도로 무형적 가치 동인이 시장 가치의 증대를 가져온다는 것이다.

이렇듯 오늘날 무형 자산은 중장기적 기업 가치의 동인으로서 그 중요성이 인정받고 있다. 이타미 히로유끼(1993)는 이러한 무형 자산의 중요성을 보다 강조하고 있다. 그에 따르면 무형 자산은 경쟁력의 진정한 원천이며, 기업의 적응력을 제고시키는 핵심 요소이다. 이러한 무형 자산은 축적하기 어렵고, 동시에 다용도로 활용될 수 있으며, 기업의 투입 요소인 동시에 산출 요소가 된다는 특성을 지니고 있다. 이러한 무형 자산은 시장에서 구입할 수 없어 조직에서 스스로 창조해야 하기 때문에 진정한 경쟁 우위인 핵심 역량이 된다.

3) 사회적 성과, 무형 자산, 경제적 성과, 기업 가치와의 상호 관련성

지금까지 살펴본 사회적 성과와 경제적 성과와의 관계, 사회적 성과와 무형 자산과의 관계, 그리고 무형 자산과 기업 가치와의 관계 등을 확장해 관련 변인들을 포괄한 개념적 연구 모형을 가설적으로 제시하면 다음과 같다.

그림 3. 기업의 사회적 성과, 경제적 성과, 기업 가치의 상호 관련성

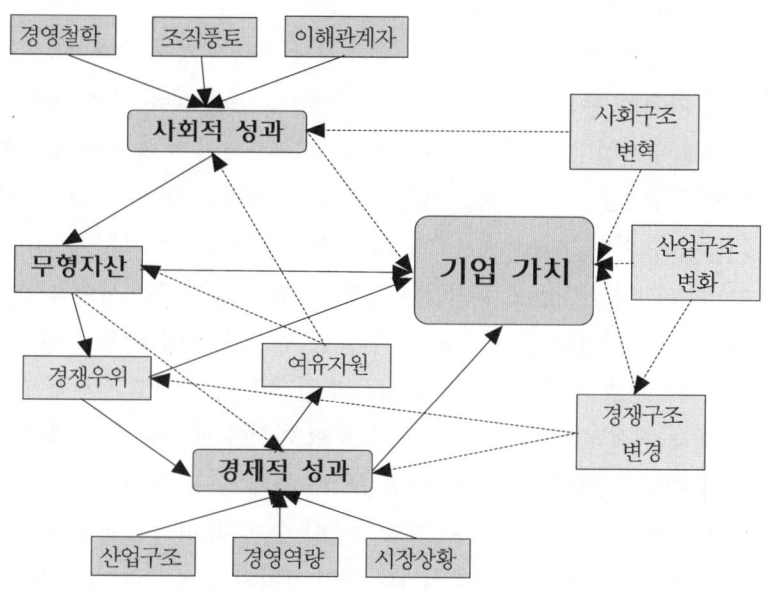

위의 그림은 기업의 사회적 성과와 경제적 성과, 그리고 기업 가치를 비롯한 제반 관련 변인들간의 개념적 관계를 하나의 도표로서 표현해 본 것이다. 비록 실증적 연구의 뒷받침이 부족한 상태에서 기존의 문헌 연구들에 기초해 잠정적 가설의 형태로 제시하고 있지만, 이를 통해 관련 변인들간의 총체적인 상호 관련성을 알기 쉽게 파악할 수 있다.

앞서의 이론적 고찰을 통해 보듯 기업의 사회적 성과는 일차적으로 기업의 무형 자산 형성에 직·간접적으로 기여할 수 있다. 기업의 무형 자산은 한편으로는 경쟁 우위의 강화를 통해 기업의 경제적 성과 향상에 이바지함은 물론 그 자체가 기업 가치의 증대에 기여할 수 있다. 예를 들어 기업의 상표권이나 특허권, 비즈니스 모델 등의 무형 자산이 장부상 가치를 넘어선 시장 가치를 형성하는 기초가 되고 있다는 연구 결과들이 이를 뒷받침한다.

한편 다른 변인들에 비해 변동성이 강한 경제적 성과는 단기적으로 기업 가치의 주요 결정 요인으로 작용하며, 또한 여유 자원(slack)의 규모를 결정한다. 조직 내 여유 자원은 한편으로는 무형 자산에 대한 투자 원천으로, 다른 한편으로는 사회적 성과에 대한 투자 원천으로 기능할 수 있다. Waddock & Graves(1997)의 연구에서는 여유 자원이라는 설명 개념을 기반으로 기업의 경제적 성과가 뒤따르는 사회적 성과의 증대에 기여할 수 있다는 점을 실증 연구를 통해 밝히고 있다.

결과적으로 기업 가치는 무형 자산과 경쟁 우위, 그리고 경제적 성과에 의해 직접적으로 영향을 받으며, 무형 자산을 매개로 한 사회적 성과의 영향과 함께 거시적인 산업 구조·경제 구조·사회 구조 변화 등의 영향을 간접적으로 받는다고 가정할 수 있다. 따라서 본 연구에서 주안점을 두고 있는 사회적 성과와 기업 가치의 상호 관련성이 직접적인 인과적 설명의 틀에서 논의되기는 어려울 것이다. 그보다는 무형 자산이라는 매개적 설명 변인을 통해 기업 가치의 증대에 기여할 수 있다는 우회적 설명 방식이 보다 타당할 것으로 보여진다.

4) 사회적 성과와 기업 가치와의 탐색적 실증 연구

여기서는 사회적 성과와 기업 가치와의 관련성을 한국 기업의 사회적 성과를 보여주는 경실련의 KEJI 평점과 상대적인 기업 가치를 보여주는 한신평의 KIS 신용 평점과의 관계에 대한 실증 분석 결과를 토대로 살펴보자(홍길표·김헌, 2001).

이 연구 과제는 사회적 성과가 좋은 기업은 신용도 또한 좋은 기업인가, 또는 사회적으로 존경받는 기업은 경제적으로도 그 가치를 믿을만한 기업인가를 알아보기 위해 진행되었다. 이 연구에서 사용하고 있는 경실련의 **KEJI** 평점은 1999년을 대상으로 한 제10회의 평가 결과이다. 또한 본 연구에서 기업 가치를 대용하는 지표로서 한국신용평가(주)가 제시한 **KIS** 신용 평점을 활용하였다. **KIS** 신용 평점은 **KEJI** 평점과 유사하게 100점 만점 평점의 형식을 취하고 있어 기업간 상대적 가치 차이를 잘 보여주고 있다. 이 **KIS** 신용 평점은 한국신용평가(주)가 기업의 신용도에 유의적인 안정성, 유동성, 수익성, 성장성, 활동성 지표를 이용해 평점화 한 지표이다.

KEJI 평점과 **KIS** 신용 평점을 모두 구할 수 있는 총 244개 표본 기업의 자료를 대상으로 통계적 분석을 실시한 결과, <표 4>는 자료의 분석에 사용된 변수간의 상관 관계를 분석한 결과이다.

아래의 상관 관계 분석 결과를 통해 볼 수 있듯이 **KEJI** 전체 평점과 **KIS** 신용 평점간에는 통계적으로 유의적인 상관 관계가 존재하는 것으로 나타났으며, **KEJI** 개별 항목 중에서는 특히 건전성과 매우 유의적인 정(+)의 상관 관계를, 환경 보호와는 부(−)의 상관 관계를 보이는 것으로 나타났다. 한편 일반적인 예상과 달리 경제 발전과 **KIS** 신용 평점과의 관련성은 미약한 것으로 나타나고 있다.

한편 이 연구에서는 **KEJI**의 6개 구성 항목과 **KIS** 신용 평점과의 상호 관련성을 보다 세부적으로 알아보기 위해 다중 회귀 분석을 실시하였다. 이 분석은 6개 구성 항목간의 다중공선성을 고려해 볼 때, 어떤 구성 항목이 특히 **KIS** 신용 평점의 편차를 가장 잘 설명하며, 또한 전체적으로 어느 정도의 설명력을 보이는지를 알아보기 위한 분석이었다.

표 4. 변수간 상관 관계

	건전성	공정성	사회봉사	환경보호	종업원	경제발전	KEJI평점	KIS평점
건전성	1.000 244							
공정성	-.073 244	1.000 244						
사회봉사	-.022 244	-.054 244	1.000 244					
환경보호	.128* 244	-.317** 244	−.027 244	1.000 244				
종업원	-.057 244	.190** 244	−.115 244	.070 244	1.000 244			
경제발전	.181** 244	−.191** 244	.023 244	.166** 244	−.001 244	1.000 244		
KEJI index	.625** 244	.245** 244	.143* 244	.363** 244	.427** 244	.527** 244	1.000 244	
KIS 신용평점	.242** 237	.088 237	.046 237	−.193** 237	−.115 237	.120 237	.127* 237	1.000 237

** p<.01 수준에서 유의적임.　* p<.05 수준에서 유의적임.

KIS 신용 평점을 종속 변수로 삼고, 6개 분야별 항목 지표를 독립 변수로 하여 분석을 실시한 결과 건전성, 환경 보호 및 경제 발전 등의 분야 지표가 종속 변수인 KIS 신용 평점에 유의적인 영향을 미치는 것으로 나타나고 있다. 6개 지표간의 상호 작용 효과를 제거한 Adj. R square 값은 .117로서 설명력이 크다고는 볼 수 없지만 통계적으로 매우 유의적인 상관 관계를 보여주고 있다.

이러한 분석 결과를 종합해 본다면 전반적으로 KEJI 평점이 높은 기업이 KIS 신용 평점 또한 높을 가능성을, 특히 중형 기업군의 경우

지배 구조나 자본 구조의 건전성 측면에서 사회적으로 존경받는 기업이 경제적으로도 믿을 만한 기업일 가능성이 높다는 점을 보여준다. 또한 이러한 결과는 기업의 사회적 성과가 무형 자산 형성에 미치는 영향 과정, 그리고 무형 자산이 기업 가치에 반영되는 과정에 있어 기업의 규모는 중요한 상황 요인으로 작용할 가능성을 보여주는 것이다.

표 5. KIS 신용 평점에 대한 KEJI 6개 항목 지표의 회귀 분석 결과

항　　목	KIS신용평점
건전성	.252**
공정성	.087
사회 봉사	.043
환경 보호	−.214**
종업원	−.105
경제 발전	.127*
R square	.139
Adj. R square	.117
F value	6.200
유의 수준	.000

** p < .01에서 유의적임,　　* < .05에서 유의적임.

3. 사회적 성과를 높이기 위해 무엇을 준비할 것인가?

한국 기업들이 무형 자산의 증대를 바탕으로 기업 가치 증진에 기여할 수 있는 사회적 성과를 높이기 위해서는 기존의 경제성 위주의 경영 패러다임에서 하루속히 벗어나야 한다. 그리고 경쟁의 효율과 함께 사회적 형평의 문제를 생산적 진보주의의 입장에서 적극적으로 수용하

고, 이를 자신들의 기업 비전에 용해시키고 경영 철학과 원칙으로 확립
함으로써 기업 경영의 현장에서 이를 실천하겠다는 강한 의지를 보여
주어야 한다. 이러한 경영 패러다임의 하나가 바로 사회 경영이다.

사회 경영(Management for Society)이란 기업이 사회가 부여한 자신
의 존재 의의를 실현하고 동시에 기업 경영에 보다 우호적인 경영 환경
을 조성하기 위해 이해 관계자를 비롯한 사회 일반과의 상호 관계를
Win-Win의 상생 방식으로 경영해 나가려는 일련의 친사회 경영 활동
을 지칭한다(신유근, 1994). 사회 경영은 때로는 기업 사회 정책, 기업
의 사회 공헌, 기업 시민 행동(corporate citizenship) 등의 모습으로 나타
난다. 이러한 사회 경영은 21세기를 맞이하면서 점차 그 중요성이 부각
되고 있는 거시 경영의 핵심적 분야의 하나이다.

이러한 사회 경영은 단기적 관점에서 비용을 최소화하고 이득을 최
대화한다는 입장에서 행해져서는 결코 안 된다. 올바른 사회 경영은
기대되는 장기적 이득, 즉 무형 자산을 통한 안정적 기업 가치의 향상
을 기하기 위해 효과적으로 자원을 투자한다는 전향적 입장에서 출발
해야 한다. 오늘날 기업의 사회 공헌 활동이 과거의 시혜적 자선 활동
에서 벗어나 전략적 관점에서 추진되고 있음이 이를 대변해 준다. 즉
기업의 사회 공헌 활동은 사회적 변화를 대표하는 기업의 제품, 인적
자원, 재무적 자원, 경영 노하우를 통합하는 촉진제(catalyst)로서 공공
이익에 최선으로 봉사하는 것으로 간주되며, 이 과정을 통해 기업은
자신의 경쟁력 강화에 도움을 얻게 된다(Smith, 1996).

사회 경영을 실천한다는 것이 모든 사회적 문제의 해결을 기업이
도맡아 해결한다는 의미는 결코 아니다. 오히려 기업이 혼자서 책임지
라는 것이 아니라 사회의 각 부문이 함께 책임져 나가야 한다는 의미이
다. 즉 정부, 기업, 노동 조합, 교회, 대학, 사회 운동 집단, 지역 사회
조직, 윤리 기구, 전문가 집단 등이 참여하는 사회적 파트너십(social

partnership)을 만드는 것이 필요하다. 특히 사회의 진보와 발전을 위한 기업-정부-NGO간 협력 체계의 개발이 필요한데, 이 속에서 각자는 자신들의 중심적 역할과 더불어 상호 보완적 역할을 적극적으로 담당해 나가야 할 것이다.

참고 문헌

경실련 경제정의연구소(1998), 한국 기업의 평가(경제정의의연구소).

류재현(1999), "지적 자산 평가법의 현황과 시사점," 현대경제연구원, 지식경제리
　　포트 1999년 11월(23호).

신유근(1994), 현대의 기업과 사회(경문사).

신유근(1998), "기업의 사회적 성과와 경쟁력 강화," 경실련 경제정의연구소, 「한
　　국기업의 평가」(경제정의연구소).

윤보윤(2001), "무형 자산의 측정과 전략적 리포팅으로 기업의 시장 가치를 높인
　　다," LG주간경제, 1월 17일.

한정화·홍길표·김영수(1999), "기업 구성원의 가치 특성과 자원 봉사 활동이 조
　　직시민 행동에 미치는 영향에 관한 연구," 「경영학연구」, 제28권 4호.

홍길표·김헌(2001), "기업의 사회적 성과와 기업가치" 경실련 경제정의연구소,
　　제10회 경제정의기업상 자료집(경실련 경제정의연구소).

LG 투자증권 (2000), 상장·코스닥 기업분석.

이다미 히로유끼(1993), 삼성경제연구소 역, 「무형자산 : 경쟁력의 새로운 원천」,
　　삼성경제연구소.

松岡 紀雄(1992), 企業市民の 時代(日本經濟新聞社).

笹川平和財團(1990), 「コーポレート シチズンシップ : 21世紀 の 企業哲學」(講談
　　社).

Aupperle, K. E., Carroll, A. B. & Hatfield, J.D. (1995), An Empirical Examination of
　　the Relationship Between Corporate Social Responsibility and Profitability,
　　Academy of Management Journal, Vol. 28, No. 2, pp. 446 – 463.

Bateman, T. S. & Zeithaml, C. P. (1990), Management: *Function and Strategy*
　　(Homewood : Richard D. Irwin, Inc.).

Brooking, A. (1996), *Intellectual Capital*(International Thompson Business Press).

Carroll, A. B. (1989), *Business & Society: Ethics & Stakeholder Management*(Cincinnati:
　　South – Western Publishing Co.).

Earnst & Young(2000), Measuring for the Future : The Value Creation Index, Center
　　for Business Innovation.

Murray, K. B. & Montanari, J. R. (1986), Strategic Management of the Socially

Responsible Firm: Integrating Management and Marketing Theory, Academy of *Management Review*, Vol. 11, No. 4, pp.815—827.

Sethi, S. P.(1995), Societal Expectations and Corporate Performance, *Academy of Management Review*, Vol. 20, No. 1, pp. 18—21.

Smith, C. (1996), Desperately Seeking Data : Why Research is Crucial to the New Corporate Philanthrophy, in D. F. Burlingame & D. R. Young(eds.), *Corporate Philanthrophy at the Crossroads*(Indiana University Press), 1—6.

Ullmann, A. A. (1985), Data in Search of a Theory, *Academy of Management Review*, Vol. 10, No. 3, pp. 540—557.

Waddock, S. A. & Graves, S.B.(1997), The Corporate Social Performance—Financial Performance Link, *Strategic Management Journal*, Vol. 18, No. 4, pp. 303—319.

Wartick, S. L. & Cochran, P. L. (1985), The Evolution of the Corporate Social Performance Model, *Academy of Management Review*, Vol. 10, No. 4, pp. 758—769.

Wood, D. J. (1991), Corporate Social Performance Revised, *Academy of Management Review*, Vol. 16, No. 4, pp. 691—718.

Wood, D. J. (1990), *Business and Society*(New York: Harper Collins Publishers).

기업의 사회적 성과와
재무적 성과와의 관계
– 경실련 경제정의지수를 이용한 실증 연구

박헌준
....
연세대학교 경영학 교수

1. 서론

　사회적 성과가 높은 기업들이 낮은 기업들보다 더 나은 재무적 성과를 나타내는가? 재무적 성과가 높은 기업들이 낮은 기업들보다 더 좋은 사회적 성과를 나타내는가? 기업의 사회적 성과가 재무적 성과에 있어서 변화를 이끌어 내는가? 아니면, 반대로 재무적 성과가 기업의 사회적 성과에 대한 투자를 이끌어 내는가?

　이 연구는 경실련 경제정의지수를 이용한 실증 연구로서 1996년부터 1998년까지 3개년에 걸쳐서 288개 한국 상장 제조 업체들에 대한 실증적 분석을 시도하였는데 연구 결과를 통하여 한국 기업의 사회적 성과와 재무적 성과에 대한 관계를 살펴보고 소개하도록 하겠다.

　연구 결과는 기업의 사회적 성과와 재무적 성과에 대한 시계열 분석 결과, 사회적 성과의 재무적 성과에 대한 영향은 강한 반면 재무적 성과의 사회적 성과에 대한 영향은 상대적으로 약한 것으로 나타났다. 특히 1996년부터 1998년까지 사회적 성과가 3년 연속 상위 30%에 속한 기업들은 꾸준한 수익성을 보인 반면, 사회적 성과가 3년 연속 하위 30%에 속한 기업들의 재무적 성과는 악화되었다.

2. 연구의 이론적 배경

경영자들은 다수의 이해 관계자 집단으로부터 기업의 사회적 책임 수행에 자원을 투자하라는 요구를 끊임없이 받고 있으며(이진규·조준학, 1997: McWilliams & Siegel, 2001), 이해 관계자들의 기대가 증가하고 항상 변화하는 세계화의 추세 속에서 기업의 사회적 성과의 향상은 기업의 생존에 있어서 중요한 역할을 하고 있다(Husted, 2000).

수많은 학자들이 기업의 사회적 성과와 재무적 성과간에는 정(+)의 관계, 부(−)의 관계, 또는 중립의 관계가 있다는 연구 결과를 제시해 왔으나(Aupperle, Carroll, & Hatfield, 1985; Stanwick & Stanwick, 1998), 기업의 사회적 성과와 재무적 성과간의 관계에 관한 연구는 여전히 해결되지 않는 연구 과제로 남아 있다(Roman, Hayibor, & Agle, 1999). 최근의 연구들은 사회적·윤리적 책임을 잘 수행하는 기업들이 더 좋은 재무적 성과를 거둔다는 연구 결과를 제시하고 있다(문귀봉, 1997; Hammond & Slocum, 1996; Waddock & Smith, 2000).

기업의 사회적 책임이란 재무적·규범적·자선적 차원 등 다양하게 존재하는 다수의 이해 관계자들에 대한 기업의 관심과 책임의 수행을 말한다(Carrroll, 1991). 우드(Wood, 1991)는 기업의 사회적 성과의 주요 구성 요소로서 기업의 사회적 책임의 수준, 기업의 사회적 반응, 그리고 기업 활동의 결과의 세 가지를 제시하였다. 기업의 사회적 성과의 영역에서 필적할 수 있는 능력은 높은 수준의 사회적 성과를 지니는 조직에 나타날 수 있는 경쟁 우위에 대한 관심을 유발시켜 왔다 (Albinger & Freeman, 2000).

지난 20여 년 동안, 수많은 학자들이 기업의 사회적 성과와 재무적 성과간의 관계에 대한 연구를 해 왔다. 이들 관계에 대한 많은 실증적 연구들은 복잡하고 결론지을 수 없는 연구 결과들을 제시하고 있다 (Greening & Turban, 2000; Griffin & Mahon, 1997; Verschoor, 1998; Westphal, J. D. 1999).

많은 연구들이 긍정적 관계가 있다고 제시한 반면(이성봉, 1991; 진수대, 1999; Anderson & Frankle, 1980; McGuire, Sundgren, & Schneeweis, 1988), 부정적 관계가 있음을 제시하는 연구 결과들도 나타났다 (Aupperle, Carroll, & Hatfield, 1985; Ingram & Frazier, 1980).

이와 같은 연구 결과를 중심으로 기업의 사회적 성과와 재무적 성과 간의 관계를 설명하는 데에는 선의 경영 이론(good management theory)과 여유 자원 이론(slack resources theory)의 두 관점이 있다(Waddock & Graves, 1997). 선의 경영 이론가들은 높은 사회적 성과가 좋은 재무적 성과를 가져온다고 주장한다. 스탠윅(Stanwick, 1998) 등이 기업의 사회적 성과 수준이 수익성에 유의적인 정(+)의 영향을 미친다는 연구 결과를 제시하였다. 또한 앨빙거(Albinger)와 프리먼(Freeman, 2000)도 기업의 훌륭한 평판이 고객의 지각에 영향을 미친다는 사실을 제시하였다.

반면에 여유 자원 이론가들은 더 나은 재무적 성과의 달성이 기업으로 하여금 사회, 고용자, 또는 환경과 같은 사회적 성과 영역에 대한 투자 기회를 잠재적으로 가능하게 만든다고 제시한다. 즉, 재무 구조가 양호한 기업들이 재무적인 어려움을 겪는 기업들에 비하여 사회적 성과에 대한 투자를 더 많이 할 수 있으며, 다양한 분야에 대한 선택의 여지도 더 많다는 것이다. 기업이 여유 자원이 가용하여 사회적으로 관련된 분야에 더 많은 자원을 투자함으로써 사회적 성과를 더욱 향상시킬 수 있다면, 더 나은 재무적 성과는 높은 수준의 사회적 성과에 대한 예측 요인이 될 수 있다.

하몬드(Hammond)와 슬로컴(Slocum, 1996)은 기업의 재무적 성과가 사회적 평판에 대하여 유의적인 영향을 미친다고 제시하였다. 또한 파바(Pava)와 크라우츠(Krausz, 1996)도 재무적 기준에 있어서 더 높은 성과를 달성하는 기업만이 사회적 책임 수행에 대한 의식적인 추진이 가능하다고 주장하였다.

그러나 최근 워독(Woddock)과 그레이브스(Graves, 1997)는 기업의 사회적 성과와 재무적 성과에 있어서 대부분의 기존 연구들이 한 방향에 대한 분석 결과를 제시한 것과는 달리, 양방향의 관계가 존재한다는 연구 결과를 제시하였다. 워독과 그레이브스(1997)는 기업의 사회적 성과와 재무적 성과간의 관계는 하나의 효력을 지닌 선순환(virtuous circle)이 될 것이라는 연구 결과를 제시하였다.

그들은 이 순환이 사회적 성과에 대한 투자에서 시작되는지 아니면 여유 자원에서 시작되는지는 명확히 알 수 없지만, 기업의 사회적 성과와 재무적 성과는 상호 작용을 하며 서로를 강화시킨다는 분석 결과를 제시하였다.

그렇다면 과연 한국 기업의 사회적 성과에 대한 투자는 기업의 재무적 성과에 있어서 변화를 이끌어 내는 것인가? 아니면, 반대로 한국 기업의 재무적 성과는 기업의 사회적 성과에 대한 투자에 있어서 선행되는 것인가?

3. 연구 모형과 자료의 수집

이 연구에서는 기업의 사회적 성과와 재무적 성과간의 관계를 구체
화시키기 위하여 <그림 1>과 같은 연구 모형을 제시하였다. <그림 1>
에서 보는 바와 같이, 만약에 이 순환이 선의 경영에서 시작된다면
1996부터 1998년까지의 사회적 성과는 재무적 성과에 유의적인 정(+)
의 영향을 미칠 것이며, 반대로 이 순환이 좋은 재무적 환경에서 비롯
된다면 1996년부터 1998년까지 3년 연속 사회적 성과 수준이 높은 기
업이 3년 연속 낮은 기업보다 최초부터 더 좋은 재무적 환경을 가지고
있었을 것이라는 것을 예측할 수 있다.

그림 1. 기업의 사회적 성과와 재무적 성과간의 결합 모형

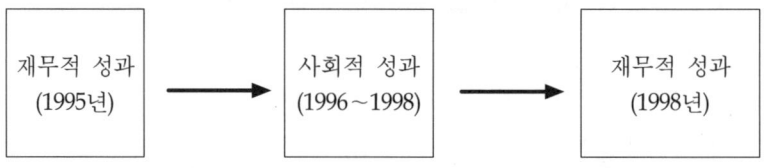

이 연구에서 사용된 표본 기업은 1998년 말 현재 증권거래소에 상장된
288개의 한국 상장 제조 업체들이다. 본 연구는 한국경제정의연구소(Korea
Economic Justice Institute: KEJI)가 경제정의지수(KEJI Index)에 의해 평가한
국내 368개 상장 기업 가운데 기업의 사회적 성과에 대한 3년 간의 평가
결과가 제시되며, 한국신용평가(주)로부터 기업의 재무적 성과 수준에 대한
정보 획득이 가능한 기업 288개를 연구 대상으로 하고 있다. <표 1>은 표본
대상 기업의 업종, 표본수, 종업원수, 총매출액을 나타낸다.

표 1. 표본 기업의 특성[a]

업 종	표본수	종업원수	총매출액(억원)
음식료업	26	1,929	3,563.63
섬유의복업	30	1,695	3,060.29
종이·제지·출판업	14	663	1,955.35
화학업	53	1080	3,339.62
제약업	25	736	921.63
1차 금속 및 비금속 광물	44	1,454	4,949.88
조립 금속 및 기계 장비	28	1,467	3,377.75
전기 전자업	44	4,123	8,894.73
자동차·시계 정밀 및 기타 제조업	24	3,285	7,456.53

a. 표본수 = 288, 종업원수 및 총매출액은 평균값임.

　기업의 사회적 성과에 대한 자료는 경제정의연구소가 매년 실시한 한국 상장 제조 업체를 대상으로 실시한 사회적 성과에 대한 평가 보고서로부터 수집하였다. 경제정의연구소는 지난 9년 동안 기업의 사회적 성과에 대한 평가를 실시했으며, 매년 평가 결과를 발표해 왔다. 경제정의연구소는 한국 기업의 사회적 성과를 실증적으로 측정하기 위하여 대학, 언론, 연구소, 기업 단체, 소비자 단체, 기업, 정부 등 각계의 의견을 수렴하여 6개의 항목(45개 지표)을 만들어 이를 가지고 17명의 심사 위원들이 국회, 정부 기관, 증권거래소, 금융감독원, 소비자보호원, 대상 기업 설문 조사 등으로부터 자료를 수집하여 1년 단위로 대상 기업을 평가하였다.

　경제정의연구소가 측정 시 사용한 평가 항목은 1) 기업 활동의 건전성, 2) 기업 활동의 공정성, 3) 사회 봉사 및 소비자 보호 기여도, 4)

환경 보호 만족도, 5) 종업원 만족도, 6) 경제 발전 기여도의 여섯 가지이며, 가중치의 총점을 100점으로 하여 항목별로 이를 배분하였다. 평가 점수의 배점은 일차적으로 검증된 자료들인 '자료원'에 대한 신뢰성(추정치가 동일하게 들어가 있는지 자료 원천에 대한 확신의 정도), 중요성(평가 목적에 대한 기여 정도), 타당성(개념에 대한 표현의 충실도), 일반성(차별화 여부) 등에 따라서 전문가의 의견을 수렴하여 배분하였다.

이 연구에서는 경제정의연구소가 실시한 기업의 사회적 성과에 대한 평가 항목을 1) 기업활동의 건전성(Soundness of Corporate Activity: SCA), 2) 기업 활동의 공정성(Fairness of Corporate Activity: FCA), 3) 사회적 기여(Social Contribution: SC)의 세 항목으로 구분하여 이를 사회적 성과에 대한 측정치로 사용한다.

경제정의지수 중 여섯 번째 항목은 기업의 재무적 성과 측정과 중복되고 네 번째 항목은 연구 범위를 넘어서기 때문에 평가 항목에서 제외하였으며, 세 번째와 다섯 번째 항목은 한 항목으로 묶어 사용하였다. 본 연구에서 사용하는 세 가지 항목에 대하여 구체적으로 살펴보면 다음과 같다. 첫째, 기업 활동의 건전성은 내부 지분율, 경영 세습, 부동산 보유, 상호 지급 및 지급 보증, 탈세 등을 평가하고, 둘째, 기업 활동의 공정성은 시장 지배 지위 남용, 불공정 거래, 불성실 공시 및 내부 거래, 협력 업체 관계 등을 평가하며, 마지막으로 사회적 기여는 사회 복지 및 지원, 품질, 인적 자원 투자, 남녀 평등, 노사 관계 등을 평가한다.

기업의 재무적 성과는 한국신용평가(주)가 발표한 4개 사업 년도 (1995~1998년)의 상장 기업 재무 자료에 의하여 측정되었다. 본 연구에서 사용한 재무 비율은 1) 총자산 순이익률(순이익을 총자산으로 나눈 값), 2) 유동 비율(유동 자산을 유동 부채로 나눈 값), 3) 부채 비율(타인 자본을 자기 자본으로 나눈 값, 그리고 4) 총자산 회전율(총매출액을 총자산으로 나눈 값)로서 이들은 기업의 수익성, 유동성, 레버리지, 그리고 활동성 비율을 각각 대표하는 중요한 재무 비율이다(박정식 · 박종원, 1999).

총 자산 순이익률(Return on Assets: ROA)은 기업이 이익을 내는 정도를 나타내며, 유동 비율(Current Ratio: CR)은 기업의 유동성을 측정하는 데 가장 많이 사용되는 비율로서 기업의 단기 부채에 대한 상환 능력을 나타낸다(Ross, Westerfield, & Jaffe, 1999). 부채 비율(Debt—to —equity Ratio : DR)은 재무 레버리지 비율의 하나로서 장기 부채의 상환 능력과 타인 자본에 대한 의존 정도를 나타내며, 총 자산 회전율 (Asset Turnover: AT)은 자산의 효율적인 사용 정도를 나타낸다.

사회적 성과에 있어서 중요한 제도적 요인은 기업의 크기로서, 이는 기업의 경제 규모와 자원의 풍부함의 정도에 대한 척도를 제공한다 (Gulati, 1993). 규모가 큰 기업이 작은 기업보다 사회적 책임을 더 잘 수행하는 것으로 나타났으며(진수대, 1999; Stanwick & Stanwick, 1998), 워독과 그레이브스(1997)도 이러한 연구 결과를 반영하여 기업의 사회적 성과와 재무적 성과에 대한 연구에서 기업의 크기를 통제 변수로 사용하였다. 이에 본 연구에서는 종업원의 수를 기업 크기의 척도로 사용하였다.

4. 분석 결과

변수들의 평균, 표준 편차, 그리고 변수간 상관 관계가 <표 2>와 <표 3>에 제시되어 있다. <표 2>는 1996년부터 1998년까지의 3년 동안에 있어서 기업의 사회적 성과와 재무적 성과 변수들에 대한 평균, 표준 편차, 그리고 상관 관계를 나타낸다. 이러한 자료들은 기업의 재무적

표 2. 기술 통계와 상관 관계ᵃ

(2a) 1996년도 사회적 성과와 재무적 성과								
변　　수	평균	표준 편차	1	2	3	4	5	6
1. 기업 활동의 건전성	130.76	18.47						
2. 기업 활동의 공정성	130.12	7.24	.03					
3. 사회적 기여	94.12	10.80	−.13*	−.06				
4. 총자산 순이익률	2.70	3.90	.15**	.21**	.06			
5. 유동 비율	143.14	75.84	.19**	.24**	.02	.28**		
6. 부채 비율	199.82	141.38	-.36**	-.18**	.07	-.33**	-.44**	
7. 총자산 회전율	1.00	.39	.11+	.08	-.07	.25**	-.08	-.03
(2b) 1997년도 사회적 성과와 재무적 성과								
1. 기업 활동의 건전성	165.27	23.78						
2. 기업 활동의 공정성	119.48	16.56	.13*					
3. 사회적 기여	77.62	7.56	.01	.00				
4. 총자산 순이익률	1.63	5.41	.14*	.09	.04			
5. 유동 비율	135.32	68.18	.18**	.21**	-.08	.36**		
6. 부채 비율	234.82	181.88	-.27**	-.25**	.09	-.38**	-.49**	
7. 총자산 회전율	.95	.39	-.01	.09	-.01	.08	-.05	.02
(2c) 1998년도의 사회적 성과와 재무적 성과								
1. 기업 활동의 건전성	143.93	23.50						
2. 기업 활동의 공정성	123.57	16.65	-.08					
3. 사회적 기여	80.60	8.00	.17**	-.12*				
4. 총자산 순이익률	1.30	7.57	.19**	-.01	.14*			
5. 유동 비율	151.84	127.30	.17**	.01	.03	.15*		
6. 부채 비율	166.54	129.40	-.23**	-.15*	-.07	-.46**	-.34**	
7. 총자산 회전율	.86	.40	.04	.05	-.04	.47**	-.05	-.16**

a. 표본수 = 288, ⁺ p < .10, * p < .05, ** p < .01

표 3. 기술 통계와 상관 관계[a]

(3a) 1995년도 재무적 성과와 1996년도 사회적 성과								
변 수	평균	표준 편차	1	2	3	4	5	6
1. 총자산 순이익률	4.98	7.51						
2. 유동 비율	150.59	84.19	.12+					
3. 부채 비율	195.76	139.95	-.21**	-.48*				
4. 총자산 회전율	1.05	.39	.09	-.04	.04			
5. 기업 활동의 건전성	130.76	18.47	.08	.15**	-.34**	.13*		
6. 기업 활동의 공정성	130.12	7.24	.11+	.21*	-.17**	.07	.03	
7. 사회적 기여	94.12	10.80	-.04	-.03	.06	-.11+	-.13*	-.06
(3b) 1996년도 재무적 성과와 1997년도 사회적 성과								
1. 총자산 순이익률	2.70	3.90						
2. 유동 비율	143.14	75.84	.28**					
3. 부채 비율	199.82	141.38	-.33**	-.44*				
4. 총자산 회전율	1.00	.39	.25**	-.08	.03			
5. 기업 활동의 건전성	165.27	23.78	.02	.13*	-.17**	-.00		
6. 기업 활동의 공정성	119.48	16.56	.10+	.19**	-.10	.02	.13*	
7. 사회적 기여	77.62	7.56	.00	-.07	.10	.02	.01	.00
(3c) 1997년도 재무적 성과와 1998년도 사회적 성과								
1. 총자산 순이익률	1.63	5.41						
2. 유동 비율	135.32	68.18	.36**					
3. 부채 비율	234.82	181.88	-.38**	-.49*				
4. 총자산 회전율	.95	.39	.08	-.05	.02			
5. 기업 활동의 건전성	143.93	23.50	.18**	.16*	-.16**	.02		
6. 기업 활동의 공정성	123.57	16.65	-.06	.04	-.25**	.03	-.08	
7. 사회적 기여	80.60	8.00	.10+	-.04	.07	-.06	.17**	-.12*

a. 표본수 = 288, $^+p < .10$, $^*p < .05$, $^{**}p < .01$

성과를 종속 변수로 하는 분석에 사용되었다. 먼저 기업 활동의 건전성은 3년 모두에 있어서 총자산 순이익률, 유동 비율과 유의적인 정(+)의 상관 관계가 있으며, 부채 비율과는 유의적인 부(−)의 상관 관계가 있는 것으로 나타났다. 다음으로 기업 활동의 공정성은 1996년도의 총자산순 이익률과 1996년도 및 1997년도의 유동 비율과 유의적인 정(+)의 상관 관계가 있으며, 3년 모두에 있어서 부채 비율과 유의적인 부(−)의 상관 관계가 있는 것으로 나타났다. 마지막으로 사회적 기여는 1998년도의 총자산 순이익률과 유의적인 정(+)의 상관 관계가 있는 것으로 나타났다.

<표 3>은 1995년부터 1998년까지 4년 동안에 있어서 1년 전의 기업의 재무적 성과와 다음 해의 사회적 성과 변수에 대한 평균, 표준 편차, 그리고 상관 관계를 나타낸다. 이러한 자료들은 기업의 사회적 성과를 종속 변수로 하는 분석에 사용되었다. 먼저 1997년도의 총자산 순이익률과 1998년도 말의 기업 활동의 건전성간에 유의적인 정(+)의 상관 관계가 있으며, 1995년도의 총자산 순이익률과 1996년도의 기업 활동의 공정성간, 1996년도의 총자산 순이익률과 1997년도의 기업 활동의 공정성간에 유의적인 정(+)의 상관 관계가 있는 것으로 나타났다.

다음으로 1995년도의 유동 비율은 1996년도의 기업 활동의 건전성 및 공정성과 1996년도의 유동 비율은 1997년도의 기업 활동의 건전성 및 공정성과 그리고 1997년도의 유동 비율은 1998년도의 기업 활동의 건전성과 각각 유의적인 정(+)의 상관 관계가 있는 것으로 나타났다. 또한 1995년도의 부채 비율은 1996년도의 기업 활동의 건전성 및 공정성과 1996년도의 부채 비율은 1997년도의 기업 활동의 건전성 및 공정성과 그리고 1997년도의 부채 비율은 1998년도의 기업 활동의 건전성 및 공정성과 각각 유의적인 부(−)의 상관 관계가 있는 것으로 나타났다. 마지막으로 1995년도의 총자산 회전율은 1996년도의 기업 활동의

건전성과 유의적인 정(+)의 상관 관계가 있으며, 1996년도의 사회적 기여와 유의적인 부(−)의 상관 관계가 있는 것으로 나타났다.

분석 결과, 기업의 사회적 성과는 총자산 순이익률과 유동 비율 각각에 대하여 유의적인 정(+)의 영향을 미치며, 부채 비율에 대하여 유의적인 부(−)의 영향을 미치는 것으로 나타났다. 하지만 기업의 사회적 성과는 총자산 회전율에 유의적인 영향을 미치지 않는 것으로 나타났다.

<표 4>에서 보는 바와 같이, 기업의 수익성(총자산 순이익률)은 1996년에 있어서는 기업 활동이 건전하고 공정할수록, 1997년도에 있어서는 기업 활동의 건전할수록, 그리고 1998년도에 있어서는 기업 활동이 건전하고 사회적 기여도가 높을수록 각각 유의적으로 높아지는 것으로 나타났다(각각 Adjusted R^2 = .06, p < 0.001, Adjusted R^2 = .02, p < 0.10, 그리고 Adjusted R^2 = .03, p < 0.01). 다음으로 기업의 단기 유동성(유동 비율)은 1996년도 및 1997년도 각각에 있어서 기업 활동이 건전하고 공정할수록 1998년도에 있어서는 기업 활동이 건전할수록 각각 유의적으로 높아지는 것으로 나타났다(각각 Adjusted R^2 = .09, p < 0.001, Adjusted R^2 = .07, p < 0.001, 그리고 Adjusted R^2 = .03, p < 0.01,), 마지막으로 1996년도부터 1998년도까지 3년 모두에 있어서 기업 활동이 건전하고 공정할수록 재무 레버리지(부채 비율)가 낮아지는 것으로 나타났다(각각 Adjusted R^2 = .17, Adjusted R^2 = .13, 그리고 Adjusted R^2 = .09, 모두 p < 0.001).

1년 뒤의 기업의 사회적 성과에 대한 기업의 재무적 성과의 영향을 예측한 분석 결과를 보면, 기업의 재무적 성과는 기업 활동의 건전성 및 공정성 수준 각각에 대하여 유의적인 정(+)의 영향을 미치는 것으로 나타났으며, 반면에 기업의 사회적 기여도에 대하여는 유의적인 영향을 미치지 않는 것으로 나타났다.

표 4. 재무적 성과에 대한 위계적 회귀 분석 결과[a]

변 수	총자산 순이익율		유동 비율		부채 비율		총자산 회전율	
	모델 1	모델 2	모델 1	모델 2	모델 1	모델 2	모델 1	모델 2
(4a) 1996년도 재무적 성과에 대한 회귀 분석								
단계1:종업원수	-.11+	-.05	-.29*	-.08	.18	.16	.01	.03
단계2:사회적 성과,1996								
기업 활동의 건전성		.16**		.19**		-.36***		.10+
기업 활동의 공정성		.20***		.22***		-.13*		.08
사회적 기여		.09		.05		.03		-.05
ΔR^2	.01	.07	.02	.09	.03	.15	.00	.02
Adjusted R^2	.01	.06	.02	.09	.03	.17	-.00	.01
F	3.22+	5.80***	5.51*	8.51***	9.89**	15.67***	.01	1.58
(4b) 1997년도 재무적 성과에 대한 회귀 분석								
단계1:종업원수	-.05	-.02	-.15	-.07***	.22**	.13	-.01	.03
단계2:사회적 성과,1997								
기업 활동의 건전성		.13*		.16**		-.24***		-.02
기업 활동의 공정성		.07		.17**		-.17**		.10
사회적 기여		.04		-.07		.07		-.01
ΔR^2	.00	.03	.02	.06	.05	.09	.00	.01
Adjusted R^2	-.00	.01	.02	.07	.04	.13	-.00	-.01
F	.54	1.89+	6.55	6.15***	14.05**	11.73***	.05	.63
(4c) 1998년도 재무적 성과에 대한 회귀분석								
단계1:종업원수	-.00	-.03*	-.12+	-.14*	.15*	.13*	-.02	-.00
단계2:사회적 성과,1998								
기업 활동의 건전성		.17*		.18**		-.24***		.05
기업 활동의 공정성		.01		-.03		-.13*		.04
사회적 기여		.11+		.01		-.06		-.04
ΔR^2	.00	.05	.01	.04	.02	.08	.00	.01
Adjusted R^2	-.00	.03	.01	.03	.02	.09	-.00	-.01
F	0.00	3.48**	3.82+	3.42**	6.45*	7.75***	.11	.36

a. 표본수 = 288, 변수의 값은 표준화 계수임.

+ $p < .10$, * $p < .05$, ** $p < .01$, *** $p < .001$

표 5. 사회적 성과에 대한 위계적 회귀 분석 결과[a]

변　　수	기업 활동의 건전성		기업 활동의 공정성		사회적 기여	
	모델 1	모델 2	모델 1	모델 2	모델 1	모델 2
(5a) 1996년도 사회적 성과에 대한 회귀 분석						
단계1:종업원수	.02	.05	-.29***	-.27***	-.04	-.04
단계2:재무적 성과, 1995						
총자산 순이익률		-.01		.08		-.02
유동 비율		-.00		.15*		.00
부채 비율		-.35***		-.06		.07
총자산 회전율		.15**		.08		-.11+
$\varDelta$ R^2	.00	.14	.08	.05	.00	.02
Adjusted R^2	-.00	.12	.08	.12	-.00	.00
F	.08	9.00***	25.21***	8.51***	.34	1.05
(5b) 1997년도 사회적 성과에 대한 회귀 분석						
단계1:종업원수	-.03	.00	-.41***	-.39***	.14*	.12*
단계2:재무적 성과, 1996						
총자산 순이익률		-.07		.03		.05
유동 비율		.08		.15*		-.03
부채 비율		-.16*		.04		.07
총자산 회전율		.02		.03		-.00
$\varDelta$ R^2	.00	.04	.16	.03	.02	.01
Adjusted R^2	-.00	.02	.16	.17	.02	.01
F	.26	2.14+	56.12***	12.85***	5.50*	1.51
(5c) 1998년도 사회적 성과에 대한 회귀 분석						
단계1:종업원수	.08	.12*	-.34***	-.30***	.13*	.11+
단계2:재무적 성과, 1997						
총자산 순이익률		.12+		-.15*		.16*
유동 비율		.08		-.09		-.04
부채 비율		-.10		-.29***		.09
총자산 회전율		.02		.04		-.07
$\varDelta$ R^2	.01	.05	.12	.06	.02	.02
Adjusted R^2	.00	.05	.11	.16	.01	.02
F	1.90	3.68**	37.67***	12.20***	4.58*	2.35*

a. 표본수 = 288, 변수의 값은 표준화 계수임.

+p < .10, *p < .05, **p < .01, ***p < .001

<표 5>에서 보는 바와 같이, 1995년도에 있어서 기업의 부채 비율이 낮고 총자산 회전율이 높을수록 1996년도의 기업 활동의 건전성이 높아지고(Adjusted R^2 = .12, p < 0.001), 1996년도에 있어서 기업의 부채 비율이 낮을수록 1997년도 기업 활동의 공정성이 높아지는 것으로 나타났으며(Adjusted R^2 = .02, p < 0.1), 1997년도의 총자산 순이익률이 높을수록 1998년도의 기업 활동의 건전성이 높아지는 것으로 나타났다(Adjusted R^2 = .05, p < 0.01). 다음으로 1995년도 및 1996년도 각각에 있어서 기업의 유동 비율이 높을수록 1996년도 및 1997년도 각각의 기업 활동의 공정성이 높아지며(각각 Adjusted R^2 = .12, Adjusted R^2 = .17, 둘다 p < 0.001), 1997년도의 총자산 순이익률과 부채 비율이 낮을수록 1998년도의 기업 활동의 공정성이 높아지는 것으로 나타났다(Adjusted R^2 = .16, p < 0.001). 마지막으로 1997년도의 총자산 순이익률이 높을수록 1998년도의 사회적 기여도가 유의적으로 높아지는 것으로 나타났다(Adjusted R^2 = .02, p < 0.05).

표 6. 기업 활동의 건전성에 의한 재무적 성과 T-검증 결과[a]

구 분		평 균		t값
		1995년도	1998년도	
기업 활동 건전성 (3년 연속 상위 30%)	총자산 순이익률	3.25	3.01	0.22
	유동 비율	170.43	175.88	-2.59
	부채 비율	169.50	142.66	0.95
	총자산 회전율	1.01	0.89	1.61
기업 활동 건전성 (3년 연속 하위 30%)	총자산 순이익률	4.57	-1.54	2.58*
	유동 비율	126.38	107.99	1.15
	부채 비율	258.58	219.96	0.76
	총자산 회전율	1.05	0.85	1.86+

a. 1995년도 표본수 = 32, 1998년도 표본수 = 31.

+p < .10, *p < .05

　1996년부터 1998년까지 3년 동안의 기업 활동의 건전성이 1995년부터 1998년까지의 기업의 재무적 성과에 미치는 영향을 예측한 검증결과를 보면, 기업 활동의 건전성이 1995년부터 1998년까지의 기업의 수익성(총자산순이익률)과 활동성(총자산회전율)에 미치는 긍정적인 영향은 기업 활동의 건전성의 수준이 3년 연속 낮을 때보다 3년 연속 높을 때 더 큰 것으로 나타났으며, 반면에 기업의 단기유동성(유동비율)과 레버리지(부채비율)에 미치는 영향은 유의적인 차이가 없는 것으로 나타났다.

　이를 구체적으로 살펴보면, 기업 활동의 건전성 수준이 1996년부터 1998년까지 3년 연속 상위 30%에 속한 기업은 1995년과 1998년 사이의 수익성에 있어서 유의적인 차이가 없었지만(평균 차이 = 0.24, t = 0.22, n.s.), 기업 활동의 건전성 수준이 3년 연속 하위 30%에 속한 기업은 수익성이 1995년에 비하여 1998년에 있어서 유의적으로 더 낮아진 것으로 나타났다(평균 차이 = 6.11, t = 2.58, p < .05)(<그림 2>의 (2a) 참조). 또한 기업 활동의 건전성 수준이 3년 연속 상위 30%에 속한 기업은 1995년과 1998년간의 활동성에 있어서 유의적인 차이가 없었지만(평균 차이 = 0.12, t = 1.6, n.s.), 기업 활동의 건전성 수준이 3년 연속 하위 30%에 속한 기업은 활동성이 1995년에 비하여 1998년에 있어서 유의적으로 더 낮아진 것으로 나타났다(평균 차이 = 0.20, t = 1.86, p < .10).

　1996년부터 1998년까지 3년 동안의 기업 활동의 공정성이 1995년부터 1998년까지의 기업의 재무적 성과에 미치는 영향을 예측한 검증 결과를 보면, 기업 활동의 공정성이 1995년부터 1998년까지의 기업의 수익성과 활동성에 미치는 긍정적인 영향은 기업 활동의 공정성의 수준이 3년 연속 낮을 때보다 3년 연속 높을 때 더 큰 것으로 나타났고, 반면에 기업의 단기 유동성과 레버리지에 미치는 영향은 유의적인 차이가 없는 것으로 나타났다.

표 7. 기업 활동의 공정성에 의한 재무적 성과 T-검증 결과[a]

구　분		평　균		t값
		1995년도	1998년도	
기업 활동 공정성 (3년 연속 상위 30%)	총자산순 이익률	3.84	1.80	1.19
	유동 비율	172.27	149.89	1.18
	부채 비율	199.87	179.24	0.57
	총자산 회전율	1.07	0.95	0.90
기업 활동 공정성 (3년 연속 하위 30%)	총자산 순이익률	3.63	0.38	2.64*
	유동 비율	99.13	98.31	0.93
	부채 비율	278.35	266.83	0.24
	총자산 회전율	1.03	0.75	4.19***

a. 1995년도 표본수 = 29, 1998년도 표본수 = 29.
* $p < .05$,　*** $p < .001$

표 8. 기업의 사회적 기여에 의한 재무적 성과 T-검증 결과[a]

구　분		평　균		t값
		1995년도	1998년도	
기업 활동 공정성 (3년 연속 상위 30%)	총자산 순이익률	3.13	1.99	0.79
	유동 비율	143.32	138.75	0.22
	부채 비율	248.88	158.70	1.45
	총자산 회전율	0.91	0.73	1.66
기업 활동 공정성 (3년 연속 하위 30%)	총자산 순이익률	5.35	1.28	1.82+
	유동 비율	157.78	117.06	0.63
	부채 비율	179.58	195.01	-0.18
	총자산 회전율	1.14	0.91	1.60

a. 1995년도 표본수 = 28, 1998년도 표본수 = 26.
+ $p < .10$

이를 구체적으로 살펴보면, 기업 활동의 공정성 수준이 1996년부터 1998년까지 3년 연속 상위 30%에 속한 기업은 1995년과 1998년 사이의 수익성에 있어서 유의적인 차이가 없었지만(평균 차이 = 2.04, t = 1.19, n.s.), 기업 활동의 공정성 수준이 3년 연속 하위 30%에 속한 기업은 수익성이 1995년에 비하여 1998년에 있어서 유의적으로 더 낮아진 것으로 나타났다(평균 차이 = 3.25, t = 2.64, p < .05)(그림 2의 (2b) 참조). 또한 기업 활동의 공정성 수준이 3년 연속 상위 30%에 속한 기업은 1995년과 1998년 간의 활동성에 있어서 유의적인 차이가 없었지만(평균 차이 = 0.12, t = 0.90, n.s.), 기업 활동의 공정성 수준이 3년 연속 하위 30%에 속한 기업은 활동성이 1995년에 비하여 1998년에 있어서 유의적으로 더 낮아진 것으로 나타났다(평균 차이 = 0.28, t = 4.19, p < .001).

1996년부터 1998년까지 3년 동안의 기업의 사회적 기여가 1995년부터 1998년까지의 기업의 재무적 성과에 미치는 영향을 예측한 표 8의 검증 결과는 기업의 사회적 기여가 1995년부터 1998년까지의 기업의 수익성에 미치는 긍정적인 영향은 기업의 사회적 기여도가 3년 연속 낮을 때보다 3년 연속 높을 때 더 큰 것으로 나타났으며, 반면에 기업의 단기유동성, 재무 레버리지, 그리고 활동성에 미치는 영향은 유의적인 차이가 없는 것으로 나타났다. 이를 구체적으로 살펴보면, 기업의 사회적 기여도가 1996년부터 1998년까지 3년 연속 상위 30%에 속한 기업은 1995년과 1998년 사이의 수익성에 있어서 유의적인 차이가 없었지만(평균차이 = 1.14, t = 0.79, n.s.), 기업활동의 건전성이 3년 연속 하위 30%에 속한 기업은 수익성이 1995년에 비하여 1998년에 있어서 유의적으로 더 낮아진 것으로 나타났다(평균차이 = 4.07, t = 1.82, p < .10)(그림 2c 참조).

1995년도의 재무적 성과에 있어서 1996년부터 1998년까지 3년 연속 사회적 성과(기업 활동의 건전성 및 공정성, 사회적 기여) 수준이 높은 기업의 재무적 성과(총자산 순이익률, 유동 비율, 부채 비율, 총자산 회전율)가 3년 연속 사회적 성과 수준이 낮은 기업의 재무적 성과보다 더 좋았을 것이라는 것을 예측하였다.

검증 결과, 먼저 1995년의 유동 비율과 부채 비율은 기업 활동의 건전성이 1996년부터 1998년까지 3년 연속 상위 30%에 속한 경우가 3년 연속 하위 30%에 속한 경우보다 유의적으로 더 좋은 것으로 나타났고 (각각 평균 차이 = 44.05, t = 2.02, p < .05, 평균 차이 = −89.08, t = −2.11, p < .05), 총자산 순이익률과 총자산 회전율은 유의적인 차이가 없는 것으로 나타났다. 다음으로 1995년도의 유동 비율과 부채 비율은 기업 활동의 공정성이 1996년부터 1998년까지 3년 연속 상위 30%에 속한 경우가 3년 연속 하위 30%에 속한 경우보다 유의적으로 더 좋은 것으로 나타났고(각각 평균 차이 = 73.14, t = 4.61, p < .001, 평균 차이 = −78.49, t = −1.85, p < .10), 총자산 순이익률과 총자산 회전율은 유의적인 차이가 없는 것으로 나타났다. 마지막으로 1995년의 재무적 성과는 사회적 기여도가 1996년부터 1998년까지 3년 연속 상위 30%에 속한 경우와 3년 연속 하위 30%에 속한 경우간에 유의적인 차이가 없는 것으로 나타났다.

그림 2. 기업의 수익성에 대한 사회적 성과의 영향

(2a) 기업 활동의 건전성

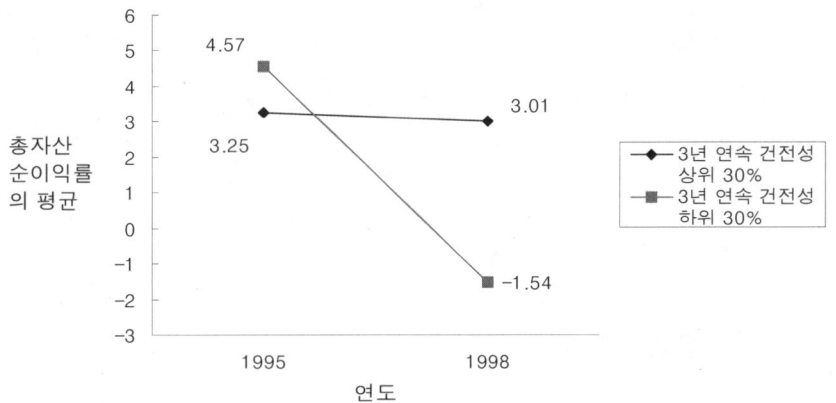

(2b) 기업 활동의 공정성

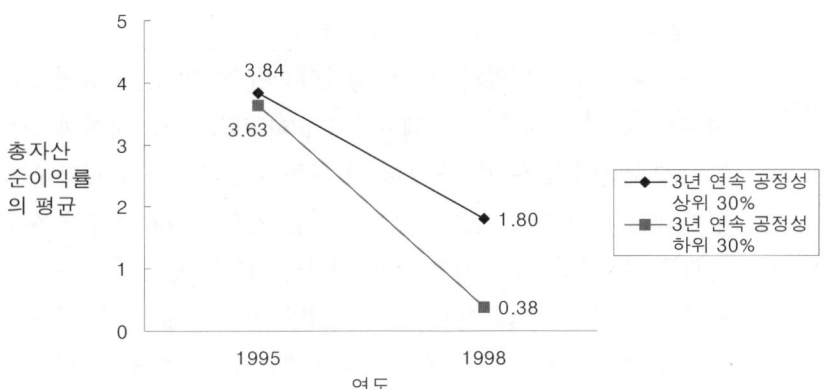

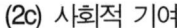

(2c) 사회적 기여

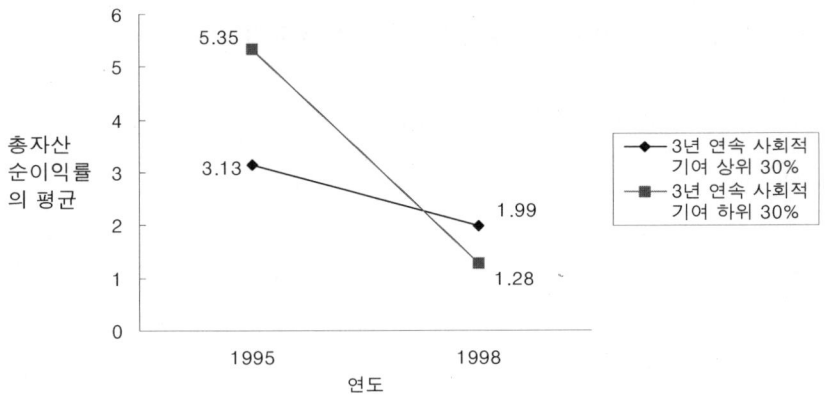

5. 결론

이 연구는 기업의 사회적 성과와 재무적 성과간의 관계에 관한 새로운 이슈를 제기하고 있으며, 왜 기업이 사회적 책임을 지속적으로 잘 수행하고 기업의 재무적 성과를 향상시켜야 하는지에 대하여 보여주고 있다.

특히 이 연구는 기업의 사회적 성과와 재무적 성과간의 규명을 통하여 다음의 세 가지 문제를 해결하고자 하였다: 첫째, 사회적 성과가 높은 기업들이 낮은 기업들보다 더 나은 재무적 성과를 나타내는가? 둘째, 재무적 성과가 높은 기업들이 낮은 기업들보다 더 좋은 사회적 성과를 나타내는가? 그리고 셋째, 기업의 사회적 성과가 재무적 성과에 있어서 변화를 이끌어 내는가? 아니면, 반대로 재무적 성과가 기업의 사회적 성과에 대한 투자를 이끌어 내는가? 이런 맥락에서 수행된 연구 결과의 이론적 시사점은 다음과 같다.

표 9. 기업의 사회적 성과에 의한 재무적 성과 T-검증 결과[a]

구 분	(9a) 기업 활동의 건전성		
	3년 연속 상위 30% 기업	3년 연속 하위 30% 기업	t값
총자산 순이익률	3.25	4.56	−1.16
유동 비율	170.43	126.38	2.02*
부채 비율	169.50	258.58	−2.11*
총자산 회전율	1.01	1.05	−0.45
표본수	32	31	
	(9b) 기업 활동의 공정성		
총자산 순이익률	3.83	3.63	0.16
유동 비율	172.27	99.13	4.61***
부채 비율	199.87	278.35	−1.85+
총자산 회전율	1.07	1.03	0.33
표본수	29	29	
	(9c) 기업의 사회적 기여		
총자산 순이익률	3.13	5.34	−1.36
유동 비율	143.32	157.78	−0.46
부채 비율	248.88	179.58	1.11
총자산 회전율	0.91	1.14	−1.61
표본수	28	26	

a. 기업의 사회적 성과는 1996년부터 1998년까지 3년 연속 상위 30%에 속한 기업과 3년 연속 하위 30%에 속한 기업으로 구분하였으며, 기업의 재무적 성과는 1995년도 말 기업 실적임.
+ $p < .10$, * $p < .05$, *** $p < .001$

첫째, 사회적 성과가 높은 기업의 재무적 성과 수준이 사회적 성과가 낮은 기업의 재무적 성과 수준보다 더 좋을 것이라는 연구 결과를 제시한다. 기업의 사회적 성과 수준은 재무적 성과에 유의적인 정(+)의 영향을 미치는 것으로 나타났다. 즉, 기업의 재무적 성과가 사회적 성과 수준에 의하여 좌우되는 것으로 밝혀졌다. 이러한 결과는 기업의 사회적 성과가 재무적 성과에 대하여 긍정적인 관계를 갖는다는 최근의 연구 결과들(Albinger & Freeman, 2000; McGuire, Sundgren, & Schneeweis, 1988)을 지지하고 있으며, 워독(Waddock)과 그레이브스(Graves, 1997)가 사용한 선의 경영 이론과 일치한다. 기업이 제반 기업 활동을 건전하고 공정하게 유지하며 이해 관계자를 비롯한 사회에 대한 책임을 충실히 수행할 때 수익성, 단기 상환력, 그리고 부채 비율과 같은 재무적 성과에 있어서 더 좋은 성과를 얻을 수 있다. 다시 말하면, 선한 경영을 하는 기업이 기업의 효과성을 높일 수 있으며 충분한 자금력과 낮은 재무적 위험을 수반할 수 있을 것이다.

둘째, 재무적 성과가 좋은 기업의 사회적 성과 수준이 재무적 성과가 낮은 기업의 사회적 성과 수준보다 더 높을 것이라는 연구 결과를 제시한다. 기업의 재무적 성과 수준은 기업의 사회적 성과에 유의적인 정(+)의 영향을 미치는 것으로 나타났다. 즉 기업의 사회적 성과가 기업의 재무적 성과 수준에 의하여 좌우되는 것으로 밝혀졌다. 이러한 결과는 기업의 재무적 성과가 사회적 성과에 대하여 긍정적인 영향을 미친다는 연구 결과(Hammond & Slocum, 1996)를 지지하고 있으며, 워독과 그레이브스(1997)가 제시한 여유 자원 이론과 일치한다. 표 5에서 보는 바와 같이, 부채 비율이 낮은 기업이 기업 활동을 더 건전하게 할 수 있으며 단기 상환력(유동 비율)이 높은 기업이 기업 활동을 더 공정하게 할 수 있다. 또한 수익성이 좋은 기업이 나쁜 기업보다 시민·사회단체 지원, 품질 향상 등과 같은 사회적 기여를 더 잘 할 수 있다. 다시 말하면 높은 재무적 성과로 여유 자원의 사용이 잠재적으로 가능한 기업들이 기업의 사회적 성과 향상을 위한 투자에 훨씬 자유로울 수 있고, 반면에 재정적 어려움을 겪는 기업들은 상대적으로 사회적 성과 활동에 차별화된 투자가 어려울 것이다.

셋째, 기업의 수익성(총자산 순이익률)과 사회적 성과간의 관계에 있어서는 기업의 사회적 성과가 기업의 수익성 변화를 이끌어 내며, 기업의 자산 건전성(유동 비율 및 부채 비율)과 기업 활동의 건전성 및 공정성간의 관계에 있어서는 기업의 자산 건전성이 사회적 성과에 대한 투자를 이끌어 낸다는 연구 결과가 나왔다. 이 연구는 재무적 성과 변수와 사회적 성과 변수에 따라 기업의 사회적 성과와 재무적 성과간의 관계에 있어서 그 방향이 달라진다는 분석 결과를 제시하기 때문에 기업의 재무적 성과와 사회적 성과간의 관계에 대한 연구시 재무적 성과 변수로서 수익성(총자산 순이익률, 총자본 순이익률, 매출액 순이익률)만을 측정하고 사회적 성과 변수는 하나로 통합하여 측정한 워독과 그레이브스(1997)의 연구 결과와 차이가 있으며 더 나아가 새로운 이슈를 제기하고 있다.

기업 활동의 건전성 및 공정성과 사회적 기여 수준이 3년 연속 상위 30%에 속한 기업은 한국의 경제가 침체기였음에도 불구하고 1995년 말부터 1998년 말까지 지속적으로 수익을 낸 반면, 3년 연속 기업의 사회적 성과가 하위 30%에 속한 기업의 재무적 성과는 같은 기간에 있어서 수익성이 크게 떨어졌다. 하지만 1995년도에 있어서 기업의 건전성 및 공정성과 사회적 기여 수준이 3년 연속 상위 30%에 속한 기업과 하위 30%에 속한 기업 간의 1995년도 기업의 수익성은 유의적인 차이가 나타나지 않았다. 이러한 결과는 기업의 수익성(총자산 순이익률)과 사회적 성과(사회적 기여)간의 관계에 있어서는 기업의 재무적 성과가 기업의 사회적 성과 수준에 의하여 좌우된다는 것을 제시한다.

한편 1995년부터 1998년까지에 있어서 기업의 유동 비율과 부채 비율은 기업 활동의 건전성 및 공정성과 사회적 기여 수준이 3년 연속 상위 30%에 속한 기업과 3년 연속 하위 30%에 속한 기업 각각에 대하여 유의적인 영향을 미치는 않는 것으로 나타났으나, 기업 활동의 건전성과 공정성이 상위 30%에 속한 기업은 하위 30%에 속한 기업에 비하여 1995년도의 기업의 유동 비율 및 부채 비율이 더 좋았던 것으로 나타났다. 이러한 결과는 기업의 자산 건전성(유동 비율과 부채 비율)과 사회적 성과(기업 활동의 건전성 및 공정성)간의 관계에 있어서는 기업의 재무적 성과가 사회적 성과에 대한 투자를 좌우한다는 것을 제시한다.

경실련의 경제정의지수를 이용한 이 연구는 한국의 상장 제조 업체에 있어서 기업의 사회적 성과 향상이 기업성과 달성에 긍정적인 영향을 미치고 있다는 분석 결과를 제시하고 있다. 한국 경영자들은 기업 자원을 어디에 투자하고 어떻게 사용할 것인지를 결정할 때 이러한 연구 결과를 고려해야 할 것이다.

첫째, 한국 경영자들은 기업의 사회적 책임과 윤리적 가치에 바탕을 둔 의사 결정을 해야 할 것이다(박헌준, 1998). 미국과 같은 선진국의 기업들은 이미 오래 전부터 윤리적 행위를 이끌어내는 공식적인 프로그램과 정책의 실행에 많은 노력을 기울이고 있다(Berenbeim, 1992; Center for Business Ethics, 1992; Weaver, Trevino, & Cochran, 1999).

이에 비하여 한국 기업들은 사회적 · 윤리적 책임 실천의 중요성이나 필요성에 대하여 간과해 온 것이 사실이다. 한국 경영자들은 사회적 성과 향상이나 기업 윤리의 실천이 기업의 경쟁력 향상에 아무런 도움이 되지 않는 것으로 여겨 왔다. 한국 경제는 지난 30~40여 년 동안 세계 자본주의 역사상 유래 없이 높은 경제 성장을 이룩해 왔으나, 한국 기업들의 사회적 책임 실천과 윤리적 기업경영에 대한 수준은 매우 우려할 정도인 것이 현실이다(박헌준, 2000; 서광조 · 이응권, 1996; 이진규, 2001; 홍정화, 1991). 그 동안 한국 기업들은 기업 경영이 불건전하고 불투명하더라도 재무적 성과를 달성할 수 있었으나, 이제는 세계 경제가 글로벌화 되어 가고 추세에 따라 이해 관계자의 이익 증진에 훌륭한 실천을 한 기업만이 경쟁적 입지를 향상시킬 수 있을 것이다. 그러므로, 한국 경영자들은 사회적 성과 향상 및 기업 윤리의 실천에 대한 중요성을 인식하고, 기업의 사회적·윤리적 책임 실천을 위한 공식적인 프로그램과 정책의 수립 및 추진, 전담 부서의 설치, 그리고 전문가의 활용 등에 많은 관심을 가져야 할 것이다.

둘째, 한국 경영자들은 기업의 사회적 성과 향상을 위한 장기적인 안목을 가져야 할 것이다. 예를 들면 본 연구에서 사용한 사회적 성과 변수인 사회적 기여는 1996년부터 1998년까지 각각의 연도에 있어서 1998년 한 해를 제외하고는 기업의 수익성에 대하여 긍정적인 영향을 나타내지 않았는데, 3년 연속의 기간에 있어서는 기업의 수익성에 대하여 긍정적인 영향을 뚜렷이 나타냈다. 이러한 연구 결과에서 알 수 있듯이 기업 경영의 성과에 대한 사회적 성과의 영향이 단기간에 가시화되지 않더라도 사회적 성과 향상을 위하여 지속적인 노력을 기울이면 가시화된 긍정적인 영향이 나타날 수 있다. 그러므로, 한국 경영자들은 기업의 사회적·윤리적 책임을 지속적으로 실천할 수 있도록 장기적인 프로그램을 수립하고 꾸준하게 추진해야 할 것이다.

셋째, 한국 경영자들은 모든 이해 관계자들의 기대에 부응할 수 있도록 문제와 기회를 예측할 수 있으며 다수의 이해 관계자들과 경영 환경에 적극적으로 대처할 수 있는 능력을 갖춰야 할 것이다. 이를 위해서는 기업들이 기업 자원이 사회적 성과에 대한 투자가 요구될 경우 즉시 사용 가능할 수 있도록 여유 자원을 가지고 있어야 할 것이다. 여유 자원이 사회적 성과 향상을 위한 필요 충분 조건은 아니지만 필요 조건이 되기 때문이다.

이 연구는 기업의 사회적 성과와 재무적 성과간의 관계에 대한 분석을 위하여 다양한 관점에서 접근하고자 하였다. 첫째, 기존의 연구들이 기업의 사회적 성과와 재무적 성과간의 관계에 대한 분석 시 1년이라는 단기간의 영향을 주로 살펴본 데 비하여 본 연구는 단기간뿐만 아니라 3년이라는 좀 더 긴 기간에 있어서의 영향을 살펴봄으로써 지속적인 관계가 미치는 영향을 분석하였다. 둘째, 대부분의 기존 연구들이 기업의 재무적 성과 변수의 측정 시 수익성을 주로 사용한데 비하여 본 연구는 재무적 성과 변수의 측정 시 기업의 수익성뿐만 아니라 단기 상환력, 재무 레버리지, 그리고 활동성을 사용함으로써 기업의 재무적 성과와 사회적 성과간의 관계를 좀 더 다양한 관점에서 분석하였다. 마지막으로, 대부분의 기존 연구들이 기업의 사회적 성과 변수의 측정 시 하나의 변수로 통합한데 비하여 본 연구는 이를 하나의 변수로 통합하지 않고 세 개의 변수로 구분하여 사용함으로써 사회적 성과 변수 각각이 재무적 성과와의 관계에 있어서 갖는 의미를 다각적으로 분석하였다.

이러한 노력에도 불구하고, 이 연구는 다음과 같은 한계점을 가지고 있으며 이는 차후 연구에서 보완되어져야 할 것이다.

첫째, 경실련의 경제정의지수 즉 기업의 사회적 성과 수준에 대한 측정상의 문제이다. 기존의 연구들(Hammond & Slocum; 1996; Stanwick & Stanwick, 1998; Waddock & Graves, 1997)이 기업의 사회적 성과를 하나의 변수로 사용하여 분석한 것과는 달리, 본 연구는 기업의 사회적 성과에 대한 변수를 기업 활동의 건전성, 기업 활동의 공정성, 그리고 사회적 기여의 세 가지로 구분하여 분석에 사용하였으며 본 연구 결과는 이러한 세 변수들이 기업의 사회적 성과에 대한 타당한 변수임을 보여 주고 있다. 하지만 본 연구의 결과가 일반화되기 위해서는 추가적인 연구를 통하여 이러한 변수들이 기업의 사회적 성과에 대한 타당한 변수인지에 대한 평가가 지속적으로 이루어져야 할 것이다.

둘째, 본 연구는 제조 업체만을 분석 대상으로 하였기 때문에 연구 결과를 일반화하는 데 다소 무리가 따를 수 있다. 그러므로 본 연구의 결과가 다른 산업에 속한 기업들에 대해서도 그대로 적용될 수 있는 지에 대한 추가적인 연구가 이루어져야 할 것이다.

셋째, 기업의 사회적 성과와 재무적 성과 모두에 대하여 영향을 미치는 요인들을 충분히 고려하지 못한 점을 들 수 있다. 본 연구에서는 통제 변수로서 기업의 규모만을 사용하였는데, 1998년도에 시작된 한국 경제 위기나 표본 기업이 속한 산업의 특성 등과 같이 기업의 사회적 성과와 재무적 성과에 영향을 미치는 요인들을 찾아내어 분석에 활용한다면 더욱 정확한 연구 결과를 도출할 수 있을 것이다. 마지막으로 이 연구는 자료 수집의 한계를 가지고 있다. 이 연구는 사회적 성과에 대한 평가를 위해 KEJI가 발표한 3년 간의 자료(1996~1998년)를 사용하였으나 1999년도 이후에 있어서의 한국 기업들의 사회적 성과와 재무적 성과간의 관계에 대한 새로운 경향에 대한 분석이 미흡한 실정이다. KEJI가 계속 발표하고 있는 최근 자료를 통하여 지속적인 연구를 한다면 IMF 체제 이후에 달라지고 있는 최근의 경향에 대한 분석도 가능할 것으로 본다.

참고 문헌

김성국(1999), 경영과 사회, 서울, 명경사.

문귀봉(1997), 기업의 사회적 성과와 경제적 성과와의 관계에 관한 연구, 서울대학교 대학원, 석사학위 논문.

박정식·박종원(1999), 재무 관리, 서울, 다산출판사.

박헌준 편(2000), 한국의 기업 윤리: 현실과 과제, 서울, 박영사.

박헌준(1998), "한국 경영자의 윤리적 의사 결정과 행동," 연세경영연구, 35(2), pp. 195-226.

박헌준·이제구(1996), "기업 윤리에 대한 연구 방법론 탐구," 경영학연구, 25(3), pp. 247-283.

박헌준·이종건(2001), "왜 기업은 윤리적이어야 하는가? 기업 윤리와 기업 성과," 기업윤리연구, 3, pp. 115-138.

박헌준·이종건(2002), "기부와 환경보호: 기업의 사회 공헌 활동과 재무적 성과에 관한 실증적 연구," 인사조직연구, 10(1), pp. 95-133.

박헌준·이종건(2002), "한국 기업의 윤리 경영 1991~2001년: 변화와 실태," 기업윤리연구, 4, pp. 133-173.

서광조·이응권(1996), 기업 윤리와 경제 윤리, 서울, 철학과 현실사.

이성봉(1991), 한국 기업의 사회적 성과와 경제적 성과의 관계에 관한 비교 연구: 사회적 성과의 증가 추세와 경제적 성과의 증가 추세간 비교 분석을 중심으로, 서울대학교 대학원, 석사학위 논문.

이종영(1999), 기업 윤리: 이론과 실제 (2판), 서울, 삼영사.

이진규(2001), 전략적·윤리적 인사 관리, 서울, 박영사.

이진규·조준학(1997), "경영자의 사회적 책임과 윤리 의식에 관한 실증 연구: 인구 통계적 특성을 중심으로," 경영논총(고려대학교), pp. 41, 239-280.

이학종·이종건(2000), "조직 구성원의 윤리 풍토에 대한 지각과 조직 효율성 간의 관계에 관한 실증적 연구," 기업윤리연구, 2, pp. 107-129.

진수대(1999), 기업의 사회적 성과와 재무적 성과간의 관련성에 대한 연구: 경제정의지수(KEJI Index)에 의한 성과 평가, 중앙대학교 국제경영대학원, 석사학위 논문.

홍정화(1991), "우리 나라 기업의 사회적 책임 수행에 관한 연구," 경영학연구, 21(1), pp. 1-35.

Albinger, H. S. and S. J. Freeman(2000), "Corporate Social Performance and Attractiveness as an Employer to Different Job Seeking Populations," *Journal of Business Ethics,* 28(3), pp. 243—253.

Anderson, J. and A. Frankle(1980), "Voluntary Social Report: An Iso—beta Portfolio Analysis," *Accounting Review,* pp. 55, 468—479.

Aupperle, K. E., A. B. Carroll, and J. D. Hatfield(1985), "An Empirical Examination of the Relationship between Social Responsibility and Profitability," *Academy of Management Journal,* 28(2), pp. 446—463.

Berenbeim, R.(1992), *Corporate Ethics Practices,* New York, Conference Board.

Carroll, A. B.(1991), "The Pyramid of Corporate Social Responsibility: Toward the Moral Management of Organizational Stakeholders," *Business Horizons,* 34(4), pp. 39—48.

Carroll, A. B.(2000), "A Commentary and an Overview of Key Questions on Corporate Social Performance Measurement," *Business and Society,* 39(4), pp. 466—478.

Carroll, A. B. and A. K. Buchholtz(2000), Business & Society: *Ethics and Stakeholder Management,* Cincinnati, South—Western College Publishing.

Center for Business Ethics(1992), "Instilling Ethical Values in Large Corporations," *Journal of Business Ethics,* 11, pp. 863—837.

Cowen, S., L. Ferreri, and Parker(1987), "The Impact of Corporate Characteristics on Social Responsibility Disclosure: A Typology and Frequency—Based Analysis," *Accounting, Organizations and Society,* 12: pp.111—122.

Dalton, D. R., J. L. Johnson, and A. E. Ellstrand(1999), "Number of Directors and Financial Performance: A Meta—analysis," *Academy of Management Journal,* 42(6), pp. 674—686.

Davenport, K.(2000), "Corporate Citizenship: A Stakeholder Approach for Defining Corporate Performance and Identifying Measures for Assessing It," *Business and Society,* 39(2), pp. 210—219.

Greening, D. W. and D. B. Turman(2000), "Corporate Social Performance as a Competitive Advantage in Attracting a Quality Workforce," *Business and Society,* 39(3), pp. 250—280.

Griffin, J. J. and J. F. Mahon(1997), "The Corporate Social Performance and Corporate Financial Performance Debate: Twenty—Five Years of Incomparable Research,"

Business and Society, 36(1), pp. 5−31.

Gulati, R.(1993), *The Dynamics of Alliance Formation*, Doctoral Dissertation, Harvard University, Cambridge, MA.

Hammond, S. A. and J. W. Slocum, Jr.(1996), "The Impact of Prior Firm Financial Performance on Subsequent Corporate Reputation," *Journal of Business Ethics*, 15(2), pp. 159−165.

Husted, B. W.(2000), "A Contingency Theory of Corporate Social Performance," *Journal of Business Ethics*, 39(1), pp. 24−48.

Hutton, R. B., L. D'antonio, and T. Johnsen(1998), "Socially Responsible Investing: Growing Issues and New Opportunities," *Business and Society*, 37(3), pp. 281 −305.

Ingram, R. and K. Frazier(1980), "Environmental Performance and Corporate Disclosure," *Journal of Accounting Research*, 187, pp. 614−622.

Johnson, R. A. and D. W. Greening(1999), "The Effect of Corporate Governance and Institutional Ownership Types on Corporate Social Performance," *Academy of Management Journal*, 42(5), pp. 564−576.

Jones, R. and A. J. Murrell(2001), "Signaling Positive Corporate Social Performance: An Event Study of Family−friendly Firms," *Business and Society*, 40(1), pp. 59−78.

McGuire, J. B., A. Sundgren, & T. Schneeweis(1988), "Corporate Social Responsibility and Firm Financial Performance," *Academy of Management Journal*, 31(4), pp. 854−872.

McWilliams, A. and D. Siegel(2001), "Corporate Social Responsibility: A Theory of the Firm Perspective," *Academy of Management Review*, 26(1): pp. 117−127.

Park, H. J., Choi, W. S., & Lee, J. K.(2002), "Corporate Governance, Corporate Social Performance, Financial Performance, and Firm Value in Korea," Paper Presented at the International Conference of the Korea Academy of Management at Hanyang University, Seoul, Korea, March 29, 2002.

Park, H. J. & Lee, J. K.(2001), "Does Corporate Social Performance Lead Financial Performance or Vice Versa? An Empirical Examination of Korean Firms," Paper Presented at the Society of Business Ethics in Washington, DC, August 2−5, 2001.

Pava, M. L. and J. Krausz (1996), "The Association between Corporate Social—Responsibility and Financial Performance: The Paradox of Social Cost," *Journal of Business Ethics*, 15, pp. 321—357.

Post, J. E., A. T. Lawrence, and J. Weber(1999), *Business and Society: Corporate Strategy, Public Policy and Ethics* (9th ed.), New York: McGraw—Hill, Inc.

Reichert, A. K., M. S. Webb, and E. G. Thomas(2000), "Corporate Support of Ethical and Environmental Policies: A Financial Management Perspective," *Journal of Business Ethics*, 25(1): pp. 53—64.

Roman, R. M., S. Hayibor, and B. R. Agle(1999), "The Relationship between Social and Financial Performance, *Business and Society*," 38(1), pp. 109—125.

Ross, S. A., R. W. Westerfield, and J. Jaffe(1999), *Corporate Finance*, New York: McGraw—Hill, Inc.

Rowley, T. and S. Berman(2000), "A Brand New Brand of Corporate Social Performance," *Business and Society*, 39(4), pp. 397—418.

Stanwick, P. A. and S. D. Stanwick(1998), "The Relationship between Corporate Social Performance, and Organizational Size, Financial Performance, and Environmental Performance: An Empirical Examination," *Journal of Business Ethics*, 17(2), pp. 195—204.

Szwajkowski, E. and R. E. Figlewicz (1999), "Evaluating Corporate Performance: A Comparison of The Fortune Reputation Survey and the Socrates Social Rating Database," *Journal of Managerial Issues*, 11(2), pp. 137—154.

Verschoor, C. C.(1998), "A Study of the Link between a Corporation's Financial Performance and Its Commitment," *Journal of Business Ethics*, 17(13), pp. 1509—1516.

Waddock, S. A. and S. G. Graves(1997), "The Corporate Social Performance—Financial Performance Link," *Strategic Management Journal*, 18(4), pp. 303—319.

Waddock, S. and N. Smith (2000), "Corporate Responsibility Audits: Doing Well by Doing Good," *Sloan Management Review*, 41(2), pp. 75—83.

Wartick, S. and P. Cochran (1985), "The Evolution of the Corporate Social Performance Model," *Academy of Management Review*, 10, 758—769.

Weaver, G. R., L. K. Trevino, and P. L. Cochran (1999), "Corporate Ethics Practices in the Mid—1990's: An Empirical Study of the Fortune 1000,"

Journal of Business Ethics, 18(3), pp. 283−294.

Westphal, J. D. (1999), "Collaboration in the Boardroom: Behavioral and Performance Consequences of CEO−Board Social Ties," *Academy of Management Journal,* 42(1), pp. 7−24.

Wood, D. (1991), "Corporate Social Performance Revisited," *Academy of Management Review,* 16, 691−718.

Zadek, S. (1998), "Balancing Performance, Ethics, Accountability," *Journal of Business Ethics,* 17(13), 1421−1441.

경제정의기업상
연도별 수상 기업 명단

제1회 (1991년)

순위	기 업 명*	순위	기 업 명	순위	기 업 명
1	한국유리공업	18	한국화약	35	한남화학
2	남한제지	19	해태제과	36	조광피혁
3	미원식품	20	동양화학공업	37	동국종합전자
4	아남산업	21	호남식품	38	새한전자
5	해태전자	22	동양맥주	38	한국강관
6	동신제지	23	현대강관	40	삼미기업
7	태평양제약	24	아남전기산업	41	삼천리
8	내쇼날푸라스틱	25	청화상공	41	삼보컴퓨터
9	대한모방	26	제일모직	43	덕성화학공업
9	성문전자	27	진로	44	선경인더스트리
11	롯데칠성음료	28	빙그레	45	진영산업
12	롯데제과	29	남양유업	46	대한화섬
13	한독약품공업	30	동신제약	47	태성기공
14	신아화학공업	31	대영포장	48	벽산
15	삼성전자	31	대한페인트잉크	49	진도
16	고려포리머	33	남선알미늄	50	삼성전관
17	쌍용정공	33	새한정기		

※ 기업상 발표 당시의 기업명임.

제2회 (1993년)

순위	기 업 명	순위	기 업 명	순위	기 업 명
1	삼성전자	18	한일시멘트공업	35	동아제약
2	럭키	19	동양나이론	36	동양제과
3	삼성전관	20	일양약품	37	제일제당
4	금성사	21	대우통신	38	이수화학공업
5	대우전자	22	인켈	39	일동제약
6	동양시멘트	23	대웅제약	40	진로
7	만도기계	24	쌍용중공업	41	서통
8	제일합섬	25	롯데칠성음료	42	삼화왕관
9	대우중공업	26	현대자동차	43	삼익공업
10	태평양화학	27	기아자동차	44	동양기전
11	쌍용자동차	28	포항종합제철	45	아남산업
12	한국유리공업	29	삼성전기	46	연합철강공업
13	선경인더스트리	30	삼양사	47	동양화학공업
14	금성전선	31	빙그레	48	코리아써키트
15	한양화학	32	유공	49	고려화학
16	오리온전기	33	금호	50	한국타이어제조
17	해태전자	34	코오롱유화		

제3회 (1994년)

순위	기 업 명	순위	기 업 명	순위	기 업 명
1	포항종합제철	18	고려화학	35	대우전자부품
2	삼성전관	19	제일엔지니어링	36	한국전자부품
3	한솔제지	20	오리온전기	37	제철화학
4	대덕전자	21	대우통신	38	성신양회
5	한일시멘트	22	태원물산	39	대농
6	극동전선	23	럭키	40	삼성전기
7	한양화학	24	금호석유화학	41	국도화학
8	금강	25	대웅제약	42	중외제약
9	대덕산업	26	청호컴퓨터	43	동양맥주
10	금호	27	국제약품	44	보령제약
11	이건산업	28	삼성전자	45	인천제철
12	한국컴퓨터	29	신흥	46	일진전기
13	대한전선	30	한국쉘석유	47	삼양사
14	이수화학	31	나우정밀	48	제일약품
15	기아정기	32	강원산업	49	일신방직
16	만도기계	33	아남산업	50	부산파이프
17	쌍용화학	34	한남화학		

제4회 (1995년)

순위	기 업 명	순위	기 업 명	순위	기 업 명
1	제일엔지니어링	18	삼양사	35	조흥화학
2	포항종합제철	19	대덕전자	36	일양약품
3	삼성전기	20	한화	37	영창악기제조
4	중외제약	21	삼일제약	38	세진
5	대웅제약	22	대덕산업	39	한국타이어
6	럭키	23	아남산업	40	한일약품
7	한국티타늄공업	24	한국케이디케이	41	한국컴퓨터
8	삼성전관	25	한국유리공업	42	우진전자
9	인천제철	26	동신제지	43	대우전자부품
10	선경인더스트리	27	대우중공업	44	벽산
11	이수화학공업	28	유한양행	45	부산파이프
12	녹십자	29	강원산업	46	코오롱유화
13	쌍용제지	30	삼진제약	47	현대금속
14	쌍용양회	31	대한펄프	48	포스코켐
15	한일시멘트	32	금양	49	삼화전자공업
16	한솔제지	33	금호석유화학	50	삼보컴퓨터
17	제일모직	34	종근당		

제5회 (1996년)

순위	기 업 명	순위	기 업 명	순위	기 업 명
1	대덕전자	18	대한중석	35	대웅제약
2	녹십자	19	동양방직	36	포항종합제철
3	오리엔트시계	20	경방	37	삼성전관
4	신원	21	쌍용양회공업	38	고려제강
5	이수화학	22	흥창물산	39	금강공업
6	삼화전자	23	삼성항공	40	국도화학
7	호남석유화학	24	호남식품	41	대한제분
8	대륭정밀	25	기산	42	삼성전자
9	세원	26	한국컴퓨터	43	국제약품
10	한국티타늄	27	삼보컴퓨터	44	한독약품
11	동아제약	28	유한양행	45	오리온전기
12	중외제약	29	동성화학	46	웅진출판
13	한일시멘트	30	금양	47	고려아연
14	동양기전	31	나우정밀	48	강원산업
15	한국타이어	32	한국카프로락탐	49	한미약품
16	삼양사	33	평화산업	50	만도기계
17	제일모직	34	삼진제약		

제6회 (1997년)

순위	기 업 명	순위	기 업 명	순위	기 업 명
1	한일시멘트	18	세원	35	현대약품
2	포항종합제철	19	아남산업	36	충남방적
3	포스코켐	20	엘지화학	37	두산백화
4	유한양행	21	한일약품	38	크라운제과
5	대륭정밀	22	호남석유화학	39	제일엔지니어링
6	오리엔트	23	대우전자	40	태평양
7	중외제약	24	삼부토건	41	일산방직
8	평화산업	25	범양건영	42	고니정밀
9	삼성전자	26	일동제약	43	제일모직
10	삼보컴퓨터	27	대덕전자	44	동아건설
11	신원	28	강원산업	45	오리온전기
12	삼양중기	29	맥슨전자	46	계양전기
13	삼성전관	30	코오롱	47	라미화장품
14	대우통신	31	제일합섬	48	만도기계
15	금호석유화학	32	이수화학	49	흥창물산
16	쌍용양회공업	33	삼성전기	50	삼화전자
17	풀무원	34	동양기전		

제7회 (1998년)

순위	기 업 명	순위	기 업 명	순위	기 업 명
1	유한양행	18	삼환기업	35	삼애실업
2	동양물산기업	19	중외제약	36	삼양사
3	삼성전관	20	서통	37	웅진출판
4	엘지전자	21	동아제약	38	성문전자
5	퍼시스	22	성미전자	39	동아타이어
6	평화산업	23	서흥캅셀	40	동양철관
7	태평양	24	제일모직	41	남선알미늄
8	청호컴퓨터	25	한국타이어	42	한솔텔레컴
9	덕성화학	26	동부제강	43	현대엘리베이터
10	고려제강	27	삼보컴퓨터	44	삼부토건
11	신원	28	삼화전기	45	삼성전기
12	엘지정보통신	29	메디슨	46	한일건설
13	일양약품	30	대덕전자	47	삼진제약
14	삼성전자	31	오리온전기	48	이수화학
15	뉴맥스	32	기아자동차	49	대경기계기술
16	동양기전	33	한창	50	고려아연
17	포항제철	34	건설화학		

제8회 (1999년)

순위	기 업 명	순위	기 업 명	순위	기 업 명
1	한미약품공업	18	서흥캅셀	35	동신제약
2	금호석유화학	19	삼성항공산업	36	경동보일러
3	대덕산업	20	포항종합제철	37	제일엔지니어링
4	LG전자	21	제일제당	38	성미전자
5	삼성전관	22	한국카프로락탐	39	농심
6	태평양	23	일동제약	40	대성전선
7	대덕전자	24	제일모직	41	삼양사
8	태경산업	25	홍창	42	한화
9	대한펄프	26	동성화학	43	태양금속공업
10	동양시멘트	27	대우전자	44	대동공업
11	삼성전기	28	고니정밀	45	삼진제약
12	삼양제넥스	29	대경기계기술	46	코리아써키트
13	한솔제지	30	웅진출판	47	동아제약
14	쌍용양회공업	31	대동	48	한솔텔레컴
15	덕성화학공업	32	삼화전기	49	새한
16	삼성라디에터공업	33	메디슨	50	새한전자
17	한솔화학	34	삼성전자		

제9회 (2000년)

순위	기 업 명	순위	기 업 명	순위	기 업 명
1	대덕전자	18	녹십자	35	삼양통상
2	대덕산업	19	이수화학	36	한미약품공업
3	경동보일러	20	태평양제약	37	대림통상
4	한국유리공업	21	태평양물산	38	삼아알미늄
5	동화약품공업	22	삼화전기	39	부광약품공업
6	일양약품	23	국제약품공업	40	케이엔씨
7	동아제약	24	제일약품	41	서통
8	삼양사	25	한국카프로락탐	42	삼화전자공업
9	포항종합제철	26	오리온전기	43	동양화학공업
10	한국고덴사	27	대륭정밀	44	한솔제지
11	삼성전관	28	대림요업	45	한국대동전자공업
12	삼성전자	29	비와이씨	46	평화산업
13	산성전기	30	남해화학	47	계양전기
14	유한양행	31	세방전지	48	대동
15	고니정밀	32	대경기계기술	49	코리아데이타시스템스
16	엘지전자	33	환인제약	50	한솔화학
17	중외제약	34	동양물산기업		

제10회 (2001년)

순위	기 업 명	순위	기 업 명	순위	기 업 명
1	퍼시스	18	현대약품공업	35	LG정보통신
2	경동보일러	19	한라공조	36	성미전자
3	환인제약	20	신영와코루	37	한올제약
4	대웅제약	21	녹십자	38	하이트론씨스템
5	동아제약	22	대경기계기술	39	한국대동전자공
6	일성신약	23	삼화전자공업	40	삼성전자
7	태평양	24	유한양행	41	한국유리공업
8	한국쉘석유	25	일정실업	42	부광약품공업
9	태평양제약	26	동방아그로	43	한국화인케미칼
10	제일약품	27	청호컴퓨터	44	대덕산업
11	보령제약	28	평화산업	45	광전자
12	LG화학	29	근화제약	46	조흥화학공업
13	중외제약	30	한국카프로락탐	47	삼진제약
14	계양전기	31	에스제이엠	48	한미약품공업
15	비와이씨	32	일신방직	49	홍창
16	국제약품공업	33	삼성전관	50	조비
17	일양약품	34	성보화학		

제11회 (2002년)

(평가모형 중 정량과 정성의 분리 평가로 인하여 30개 사 최종 제시)

순위	기 업 명	순위	기 업 명
1	태평양	16	환인제약
2	퍼시스	17	삼양사
3	미래산업	18	웅진닷컴
4	삼성전자	19	경동보일러
5	한국쉘석유	20	한국유리공업
6	포항종합제철	21	태경산업
7	비비안	22	삼미특수강
8	대웅제약	23	일성신약
9	롯데칠성음료	24	세원중공업
10	삼양제넥스	25	동아타이어공업
11	기라정보통신	26	성보화학
12	계양전기	27	자화전자
13	비와이씨	28	한일시멘트공업
14	엔에스에프	29	화신
15	대원제약	30	삼화왕관

경실련 (사)경제정의연구소 활동 소개

─ 함께 하는 시민 운동 <경실련> ─

(사)경제정의연구소

· **설립** : 본 연구소는 1990년 5월 15일 재정경제부(구 경제기획원)에
등록된 사단법인이다.

· **목적** : 시민이 앞장서서, 보다 정의롭고, 보다 투명하며, 보다 건전
한 기업 문화를 형성하기 위하여 '우리 사회의 경제적 균형
발전과 공정 분배를 위한 경제 정책에 대한 조사 연구 및
홍보 활동'을 목적으로 한다.

· **사업** : 위의 목적을 달성하기 위해 아래의 사업을 한다.
① 공정 분배에 대한 정책 대안 개발 및 조사 연구.
② 정부·국회 및 기타 요로에 대한 의견의 개진 또는 건의.
③ 조사 연구물 간행 및 홍보 사업.
④ 회원 상호간의 학술 토론회 개최.
⑤ 기타 연구소 목적 달성에 필요한 사항.

　　초기 정책 연구 기능을 강화하고 중장기적으로 보다 내실 있는 연
구 활동을 지원한다는 취지에 맞춰 각 분야별로 진행되고 있는 정책
대안 개발 1단계 작업과 보다 심층적이고도 구체적인 2단계 연구 작
업들을 시행하였고, 이러한 연구 활동들을 통하여 경실련 운동에 보

다 효과적으로 지원하고 중장기적 전망의 기초를 다지는 데 기여하고 있다. 또한 경제 윤리를 바탕으로 기업의 사회 환원과 분배의 정의 그리고 정부의 바른 경제 정책 실현을 이루고자 운동을 활발히 전개해 가고 있다.

앞으로 세계의 시민 사회 단체와도 네트워크를 구축할 것이며, 21세기에 부합하는 새로운 시민 운동의 패러다임과 합리적 대안을 끝없이 개척해 나갈 것이다.

1. 주요 활동

<2001년>

1 / 12(금) 바른기업시민운동본부 : 「석유 유통 시장의 공정한 거래 정착」을 위한 공정 거래위원회 고시와 표시・광고 공정화 법률의 정책 제언 및 언론 보도

4 / 19(목) **제10회 경제정의기업상 시상식** (기업평가위원회)
▷경제정의지수(KEJI Index)에 의한 기업 윤리성과 평가 발표
▷기업의 사회적 공헌과 세계 시민 기업 발굴(존경받는 정의로운 기업像 정립).

5 / 22(화) **바른기업시민운동본부(Watchcom. org) 출범** 심포지엄 및 기념식(바기본).
▷투명하고 공정한 기업 문화 정착을 위한 시민 감시 활동의 활성화.
▷기업 Watch센터와 기업 활동 애로 조사.

6 / 28 (목) 경제정의기업상 발전 방향에 관한 내부워크샵(서울대 호암생활관).

▷경제정의기업상의 정체성 확립과 새로운 패러다임 개발.

▷기업상 10년 평가 및 경영모범사례집 발간 제안 등.

7 / 25(수) **「법정 관리 비리 실태」 책자 발간**(기업환경개선위원회).

▷기업의 투명 경영과 공정 경쟁질서 확립.

▷기업 활동 경제법 바로 세우기 운동 : 도산 관련 3개 법
안 개정 작업.

8 / 22(수) 논평 :「정부와 정치권에 대한 경실련 건의문」

－IMF 긴급 자금 상환 이후에도 여전히 아날로그 시대의
경제적 약자들 존재

9 / 7(금) **「한국 사회의 비전 21」**

－출판기념회(경제정책연구위원회)

▷10년 전 경제 정의와 디지털 문명 시대 이념의 격차에서 출발.

▷새로운 비전을 담은 패러다임 제시와 변화 도전.

9 / 20(목) **제11회 경제정의기업상** 준비를 위한 1차 모임

▷제11회 기업평가위원 위촉, 항목 및 지표 점검, 수상기
업 선정 기준, 시상 종목, 설문지 활용 방안, 책자발간
준비 등.

11 / 21(수) **제1회 바른외국기업賞** 토론회 및 시상식(다국적기업평
가위원회)

▷다국적 기업의 바람직한 윤리 경영 모델 제시.

▷국내 진출 다국적 기업의 현황 파악과 국제적 윤리 경영
모델 제시.

<2002>

2 / 21(목) **제11회 경제정의기업상 시상식**

9 / 18(수) **회원총회**(이사장 이·취임식) 및「경영모범사례집 발간」
출판기념회.

2. 위원회 주요 활동

(1) 경제정책연구위원회 : 경실련 비전 21 포럼(Vision 21 Forum)
21세기를 맞아 우리 사회를 이끌어 가야 할 장기 비전을 수립키 위해
경제·법·정치·사회 복지·환경 등 각 분야에서 연구 활동을 하면
서 경실련 활동에 적극 참여해 온 전문가들이 2000년부터 경실련 경제
정의연구소에 함께 모여 진지하게 토론하며 향후 비전의 방향을 논의
하였다. 그래서 21세기 우리 사회의 비전은 '자유주의와 공동체주의의
조화로운 결합'으로 앞으로 우리 사회가 지향해야 할 방향을 보다 큰
비전의 제시에 치중하며 13편에 걸친 대안들을 「한국 사회의 비전 21」
이라는 책을 발간한 바 있다.

사진 1. 한국사회의 비전21 출판기념회 장면

사진 2. 2000년 6월 교육문화회관에서 비전21포럼 예비 워크샵 장면

(2) 기업평가위원회

사진 3. 경영모범사례집 준비 워크샵 모임

매년 국내 상장제조업체 중심(2002년 이후 상장 제조업 이외 금융
도소매업을 포함한 코스닥 기업의 특별 추천 부문 추가)의 사회적 성

과 평가로 7대 평가 모형과 10가지 선정 기준에 따라 '경제정의기업상' 시상을 준비하고 있으며, 국민으로부터 존경받을 수 있는 기업을 선정·기업 윤리 극대화와 분배 정의 기업을 발굴하여 홍보 극대화에 힘쓰고 있다. 또한 건전 기업 연구 소모임과 다양한 보도 자료 준비 및 연구 평가 보고서를 출간하고 있다.

(3) 다국적기업평가위원회

국내 시장 개방이 가속화되면서 국내에 진출한 다국적 기업에 대한 사회적 책임 수행의 정도를 파악하고 다국적 기업의 현지화 정도를 높이는 등 여러 지표의 잣대로 다국적 기업의 영향을 평가하는 데 중점을 두고 있다. 민간 기업이 외국 기업에 M&A 되는 상황이 계속되면서 인권이나 환경, 고용 및 윤리 등 사회 전반적인 측면에서 다국적 기업이 경제에 미치는 영향을 감시·평가해야 한다는 요구에 부응하여 시민 운동의 잣대를 제시하도록 노력하고 있다.

2001년 11월에는 제1회 '바른외국기업상'을 시상한 바 있으며, 준법·윤리·성과·공헌성 등 평가항목을 중심으로 국내 다국적 기업에 대한 평가를 준비하고 있다.

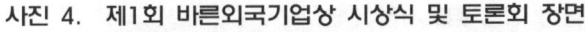

사진 4. 제1회 바른외국기업상 시상식 및 토론회 장면

(4) 바른기업시민운동본부

공정하고 자유로운 경쟁의 룰이 준수되는 시민 기업 문화 조성에 관심을 두면서, 대기업의 불공정 행위로 피해를 입은 중소 기업이나 시민이 나서서 기업의 불공정성을 감시하고 적발한 경우에는 고발하여 공정 경쟁 풍토를 조성시키는 기반을 위해 바른기업시민운동본부를 2001년 5월에 발족하였다. 기업의 사회적 책임이나 건전한 기업 문화의 정착은 기업 스스로의 노력에 한계가 있기 때문에 기업에 대한 건전한 감시자로서 시민의 기업 감시 활동 참여를 촉진하고, 인터넷을 통한 정보의 수집과 확산을 위한 'watch company 운동'이 활성화될 필요가 있기에 중요 기업별로 기업 관련 정보를 조사·수집하여 홈페이지에 공시하고 이를 바탕으로 건전한 비판자로서의 역할 수행하고 있다. 또한 본부에 「기업환경개선위원회」를 통합(2002년 2월)하면서 이전부터 펼쳤던 백화점셔틀버스 개선 운동의 성과, 법정 관리인들의 비리 실태 및 국회에 계류 중인 회사정리법 개정안의 법률화를 촉진하여 도산 관련 3개 법안(회사정리법, 화의법, 파산법)의 통합화 운동과 법경 유착 근절 등 중장기적인 기업 환경 개선에도 많은 관심을 보이고 있다.

사진 5. 바기본 출범 기념 심포지엄 장면

사진 6. 법정관리인 선임 문제 관련 공청회

◈ 경제정의기업상이란?

한국 자본주의의 건전한 발전을 위하여 국민으로부터 사랑받는 기업像을 정립하고자 제정한 賞이다. 창의와 혁신으로 사적 이윤을 추구함과 동시에 사회적 공헌도가 높은 즉, 먼저 재무적으로 건전하고 기업 활동이 법적으로 정당하게 법의 테두리 안에서 이루어지며, 건전·공정하고 국가 경제 발전에 기여할 뿐 아니라 종업원 만족·기술 혁신·환경 오염 예방과 소비자를 포함한 사회 복지 부문의 총체적 기여도를 높이는 것을 말한다.

·10가지 선정 기준

기업가가 건전한 기업관, 사회관과 국가관을 갖고,

첫째, 공정 거래 질서와 기업 관련 법규를 성실히 지키는 기업이어야 한다.

둘째, 재테크와 불건전 지출을 지양하며 본업에 충실하는 기업이어야 한다.

셋째, 산업 공해 예방과 환경 오염을 개선하는 기업이어야 한다.

넷째, 창의와 기업가 정신으로 기술 혁신을 강화하는 기업이어야 한다.

다섯째, 종업원 능력 개발, 복지 증진과 산재를 방지하며 노사 화합을 이루는 기업이어야 한다.

여섯째, 기업 정보를 성실히 공개하며 고객 만족에 힘쓰는 기업이어야 한다.

일곱째, 사회 복지·문화·지역 사회 지원 등 사회 공동체 역할을 성실히 수행하는 기업이어야 한다.

여덟째, 기업주의 소유 집중을 완화하고 경영을 전문화하는 기업이어야 한다.

아홉째, 생산성 향상을 도모하며 재무 구조를 건전하게 유지하는 기업이어야 한다.

열째, 효율적 고용 증대와 국제화로 경제 발전에 기여하는 기업이어야 한다.

평가 항목은 기업 활동의 건전성, 기업 활동의 공정성, 사회 봉사 기여도, 환경 보호 만족도, 소비자 보호 기여도, 종업원 만족도, 경제 발전 기여도 등 7개 항목으로 이루어진다.